방송 필살기

방·송·스·킬

방송 필살기
방·송·스·킬

ⓒ이현주 2022

초판 1쇄 발행   2022년 7월 22일

저 자   이현주

펴낸곳   도서출판 가쎄 [제 302-2005-00062호]

주 소   서울 용산구 이촌로 224, 609
전 화   070. 7553. 1783
팩 스   02. 749. 6911
ISBN   979-11-91192-65-0 13320
값   18,000 원

홈페이지   www.gasse.co.kr
대표메일   berlin@gasse.co.kr

＊ 이 책은 관훈클럽정신영기금의 도움을 받아 저술 출판되었습니다.

방송 필살기

방·송·스·킬

이현주 지음

gasse•가쎄

'방송 필살기'는 이분들에게...

■ 방송 지망 언론전공 학생들에게

학창(學窓)에서 풀지 못하는 방송 현업의 비밀들이 많죠. 방송을 생각하며, 공부하고 있지만, ▶ 그림이 뭔지 ▶ 출연과 리포트라는 방송양식과 작동 메커니즘은 뭔지 ▶ 제작을, "어떻게?", "왜 그렇게?" 해야 하는지 ▶ 취재현장에서 실제 어떤 일들이 벌어지는지... 구름 속을 걷듯, 아득하기만 합니다. 이 책은 바로 이런 실전의 문제를 다룹니다.

■ 현역 방송기자들에게

방송 실무 서적들은 많습니다. 방송 보도론, 문장론, 취재론 등등. '방송 스킬'은 아니죠. ▶ 속보 한 줄 들고, 1시간 생방 버티기 ▶ 딱딱한 통계수치 몇 개로 현장 리포트 만들기 ▶ 예상과 계획이 모두 틀어진, '배반의 취재 현장'서 살아남기 ▶ 예고 없이 떨어진 1시간짜리 프로그램 해내기 등등... 이런 '피와 살이 튀는' 방송 현장의 '필살기'가 방송 스킬이죠. 이 책은 그런 걸 다룹니다.

■ 방송고시생 여러분께

방송기자 33년입니다. ▶ 정치, 경제, 사회부와 ▶ 워싱턴 등 국내외의 치열한 방송 현장을 거쳤죠. ▶ 경제 뉴스 앵커 ▶ 주간 매거진 앵커 ▶ 시사 프로그램 진행자 ▶ 올림픽 현지 앵커 ▶ 기명 코너 고정 출연 같은 특별한 '실전 경험'도 쌓았고요. ▶ 시사제작국장으로서 보도 부문 제작도 총괄했답니다. 이 경험들이 고스란히 방송 스킬이 됐네요. 방송사가 원하는 능력이 뭔지? 어렵게 들어가서 당장 마주칠 방송 전장의 무기는 뭔지? 이 책은, '책상물림'이 아닌, 실전에서 체화(體化)된 스킬을 다룹니다.

■ 만인 방송 시대, 방송을 꿈꾸는 모든 이에게

SNS부터 유튜브까지. '프로'가 아닌 개인 방송인들의 황금시대입니다. 거칠고, 서툰 '방송 스킬'이 기성 방송에 거침없이 영향을 줄 정도입니다. 그럼에도 왠지 2% 부족함이 있습니다. '한 수' 차이죠. 방송 승부는 '한 수' 차이랍니다. 이 책은 그 '한 수'를 다룹니다.

■ 방송사 간부진과 언론학과 교수진들에게

젊은이들은 방송을 곧잘 합니다. 영상 세대니까요. 2% 부족함이 있기는 마찬가지입니다. 뿌리가 약해서죠. 방송사는 여전히 '어깨너머 배움' 체제입니다. 종편 등 신생 방송사의 출현으로 기자 훈련은 이제 현안입니다. 대학은 정치(精緻)한 이론 연구에 바쁩니다. 반면, 방송 실무능력에 대한 학생들의 목마름은 높아지고 있고요. 방송언론인을 배양하는 양대 기관의 상황과 니즈를 염두에 두고 만든 게 이 책입니다.

이런 책을 만들기 위해 도움을 주신 분들이 많습니다. KBS는 방대한 콘텐츠를 허락했습니다. 다음은, 방송 실전 20년 이상의 베테랑 KBS 기자들입니다. 정인성 기자는, 이른바, '빈손 신공'(이 책을 보시면 아시게 됨) 필살기의 뜨끈뜨끈한 적용 실례 등을 공개해줬습니다. 이재환 기자도 있습니다. 슈퍼헤비급 돌발 상황이었던 경주 지진 당시 발생지 관할 보도국장이었죠. 생방 대응 스킬의 디테일을 제공했습니다. 시사제작국의 김대홍 기자도 있습니다. 보도 부문 시사다큐의 제작 현장과 비기(祕技)와 관련해, 자문을 아끼지 않았습니다.

백운기 MBN 뉴스와이드 앵커, 이규연 JTBC 대표, 이소정 KBS 9시 뉴스 앵커, 조수빈 채널A 뉴스A 앵커 등, 선배·동료·후배 님들의 격려도 큰 힘이 됐습니다.

이 책을 허락하신 하나님께 최고의 감사를 드립니다.

2022년 봄
필살기로 무장한 방송 고수들의 출현을 기대하며...

차례

1장.
필살기(必殺技)
첫 단추,
그림

1장. 필살기(必殺技) 첫 단추, 그림

페널티 박스 우측 45도. 손흥민 선수가 중앙으로 한 차례 치고 들어오더니 반대편 좌측 골문 구석을 보고 왼발로 강하게 감아 찬다. 골키퍼는 알아챘지

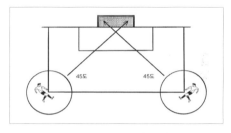

<그림 1> 손흥민 존(Zone)

만, 역부족. 알고도 당할 수밖에 없다. 페널티 박스 좌측 45도에서도 마찬가지다. 우측 골문을 보고, 오른발로 감아 차는 것만 바뀔 뿐이다. 이른바, '손흥민 존(Zone)'이다. 경기 때마다 최소 1번 이상은 기회가 오는 자리라고 손흥민 스스로 자신할 정도다. 이쯤 되면, '필살기(必殺技)'다.

필살기, '손흥민 존' 슈팅은 충실한 기본기에서 탄생했다. 우선 양발 사용이다. 어려서부터 다듬었다. 축구선수 출신 아버지의 지도 덕이다. 초기 분데스리가 시절 비시즌에는, 페널티 박스 좌우 45도 각도에서 매일 100~200차례씩 슈팅 훈련을 했단다.

방송 스킬도 마찬가지다. 필살기는 충실한 기본기의 축적물이다. 방송의 기본기 중 기본기는 뭘까? '그림' 다루기다. 방송은 그림으로 말하기 때문이다. 방송 필살기 첫 단추다. 여기서 '그림'은 동영상이다. 방송 현업의 용어다.

1. 그림은 말을 한다

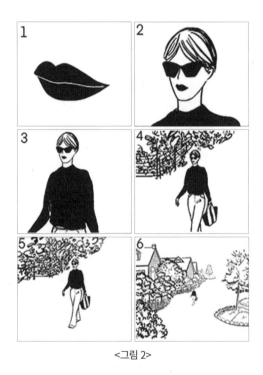

<그림 2>

옆의 <그림 2>는 6 조각의 그림들이다. 배열대로(1~6) 따라만 가면, 무난히 이해가 된다. 그림이 말을 하기 때문이다. 차근차근, 그리고, 편안하게. 여기서 세 조각만 뽑아보자. 예를 들어, 그림 조각 1과 3, 6이다. 이들만 갖고 다시 조합해 보자. 재조합된 그림도 말할 수 있을까? 한다면 내용과 느낌, 방식은 어떻게 달라질까? 만들 수 있는 조합은, 1 - 3 - 6 조합과 6 - 3 - 1 조합, 3 - 1 - 6 조합 등 세 개다.

■ 스토리텔러, 그림

조합을 해놓고 보니, 이들이 놀랍게도 다시 말을 시작한다. 그림 수가 줄었는데도 말이다. 나름의 이야기들, 이른바, '스토리텔링(Storytelling)'이다.

● '무난, 편안'... 순차적 스토리텔링

무난한 조합이다. 첫 샷부터 이해가 어렵지 않다. 누군가 걸어가고 있다. 잘 뵈진 않는다. 바로 다음 샷이 해소해 준다. 누군지 분명하다. 긴장도 풀린다. 덕분에 갑작스런 마지막 샷에도 당황하지 않는다. '립스틱 색깔'까지 살필 차분함을 준다. 궁금증을 순차적으로 풀어준다. **"주택가에 사람이 걸어가고 있군... 누굴까?... 멋쟁이시구나... 립스틱 색깔까지~~"** 이런 느낌의 스토리텔링?

● '시종일관 밀어붙이기'... 강력 스토리텔링

파격적이다. 입술만 크게 잡은 첫 샷, 당황스럽다. 강한 궁금증으로 이어진다. 두 번째 샷에서 해소되긴 한다. 첫 샷의 '파격' 효과는 여진처럼 남아있다. 세 번째 샷까지 영향을 준다. **"뜬금없이 뭐지?... 아~**

이분이시구나... 주택가 같은데, 어딜 가는 걸까?" 시종일관 궁금증으로 밀어붙인다. 강력한 스토리텔링이다.

● '아쉬운 듯... 여운'... 반전(反轉) 스토리텔링

앞 두 조합의 중간쯤 된다. 첫 샷은 하나도 궁금할 게 없다. 이때 두 번째 샷이 느닷없다. 맥락을 벗어나는 반전이다. 궁금증이 상승한다. 세 번째 샷이 또 반전이다. 어처구니가 없다. 주인공이 그냥 멀리 걸어가 버린다. 더 이상 정보를 주지 않는 것이다. 이렇게 끝나는 걸까? 아쉬움... 여운... **"멋쟁이시구나... 근데 이건 뭐야?... 이분 누구지?... 어~ 멀리 사라지네. (이분 정말 누구지?)"**
반전(反轉) 스토리텔링이다.

■ 그림이 말하는 방식

글은 써서 표현한다. 그래서 글 쓰는 법을 배운다. 그림은? 지금까지 본 대로다. 스스로 말을 한다. 그래서? 그림이 말하는 방식을 알아야 한다.

● 글(메시지)은 단어 - 문장 - 문단으로, 그림은?

앞서 3가지 그림 조합 가운데, 하나를 택해 보자. '순차적이고 무난하다'니 6 - 3 - 1 조합이 어떨까? 이 그림 조합을 글, 즉, 메시지로 써 놓은 게 있었다. 아래와 같다.

"주택가에 사람이 걸어가고 있군... 누굴까?... 멋쟁이시구나... 립스틱 색깔까지~~"

4개의 문장(文章)들이다. 각 문장들은 단어(單語)들로 구성돼 있다. 4개의 문장들이 모여, 문단(文段)이 됐다. 단어(單語) - 문장(文章) - 문단(文段)의 구조다. 이 구조로 6 - 3 - 1 조합에 대한 글(메시지)이 됐다. 즉, 작은 스토리텔링이다. 글(메시지)이 말하는 방식이다.

그렇다면, 이 조합에 대해 그림이 말하는 방식은 어떨까? 그림을 다시 살펴보자.

그림 조각 6. 멀어서 잘 뵈지는 않지만, 주택가에 누군가 걸어가고 있다. (샷 1)
그림 조각 3. '누군가'의 얼굴과 모습이 뚜렷이 설명된다. (샷 2)
그림 조각 1. 입술을 가까이서 보여준다. (샷 3)

세 개 그림 조각들이다. 각 그림 조각은 그림의 기본 단위다. 샷(Shot)
이다. 샷 1, 샷 2, 샷 3 등으로 이름 붙였다. 장소는 '주택가'다. 이게
신(Scene: 장면)이다. '샷 1+샷 2+샷 3'을 해보니 작은 이야기가 만들
어진다. 스토리텔링이다. **"주택가에 사람이 걸어가고 있군... 누굴까?...
멋쟁이시구나... 립스틱 색깔까지~~"** 윗글(메시지)과 같다. 그림 스스
로 스토리텔링을 하는 것이다. 이 그림 스토리텔링 단위가 시퀀스
(Sequence)다.

● **그림이 말하는 방식... 샷(Shot) - 신(Scene) - 시퀀스(Sequence)**

줄 친 부분만 뽑으니, 샷(Shot) - 신(Scene) - 시퀀스(Sequence)다. 이
게 그림이 말하는 방식이다. 스토리텔링 구조다. 이 방식에 맞춰 그
림에게 말을 하고, 말을 시켜야 한다.

먼저, 샷(Shot)이 뭘까? "동영상 카메라 셔터를 한 번 눌렀다가 끄
기까지 잡은 그림"이다. 영상 촬영자가 '아 저거 의미 있네'라 느꼈
다. 셔터 눌렀다, 껐다를 반복하며 그림으로 담아낸다. 그 그림 한
조각 한 조각들이다. 그림의 기본 단위다. 메시지로 치면 '단어'에 해
당한다. 방송 스토리텔링이 건물이라면, 샷은 벽돌 하나다.

샷 하나의 길이는 다양하다. 영화는 10초 이상까지도 간다. 짧다
는 TV 뉴스 리포트의 샷은 2초 정도, 뮤직비디오 같은 경우는 1초
이하 샷도 들어간다. 이때 샷은, 물론, 컷(Cut)의 개념에 가깝다. 컷
은 편집된 한 조각 그림이다. 편의상 여기서는 구분하지 않고 쓴다.

신(Scene)은 말 그대로 장면이다. 이야기의 시간 또는 장소적 배경
이다. 여러 샷이 합쳐져 한 신을 이룬다. 이 신(Scene)들이 모여 시퀀

스가 된다. 작은 이야기(Episode) 단위, 즉, 그림 스토리텔링 단위다.

시퀀스가 모이면 전체 스토리가 된다. 전체 스토리가 집이라면, 시퀀스는 지붕, 기둥, 서까래 격이다. 시퀀스의 유래는 초기 영화 시대 영화관 사정과 관련 있다. 영화관엔 통상 영사기가 한 대였다.[1]

영화 한 편 보려면 필름 릴(reel) 몇 개를 갈아 끼워야 했다. 한 릴은 10분~15분 정도였다.[2] 그 길이에 맞춰 작은 스토리를 마무리해야 했다. 작은 스토리 단위를 시퀀스로 부르게 된 연유란다.

■ 에디슨의 촬영 기사, 그림과 말을 트다

샷 - 신 - 시퀀스. 뿌리는 이처럼 영화다. 태동기 영화는, '그림으로' 말하지는 못했다. 스토리텔링이 없었다. 감정이나, 예술성 등을 전달할 요소도 없었다. 찍어 놓은 순서대로 동영상을 보여주는 정도? 단순한 기록 저장물? 영화 역사 속엔 발명왕 에디슨도 보인다. 세계 최초의 촬영기와 동영상 감상 기구. 성공적이진 못했지만, 그의 작품이다.

'그림이 말하도록' 말을 튼 건, 에디슨의 촬영 기사였다. 에드윈 포터(Edwin S. Porter)다. 고용 2년 만에, 영화사에 획기적인 작품을 내놓는다. "어느 미국 소방관의 생활(Life of an American Fireman: 상영은 1903년)"이다. 길이는 6분 남짓. 요즘 기준으론, "에계?" 싶을 것이다. 그러나 스토리가 있었다. 그림과 말을 트고, 그림이 말하게 한 것이다.[3]

---

1 폴 조셉 굴리노, 『시나리오 시퀀스로 풀어라: 할리우드에서 성공한 시나리오 작법의 비법』, 김현정 (역), 팬덤북스, 2020, pp.19~23
2 위의 책
3 인터넷상(유튜브 포함) 등 관련 합법 동영상 참조

#1. 한 소방관이 당직실로 보이는 곳에서 근무 중. 잠시 졸다 꿈을 꾼다. 꿈 내용은 화면 오른쪽 상단에 별도로 묘사됨. 한 여성이 아기를 침대에 뉘고, 침대 옆 등불을 꺼 주는 꿈이다. 일종의 복선(伏線). '어느 미국 소방관의 생활'. 이 제목이 암시하는 바다.

#2. 그때 뉴욕 소방서 화재경보기가 클로즈업됨. 누군가가 급히 경보기를 울림.

#3. 소방관들 침실. 경보 소리에 깬다. 아래 소방 마차고(馬車庫)로 급히 내려간다.

#4. 내려온 소방관들이 소방 마차고에서 출동한다.

#5. 소방 마차고 바깥문이 열림. 외부에서 잡은 출동 샷이 또 나옴.

#6. 도로를 연이어 지나가는 소방 마차들. 연도엔 시민들이 보고 있다.

#7. 화재 현장에 근접하는 소방 마차, 곧이어 현장 도착, 장비를 꺼내는 소방관들.

#8. 카메라가 이젠 건물 내부(실내 세트)로 들어감. 여성이 화재 발생 깨닫고, 창밖으로 구조 요청 외치는 듯. 연기 질식, 기절. 용감한 소방관 들어옴. 이 여성 구출, 이후 아기도 구출. 불도 진압.

#9. 카메라가 이젠 건물 외부(야외 세트)를 잡음. 살려 달라 외치다, 창문 속으로 쓰러지듯 사라지는 여성. 불난 집 바깥 대문을 밀치고 올라가는 한 소방관. 이후 다른 소방관 여러 명이 사다리로 올라감. 한 소방관, 기절한 여성 구해 사다리로 내려오고, 올라가던 소방관들이 돕는다. 구출된 여성은 집 안에 아이가 있다고 소리 지른다. 다시 올라가 아기를 구해 내려오는 소방관. 자세히 보니 #8의 내용을 외부에서 다시 묘사한 것.

포터 당시에는 소방 마차가 화재 진압의 주력이었다. 자주 촬영됐던 것 같다. 포터가 소속된 에디슨 프로덕션에도 당연히 소방 마차 기록 영상들이 많았던 듯하다. 포터는 이를 활용했다. 물론 배우들과 연출한

별도 촬영분도 넣었다. 새 스토리 라인을 입혔다.[4] 말 못하는 기록 영상에, 말을 건 것이다. 이를 가공해, 말하는 그림으로 만들어 냈다.

위 #5~#7 중반까지가 기록영상, 나머지는 배우들과 연출해 새로 찍은 장면들로 보인다. 특히, #1~#3, #8~#9는 연출과 연기가 분명히 드러난다.

■ 파격적 말 걸기

#1~#9는 각각 하나의 샷들이다. 이 영화는 모두 9개의 샷인 셈이다. 눈에 띄는 건 #4, #5다. #4에서 분명히 소방관들이 출동했다. #5에서 또 출동한다. 좀 이상하다. 두 샷을 비교해 보면 의도가 읽힌다.

장소와 샷의 성격이 다르다. #4는 소방 마차고 내부다. 가까이서 봤다. #5는 소방 마차고 외부에서 멀찍이 잡았다. 전체 상황이 한눈에 보인다. 출동 과정을 입체적으로, 박진감 있게 얘기하는 것이다. 그림에게 말을 거는 새로운 기법이었다.

이 기법은 하이라이트인 화재 진압 현장에서 구체화된다. #8에서 화재 진압 상황을 한번 다루고 지나갔다. 바로 뒤 #9에서 또다시 보여준다. 이 역시 장소와 샷의 성격이 다르다. #8은 집 안이고, #9는 집 밖이다. 장소가 다르니, 샷도 다양하게 달라진다.

"영화는 시간 순서대로". 당시까지의 정석이었다. 관객들의 혼돈을 막자는 것이다. 포터는 이 정석을 깼다. 파격이었다. ▶ 장소와 ▶ 샷의

---

4 최상식, 『영상으로 말하기』, 시각과 언어, 2001, p.30

성격을 달리해 ▶ 시간 순서상 지나간 내용을 다시 보여 줬다. 입체화
다. 관객들은 혼돈 없이 이해했다. 그림이 말할 지평이 획기적으로 열
렸다. "영화는 굳이 시간 순서대로가 아니다." '그림과 말을 튼' 포터의
업적이다.

#2는 최초의 클로즈업(Close Up)[5]이자, 인서트(Insert)[6] 샷으로 평가
하는 이들도 있다. #1 상단의 여성과 아기 그림도 특이하다. 화면 합성
(Superimposition) 기법이다. 엄마로 보이는 여성이 등불을 꺼주는 모
습은 복선(伏線)이다. 등불은 화재를 암시한다. 등불을 끄는 모습은?
용감하게 불과 싸우는 소방관이다. 이 영화의 주제다. '그림으로 말
하는' 장치들이다.

2. 그림은 샷으로 말한다

그림으로 말하려면? 그림의 기본 단위부터 알아야 한다. 샷이다. 샷 만
들어 내는 요소는? 카메라, 그리고 찍을 대상인 피사체(被寫體)다. 카메라
는, ① 렌즈 ② 위치(높낮이) ③ 움직임(camera movement) ④ 움직이는 장비
가 핵심이다. 피사체는, ⑤ 사람, 사물 ⑥ 단수, 복수가 중요하다. 그림이
말하는 내용, 샷 따라 달라진다. 그림은 샷으로 말하기 때문이다.

---

5   피사체를 가까이서 잡은 샷. 바로 뒤, '그림은 샷으로 말한다'에서 다룬다.
6   사이에 끼워 넣은(insert) 화면이다. 어색한 두 화면을 이어 준다. 화면 속 특정 상황을 보충, 강조하기
     도 한다. #1에서 #3으로 전개되는 이유를 보충 설명한다. 강조의 의미도 있다. 두 그림은 당초 연관성
     없어 보였다, 그런 두 그림을 이어주는 샷이다. 뒤에 상술한다.

■ 작게? 크게? - 멀게? 가깝게?

렌즈의 초점을 조정하면, 그림 속에서 피사체의 크기(size)가 달라진다. 다른 말로, 원근(遠近)이다. 가깝게 또는 멀리 보인다는 얘기다. 샷의 주요 명칭도 대체로 원근 개념으로 불린다. 크기(또는, 원근)에 따른 샷의 종류를 보자. '기본 3대 샷'부터다.

● 기본 3대 샷

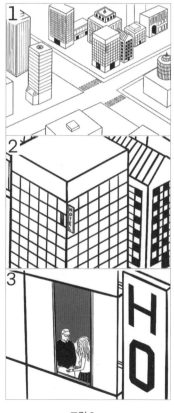

<그림 3>

◁ 롱(Long) - 미디엄(Medium) - 클로즈업(Close Up)

<그림 3>을 보자. 피사체는 건물이다. 1은 멀리서 잡은 샷, 즉, ▶ 롱 샷(Long Shot)이다. 샷에 나오는 건물(피사체)들의 크기가 작다. 멀리서 잡으니, 건물 전경들이 다 보인다. 2는 좀 당겨 잡은 그림이다. 가까워졌다. 그만큼 건물들의 크기, 즉, 샷의 크기는 커졌다. 건물 전체가 안 보인다. 대신 건물 중간층이 성큼 다가왔다. '호텔' 간판도 얼핏 보인다. ▶ 미디엄 샷이다. 3은 건물을 바짝 당겨 잡았다. 말 그대로 ▶ 클로즈업. 코앞까지 왔다. 중간층 어느 방의 창문이 보인다. 열린 창으로 두 사람의

실루엣까지 얼핏 보인다. 너무 가까워진 것이다.

① 풀 피겨 샷(F.F.S.)/풀 샷(F.S.)　　② 미디엄 샷(M.S.)　　③ 클로즈업(C.U.)

<사진 1>

◁ 풀(Full) - 미디엄(Medium) - 클로즈업(Close Up)

　이제 피사체를 사람으로 해 보자. <사진 1>이다. ①은 머리에서 발끝까지 몸 전체를 다 담고 있다. 몸(Figure) 전체(Full)가 다 나온다고, ▶ 풀 피겨 샷(Full Figure Shot), 또는 풀 샷(Full Shot)으로 부르기도 한다. 풀샷은, 배경보다 사람 위주, 화면에 꽉 차는 느낌이다. ▶ 미디엄 샷은 머리에서 허리까지다. '허리'까지니, 웨이스트 샷(Waist Shot)이다. ②처럼, 보다 넉넉하게 보는 견해도 있다. 머리에서 '니 샷(Knee Shot: 무릎까지 나옴) 조금 위'까지다. 이때 니샷은 미디엄 롱 샷(Medium Long Shot)이라고도 한다. ③은 어깨에서 머리까지 나온다. 얼굴을 가깝게 잡은 거다. ▶ 클로즈업(Close Up)이다.

● 롱 샷(Long Shot)은 희극?

넘어지고, 쓰러지며 몸으로 웃긴다. 이른바, '몸 개그'다. 태어나게 된 시대적 배경이 있다. 무성영화다. 소리가 없으니, 연기가 유일한 메시지였다. 과장된 몸짓이 통했다. 희극이 대표 장르다. 이른바, 슬 랩스틱(slapstick) 코미디다. 지금 몸 개그의 원조다.

찰리 채플린(Charley Chaplin). 이 장르의 위대한 배우이자, 연출가 다. 그의 희극 연기 그림은 특징이 있다. 대체로 롱 샷이다.

광대 옷을 입고 채플린이 뛰어간다. 그것만으로도 폭소다. 별안간 돌부리에 걸려 우스꽝스럽게 넘어진다. 박장대소다. 생각해 보자. 돌부리에 걸려 넘어지는 게 희극인가? 비극이다. 고통이 동반되기 때문이다. 그것을 코앞에서 '목격'하면? 움츠러들게 된다. 본능이다. 박장대소? 불가능하다. 관객들은 왜 그랬을까?

롱 샷 때문이다. 채플린이 넘어진 걸 '코앞에서(Close Up으로)', '목 격'하지 못했다. '멀리서(Long Shot으로)', '그냥 봤을 뿐'이다. 관객에 게 '고통'이 전달되지 않았다. '우스꽝스러움'만 압도적으로 전달 됐다. "클로즈업으로 볼 때 인생은 비극이지만, 롱 샷으로 보면 희 극이다.(Life is a tragedy when seen in close-up, but a comedy in long-shot.)" 찰리 채플린의 말이다. '롱 샷은 희극'. 롱 샷이 말하는 방식 중 하나다. 비극적 장면의 충격을 줄여준다.

● 롱 샷은 Master Shot

롱 샷은 한 장면의 주된 샷(Master Shot) 역할을 한다. 주로 장면 이 시작될 때, 장소나 배경, 분위기 등을 전달한다. '장면 샷(Cover

Shot)'으로도 불린다. 미디엄 샷이나 클로즈업과 어우러지며 전체를 구체적으로 이해하게 해준다.

<그림 3>에서는 1이다. 건물들이 자리 잡은 '도심 중심가'를 보여준다. 장소와 배경, 분위기다. 2(미디엄 샷) - 3(클로즈업)과 어우러지며 장면 샷(Cover Shot) 역할을 한다. 전체가 구체적으로 이해된다. **"이 건물은 '호텔', 중간층 어느 방엔 두 남녀가 있다."**

● **미디엄 샷(Medium Shot)은 대화**

미디엄 샷은 애용된다. 중립적이다. 클로즈업처럼 강력하거나 극적이지 않다. 롱 샷처럼 거리가 멀지 않다. 실생활 대화 분위기에 가깝다. 자연스럽다.

미디엄 샷은 피사체 주변부나 배경엔 관심이 적다. <그림 3>의 2가 그렇다. 건물 주변부라 할 게 별로 보이지 않는다. 옆 건물 극히 일부 정도? 피사체인 건물에만 초점이 맞춰져 있다. 미디엄 샷의 특성이다. 피사체가 사람이면 더하다. 입 모양, 표정까지 뚜렷하다.

때문에 대화를 포착하는 가장 자연스런 샷으로 꼽힌다. 한 사람은 물론, 2~3 사람의 대화까지도 너끈히 잡을 수 있다. 클로즈업과 롱 샷의 '중간(Medium)' 역할까지 하는 것이다.

이게 한계이기도 하다. 혼자서는 주된 샷(Master Shot) 역할이 좀 어렵다. 피사체 주변, 즉, 배경이나 상황 묘사가 약해서다. 롱 샷이나, 적어도 클로즈업과 연결돼야 한다. 앞서 '어느 미국 소방관의 생활'에서도 그랬다. 소방 마차 출동 장면이다. 소방 마차고 내부의 '미디엄 샷'으로 마무리 못했다. 외부 '롱 샷'의 지원을 받고서야 더 분명해졌다.

● 클로즈업(Close Up)은 웅변, "TV를 위한 샷"

클로즈업은 강하다. 사물을 가장 가까이 보여주니까. 있는 그대로다. 넘어지고, 쓰러지는 채플린을 클로즈업으로 잡았다면? 채플린은 비극 배우로 전업(轉業)해야 했을 것이다.

위 <그림 3>의 클로즈업 3을 보자. '중간층 어느 방의 열린 창으로 얼핏 두 남녀의 실루엣'이란 정보가 전달된다. '도심 중심가의 어느 한 건물' 정도이던 롱 샷 1의 정보와는 비교가 안 되게 강하다. 이 건물이 호텔임을 알려 주는 미디엄 샷 2보다도 물론 더 강하다.

클로즈업의 피사체가 사람이면 더하다. 눈, 얼굴빛, 표정 등 메시지 전달 매체들이 많기 때문이다. 예를 들어, 비극적인 사랑에 빠진 딸이 있다. 온 힘을 다해 설득하려는 아버지의 얼굴. 클로즈업했다. 미움으로 일그러진 얼굴 근육. 실망으로 가득한 눈빛. 애절한 설득. 채 감추지 못한 눈물 자국. 강력하다. 클로즈업 말고 뭐가 있겠는가?

반면, 딸의 표정을 상상해 보자. 이미 사랑의 확신에 빠져 있다. 아버지의 반응에 대해 극히 담담하다. 그녀의 얼굴은 사랑의 숭고함으로 가득한 듯하다. 역시 클로즈업했다. 아버지의 클로즈업에 이어 붙인다면? 극한 대조의 힘이다. 그림으로 듣는 웅변이다.

클로즈업은 또, ▶ 반응 ▶ 구체적 내용 상술 ▶ 강조 ▶ 극적인 효과를 목적으로 한다. 그 결과 ▶ 이목 집중과 ▶ 강한 정서적 반응을 가져온다. 이를 모르면, 부정적 결과를 낳는다. 사건, 사고 현장의 클로즈업을 여과 없이 쓸 경우? 참혹함이 그대로 전달된다. 피해자와 가족들의 클로즈업을 함부로 쓴다면? 심각하다. 당사자와 시청자 모두 고통받는다.

"클로즈업은 TV를 위한 샷"이라 한다. 영화를 TV 화면으로 보면 금방 알 수 있다. 광활한 대자연을 배경으로 한 서사적 영화? TV에서는 별반 맛이 안 난다. TV 화면이 작아서다. 주말 뉴스에는 주말 스케치 리포트가 종종 나온다. 겨울 설산의 풍경 스케치라 하자. '설산 전경' 롱 샷부터? '눈 뒤집어쓴 나무 한 그루'가 더 나을 수 있다. 클로즈업이다.

클로즈업은 협업할 때, 존재감이 드러난다. 예를 들어, 외환시장의 급격한 변동이 생겼다. 클로즈업으로 시작할 수 있다. 강력하니까. 외환 딜러(dealer)들의 긴장된 눈빛. 긴박하게 키보드 치는 손가락 등등. 그러나 외환 딜러들이 일하는 딜링 룸(dealing room)도 필요하다. 롱 샷이다. 외환 딜러들의 미디엄 샷도 붙인다. 장소가 어딘지? 무슨 일인지? 클로즈업만으로는 안 풀리는 의문들을 위해서다.

■ 기본 샷의 확장[7]

롱 샷 - 미디엄 샷 - 클로즈업은 좀 더 세분화되곤 한다. 기본 샷의 확장이다.

● 롱 샷 (Long Shot)의 확장

7   정형기, 『방송프로그램 연출 : 방송 제작의 핵심』, 내하, 2015, pp.86~87

① 베리 롱 샷(V.L.S.)

② 롱 샷(L.S.)

③ 익스트림 롱 샷(E.L.S.)

<사진 2>

롱 샷을 세분하면 <사진 2>의 ①, ②, ③과 같이 나눌 수 있다.

* 통상적인 롱 샷: <사진 2>의 ②번이다. 사람이 화면의 3/4~1/3 정도다.

* 베리 롱 샷(Very Long Shot: V.L.S.): 통상적인 롱 샷보다 더 멀다. ①번이다.

* 익스트림 롱 샷(Extreme Long Shot: E.L.S.): 사람의 비율은 1/3 이하.(③번) 전체 배경인, '설정 샷(Establishing Shot)'으로 쓰이기도 한다. 인물보다 배경이 중요하다.

● 클로즈업(Close Up)의 확장: 피사체가 사람인 경우가 많다.

* 미디엄 클로즈업(Medium Close Up: M.C.U.): <사진 3>의 ①이다. 가슴에서 머리끝까지 나온다고 버스트 샷(Bust Shot)이라 한다. 인터뷰, 대담 기자회견 등 보도 프로그램에서 보편적이다. 미디엄

① 미디엄 클로즈업(M.C.U.)

② 클로즈업(C.U.)

③ 타이트 클로즈업(T.C.U.)

<사진 3>

샷과 클로즈업의 중간 정도다. 리액션 샷으로 주로 쓰인다.

＊ 통상적인 클로즈업: <사진 3>의 ②다. 어깨선에서 머리까지 잡는다.

＊ 타이트 클로즈업(Tight Close Up: T.C.U.): <사진 3>의 ③이다. 어깨
선에서 시작하되, 얼굴을 다 잡지 않고, 이마는 일부만 잡는다.

＊ 빅 클로즈업(Big Close Up: B.C.U.): <사진 3>의 ④이다. 턱에서 이
마 일부까지 잡은 샷. 감정 표현이 뚜렷한 샷이다. 대상의 강한
주관이 드러난다.

④ 빅 클로즈업(B.C.U.)

⑤ 익스트림 클로즈업(E.C.U.)

<사진 3>

* 익스트림 클로즈업(Extreme Close Up: E.C.U.): <사진 3>의 ⑤이다.
눈, 코 등 얼굴 일부만 잡은 샷. 해당 부분을 통해 감정을 상징적
이면서도 극적으로 표현한다.

타이트 클로즈업(T.C.U.)~익스트림 클로즈업(E.C.U.)까지 극적
인 느낌이 점점 농후해진다. E.C.U.에서 최대치에 이른다. 쿠안틴
타란티노 감독의 킬 빌(Kill Bill) 1부. 잔인한 폭력단 습격에 놀란
우마 서먼(Uma Thurman)의 동공만 잡는다. 좌우상하로 급히 움직
인다. 긴장과 두려움의 최대치다. 전형적인 E.C.U. 샷이다. 다큐, 일
부 보도물에서도 드물게 쓴다.

■ 앵글이 말하는 샷

앵글은 피사체를 보는 카메라의 각도다. 시각적, 심리적, 극적 효과
를 결정한다. 크게 세 가지 기본 앵글이 있다. 확장된 앵글도 다양하
다. 다만 여기선 기본 앵글 위주로 설명한다.

● 3대 기본 앵글과 버즈 아이 뷰(Bird's Eye View Shot)

◁ 수평각(아이 앵글: Eye Angle): 사실을 말하다

사람의 눈높이에서 촬영된 샷이다. 피사체가 서 있는 사람이면
그 사람 키 높이, 앉았으면 앉은키에 맞춘다. 샷의 분위기가 안정
적이다. "일상, 평온"이다.

수평각의 화법은 '있는 그대로'다. 객관적이다. 보는 사람 스스
로 사실관계를 판단할 수 있다. <사진 4> ①이다. 아파트를 있는

① 수평각(아이 앵글: Eye Angle)

③ 앙각(仰角, 로우 앵글: Low Angle)

② 부감(俯瞰, 하이 앵글: High Angle)

④ 버즈 아이 뷰(Bird's Eye View Shot)

<사진 4>

그대로, 눈높이(Eye Angle)에서 본 것이다. 뉴스의 주 앵글이다.

◁ **부감(俯瞰, 하이 앵글: High Angle): 낮춰 보는 말투?**

카메라가 피사체보다 높은 곳에 있다. 내려다보는 앵글이다. 장면, 상황, 환경을 전체적으로, 한눈에 파악한다. 대규모 시위 같은 경우다. 근처 높은 빌딩 옥상 등에서 잡는다.

사람이나 사물이 실제보다 작고, 약해 보인다. 사람은 권위가 낮아진다. 움직이는 사물은 속도가 느려 보인다. 분위기는 따분하게 느껴질 수 있다. <사진 4> ②의 느낌이다. 지나가는 소형 트럭의 속도가 느려 보인다. 행인(오른쪽 하단 끝)은 왜소하다.

피사체의 비중이 작아지니, 보는 사람은 우월감을 느낀다. '낮춰보는 말투'다. 예를 들어, 한 외국 대통령이 환영식 사열을 받고 있다. 수평각으로는, 꽤 괜찮은 풍채다. 키는 그리 크지 않지만, 보기 좋은 몸집, 멋지게 빗어 올린 머리, 자신감 있는 걸음이 돋보인다. 부감으로 잡으면? 다른 사람이 될 수 있다. '그리 크지 않은 키'는 땅딸막함으로, '보기 좋은 몸집'은 뚱뚱함으로 변한다. 멋지게 빗어 올린 머리의 실체도 드러난다. 위에서 보니, 실오라기 같은 머리카락 몇 가닥 정도다. '자신감 있는 빠른 걸음'은 종종걸음으로 보인다.

◁ **앙각**(仰角, 로우 앵글: Low Angle): **뭐, 우러러보라고?**

나치가 주목한 게 앙각(仰角)이다. '우러러보는 각도'로 올려 잡는 앵글이다. 다른 말로는 로우 앵글(Low Angle)이다. 종합하면, '아래에서 우러러보게' 만드는 샷이다. 사물이면 높이가, 사람이면 키와 몸집이 커 보인다. 사물이면 웅장함을, 사람이면 카리스마를 덧씌운다. <사진 4> ③이 앙각으로 잡은 아파트다. 수평각인 ①보다, 훨씬 높고, 덩치도 커 보인다. 나치 상징물, 히틀러 연설과 행사 등은, 온통 앙각, 즉, 로우앵글 잔치다. '우러러보게 만들겠다'는 것이다. 철저히 계산해 가며 써먹었다. 북한 등 독재국가들이 충실히 뒤따르고 있다.

움직임은 빠르고, 박진감이 느껴진다. 군대 행진이나, 격투 신(Scene) 같은 데 많이 쓴다.

◁ **확장된 앵글: 전지**(全知)**적 화법, 버즈 아이 뷰**(Bird's Eye View)

하늘을 날아다니는 새의 눈으로 본(Bird's Eye View) 앵글이다. 하이 앵글을 확장한 것이다. <사진 4> ④와 비슷한 느낌이다. 헬기 샷이나, 드론으로 찍은 고공 샷이 전형적인 버즈 아이 뷰다.

지상의 피사체들은 작고 미미하다. 거대 스타디움도 한갓 세숫대 야다. 대단위 아파트 단지들은 성냥갑이다. 고속도로를 달리는 자 동차들은 기어간다. 사람은 오죽하랴. 잘 보이지도 않지만, 보인 들 존재감이나 있을까? 이 샷의 화법은 전지적(全知的: omniscient) 이다.

■ 카메라 움직임이 말하는 샷

방송 그림은 동영상(動映像: moving picture)이다. 움직이는 그림엔, 움 직임 있는 샷이 좋다. 시각적 효과. 메시지의 생동감에서 힘이 세다. 그 림이 말할 지평이 넓다는 얘기다. 장대한 폭포, 수만 대군의 격돌, 100m 결승선을 향한 질주, 아름답고도 격렬한 군무(群舞). 카메라를 세워만 놓아도 그림이 된다. 한마디로 '자연산'이다. 횟집의 전면 메뉴다.

'자연산'만으로 장사하는 횟집 못 봤다. 공급이 달려서다. 그림도 그 렇다. 피사체가 언제나 동적(動的)일 수만은 없다. 해법은 뭘까? 카메라 를 움직이면(camera movement) 된다. 피사체가 정적이라도, 샷에 움직 임이 생긴다. 동적인 피사체에도 적용할 수 있다. 기존 움직임에 입체 감과 강도를 강화한다.

● 카메라 움직임 기초

달리 샷부터 소개한다. <그림 4>처럼 피사체에게로 데리고 가거 나(dolly in), 데리고 나오면서(dolly out) 친절한 말로 현장을 설명한다. 상황과 분위기, 현장감이다.

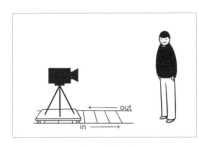

<그림 4> dolly Shot

◁ 달리(dolly) 샷

달리는 어떤 화법을 구사할까? <그림 4>처럼 피사체가 사람인 경우부터 보자. 마침 이 사람이 말을 시작했다. 곧바로 달리 인 (dolly in)이 들어간다. 이거 무슨 뜻일까? "이 말, 굉장히 중요해. 잘 들어 봐" 일종의 큐 사인이다. 다큐, 시사물, 대통령 담화 등에서 볼 수 있다. 영화에선, 좀 더 치밀하다. 주인공은 꼭, 달리 인의 맨 마지막쯤에야 핵심어를 던진다. 아무 말 없는 주인공을 달리 인 하기도 한다. 고민이나 계산, 내적 갈등 등을 보여주려는 것이다. 심리묘사다.

달리 아웃(dolly out)은 반대다. 피사체의 중요도를 낮춘다. 주인공이 복도의 어느 방문을 열고 들어가려 한다. 그때 달리 아웃이 시작된다면? 긴 복도는 화면에서 뒤로 밀리듯 떠나갈 것이다. 복도의 주인공도 당연히 멀어진다. 이때, 달리 아웃의 의미는? 피사체인 주인공과의 결별이다.

피사체가 사물일 때의 화법도 보자. 예를 들어 급박한 사고 현장이다. 이 사고의 중심이 되는 지점이 있다. 달리 인을 써서, 서서히 접근한다. 주변 배경들이 조금씩 스쳐 지나가면서 변한다. 이때, 달리 인은 시청자에게 말을 건다. **"지금 어디로 가고 있는 걸까요?" "다음은 뭐가 나올 것 같아요?" "도대체 얼마나 더 갈 건지 궁금하지 않으세요?" "곧 드러날 실체는 도대체 어떤 것일까요?"** 심리

화법이다. 보는 이의 심리적 긴장감을 고조시킨다.

피사체 주변의 맥락을 풀어주기도 한다. 예를 들어 수북이 서류 뭉치가 쌓여 있고, 전화들도 여러 대다. 클로즈업으로 잡았다. 이때 달리 아웃이 시작된다. 안 보이던 주변이 드러난다. 우선 서류 뭉치와 전화이다. 책상 위에 있다. 책상 모퉁이엔 직원이 걸터앉아 있다. 전화기 두 대로, 번갈아 통화 중이다. 옆의 의자엔 상급자가 앉아 있다. 서류 뭉치를 보며 지시 연발이다. 그 옆에 앉은 직원은 이를 타이핑한다. 수북하게 쌓인 서류 뭉치의 발원지다. 주변 맥락이 차례로 풀린다. 웬 서류 뭉치에, 웬 전화들인지...

원래 달리(dolly)는, 방송용 소형 운반 수레다. 카메라를 위에 얹어 움직였다. 그게 카메라 움직임(camera movement) 명칭이 됐다. 스튜디오에서 시작됐지만, 이젠 뉴스 현장에서도 쓴다. 뉴스 현장에선 '운반 수레' 달리(dolly)는 없다. 대신 카메라를 손에 들거나 어깨에 멘다. 앞뒤로 움직이며 달리 샷을 만들어 낸다. 풀 인(pull in), 풀 아웃(pull out)으로도 불린다. 자동차로 '달리는 달리'(^^)도 한다. 이 모두가 '달리(운반 수레) 없는 달리'다.

◁ 아크(arc) 샷

피사체 주위를, 말 그대로, 원호(圓弧: arc)를 그리며(arching) 도는 것이다. 움직임 없는 피사체에 역동성을 준다. 등장인물에 집중하게 한다. <그림 5>를 풀어 보자. 오해와 갈등으로 어긋나기만 하던 두 연인이다. 온갖 난관을 뚫고, 마침내, 둘은 서로의 사랑을 뜨겁게 확인한다. 눈물로 얼룩진 두 얼굴과 격렬한 포옹. 좀 신파조라고? 그래서 샷이 중요하다. 이 극적인 상황을 고급스럽게

<그림 5> arc shot

말해 줄 수 있어야 하기 때문이다. 이런 때 360도 아크 샷을 안 쓸 이유가 없다. 피사체 주변에 레일을 깔거나 스테디 캠[8]을 사용한다. 비단 드라마뿐 아니라, 다큐 등 시사물에서도 극적 재연 장면에 쓰곤 한다.

부분 아크 샷도 있다. 피사체의 숨겨진 모습을 보여줄 때다. 등 뒤나, 옆 등 숨겨진 곳을 드러낸다. 각도는 자유롭다. 다른 관점에서 볼 수 있다. 주요 인물의 움직임을 잡으려고도 쓴다. 여러 명의 뉴스 인물들이 섞여 있을 때다. 가려져 있는 특정 인물을 찾아가는 형식이다. 레일 없이 손으로(hand-held) 구사한다.

◁ 트래킹(tracking) 샷

이 샷도 원래 궤도(track trails)를 이용한다. 그래서 트래킹 샷(tracking shot)이다. <그림 6>처럼, 움직이는 피사체를 따라가며(follow=track) 잡는다. 왼쪽 ⇨ 오른쪽, 아니면 반대다. 궤도 위로 따라가니, 피사체와는 자로 잰 듯 일정하다. 움직임이 있으면서도 정교한 샷이다.

---

8 Steady-cam. 카메라를 손에 들거나 어깨에 메고 촬영할 때, 카메라가 흔들리는 것을 막아주는 장비다. 몸에 붙이는 받침대와 흔들림을 막아주는 완충기, 수평 유지대 등으로 구성된다. 레일이나 바퀴 달린 이동차를 설치할 수가 없을 때 대안으로 쓸 수 있다.

<그림 6> tracking shot

요즘엔 이런 좌우 움직임만 있는 트래킹을 '트러킹(trucking)'으로 부른다. 궤도 위에 카메라를 올려놓는 운반구가 트럭(truck)이다.[9] 트러킹(trucking)은 '협의의 트래킹(tracking)'인 셈이다.

트래킹(tracking) 개념은 확대돼 왔다. 좌우만 아니라, 움직이는 피사체를 따라 어느 방향으로든 갈 수 있다. 걸어가는 인물을 따라(track) 들어간다. 트랙 인(track in)이다. 궤도(track) 없이, 카메라를 들고 들어가는 것이다. 걸어 나오는 인물을 뒤로 물러나며 잡기도 한다. 트랙 백(track back)이다. 뉴스에서 자주 본다. 주요 피의자의 출석 장면이나, 주요 정치인의 활동 포착, 돌발 인터뷰 때다. 궤도(track)보다, 따라간다(track)는 의미가 강한 셈이다.

트래킹은 달리와 뿌리가 유사하다. 화법도 비슷하다. 피사체를 따라갈 때, 주변 환경들도 보여준다. 속도감 있게 지나간다. 달리 샷보다 역동성이 크다. 움직이는 피사체이기 때문이다. 피사체에 대한 정보도 넌지시 암시한다. 따라가다 보면 관찰이 된다.

이 특징을 다 보여주는 영화가 있다. '좋은 친구들(Good Fellas)'이다. 아카데미상 등을 받은 고전적 갱스터 무비다. 마틴 스콜세이지

---

9   허인영, 임석진, 김학인, 『영상제작입문』, 나남, 2010, p.221

(Martin Scorsese) 감독 작품이다. 봉준호 감독도 아카데미상 받으면서, 면전에서 그를 극찬했다. 이 영화, 트래킹 샷 부분만 보자.[10]

헨리는 갱이다. 그 동네에서 꽤 급 높은 클럽에 애인 카렌을 데려간다. 바깥엔 긴 대기 줄. 헨리는 무시하듯, 뒷문으로 성큼성큼 들어간다. 로열석도 차지하고 카렌을 앉힌다. 이를 트래킹 샷 하나로 끝냈다. 뒷문 입구 ⇨ 복도 ⇨ 클럽 주방 ⇨ 클럽 내부 ⇨ 클럽의 로열석까지. 2분 가까운 긴 여정이다. 지루할 틈이 없다. 속도감 덕이다. 헨리와 카렌을 따라, 관객들은 현장에 같이 들어가는 경험을 한다. 트래킹 샷 특유의 화법이다.

이 샷은 또 헨리가 갱이라는 걸 넌지시 암시한다. 스쳐 지나가는 사람들의 반응을 통해서다. 뒷문 입구에서부터 클럽 지배인까지. 이 대단한 클럽에 와 있는 VIP들까지. 모두 환. 영. 일. 색. 헨리는 너무나 익숙한 듯. 반면 카렌은 궁금증이 증폭된다.

"이 남자 도대체 뭐 하는 사람이지?" 이 심리를 트래킹 샷은 놓치지 않는다. 클럽 내부, 어느 순간부터 트래킹 대상을 갑자기 바꾼다. 헨리와 카렌에서, 둘을 안내하는 웨이터로. 웨이터를 따라가며 의심하는 카렌의 시각이다. 자리에 앉았어도 헨리에 대한 주변의 인사와 반김은 이어진다. 트래킹 샷은 카렌의 시각으로 이를 주시한다. 카렌은 헨리에게 묻고 만다. **"당신 뭐 하는 사람이에요?(What are you doing?)"** 트래킹 샷의 개념은 지금도 확대되고 있다. 그만큼 풍성한 그림 언어를 만들어 낸다.

---

10   인터넷상(유튜브 포함) 등 관련 합법 동영상 참조

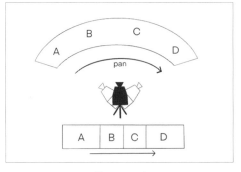

<그림 7> pan shot

◁ 팬(pan) 샷

카메라 본체는 그대로 있고, 헤드만 움직이는 게 팬(pan)이다. <그림 7>에서 보듯, A 지점을 잡고 있던 카메라가 수평으로 헤드를 돌려 D 지점으로 간다. A와 D라는 별개의 두 지점이 하나의 샷으로 연결된다.

A에서 D로 옮기는 동안 두 지점 사이의 공간들, B, C도 볼 수 있다. B, C를 볼 수 있는 시간은 <그림 7> 하단에서 보듯, A나 D보다는 짧다. 팬의 속도와 반비례한다. 팬은 A와 D 사이의 전체 상황을 역동적으로 말해 준다.

예를 들어, 광화문 시위 현장이다. 세종문화회관 옥상에 올라가 취재 중이다. 왼쪽의 광화문 앞에서 오른쪽 세종대왕상까지 인산인해다. 광화문 앞 군중에서 서서히 카메라 헤드를 오른쪽으로 돌린다. 세종대왕상 앞 군중까지 보여준다. 팬이다.

물론, 팬 대신, 그냥 롱 샷 하나로 잡을 수도 있다.

한눈에 상황 파악이 되는 건 마찬가지다. 문제는, 광화문과 세종대왕상이라는 두 지점 간 관계다. 감이 잡히지 않는다. 서울 사람 아니면 어렵다. 팬은 이를 확실히 전달한다. 전체 상황, 시위 군중 규모, 공간의 크기까지. 역동적이다. 전체 상황을 제대로 보여주니, 설정 샷(Established Shot)도 된다.

시위 인원이 광화문 너머 시청 앞까지 이른다면? 롱 샷으로는 감당 못 한다. 방대한 광경이라서다. 팬(pan)의 어원, '파노라마(panorama)'의 뜻이다. 팬의 존재감이 드러난다.

팬은 관심을 옮기기도 한다. 가령, 공항 인파에서 갑자기 공항 입국장 출구로 팬을 한다. 아니나 다를까? 올림픽 개선 선수단이 나온다. 시청자의 관심도 옮겨갈 수밖에 없다.

움직이는 피사체를 따라잡기도 한다.(following pan) 오랜 기간 추적해 온 한 피의자의 은신처를 알아냈다. 취재팀은 반대편 건물에서 주목 중이다. 드디어 피의자가 은신처인 아파트 복도에 나타났다. 특정 아파트 호실로 걸어간다. 그 과정은 팬을 통해 계속 추적된다.

◁ **틸트(Tilt) 샷**

카메라는 고정한 채, 헤드만 움직여 피사체를 잡는다. 이 점에서 틸트(tilt)는 팬(pan)과 쌍둥이다. 다만 이란성(異卵性)이다. 촬영 방향이 다르다. 피사체 아래에서 위, 또는 위에서 아래로 찍는

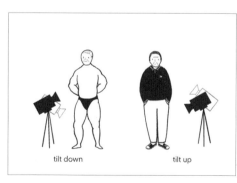

<그림 8> tilt shot

다. 기울기를 조정하며 (tilting) 움직이는 것이다. 피사체 아래로부터 위로 이동하는 게 틸트 업 (tilt up), 반대는 틸트 다운(tilt down)이다.

얼굴을 잡으니 이분 백발노인이다. 그런데

가슴쯤 내려오니, '깜놀'이다. 상의를 벗고 계신다. 온통 근육질이다. 더 내려가니, 민망한 팬티형 운동복에 돌덩이 같은 다리와 맨발이 드러난다. 시니어 피트니스 챔피언이시란다. <그림 8>의 틸트 다운이다.

이번엔 발에서 시작했다. 20대층에 힙(hip)한 운동화다. MZ 세대? 틸트 업을 하니, 좀 이상하다. 몸매가 여유롭다. 가슴쯤 올라가니 시니어용 고급 스포츠웨어다. 얼굴까지 올라왔다. 백발노인이다. 해당 스포츠웨어 회사 회장님이다. 기대감은 뜻밖의 놀람으로 변한다. <그림 8>의 틸트 업이다.

틸트 샷은 시청자의 눈높이로 말한다. 또 원인과 결과, 공간적 관계 등 다양한 그림 언어를 구사한다. 가령 주요 인물의 검찰 출두다. 카메라가 청사 밖에서 이 인물을 포착한다. 이 인물이 청사로 들어가자, 카메라는 청사 건물로 틸트 업 한다. 청사 6층 한 창문에서 멈춘다. 틸트 업의 원인은 ▶ 주요 뉴스 인물의 검찰청 출두였다. 결과는 ▶ 청사 6층 어느 조사실로 갔다는 사실이다. 공간적으로는 ▶ 검찰청사 현관에서 6층까지 출두 인물의 동선을 보여준다.

◁ 줌(zoom) 샷

줌은 엄밀히 말해, 카메라 움직임(camera movement)은 아니다. 렌즈 움직임이다. 카메라 움직임과 유사 효과를 낸다. 멀리 있는 피사체를 당겨 잡는 걸 줌 인(zoom in)이라 한다.

<그림 9>의 오른쪽 그림은 산(山)의 전경(全景)이다. 두 개의 언덕이 있다. 그중 오른쪽 언덕을 당겨 잡았다. 줌 인(zoom in)이다.

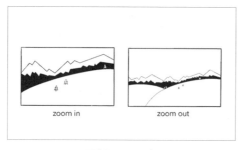

<그림 9> zoom shot

<그림 9>의 왼쪽 그림이 됐다. 멀리 뵈던 오른쪽 언덕이 눈앞으로 다가왔다. 왼쪽 언덕은 보이지 않게 됐다.

줌 아웃(zoom out)은 반대다. <그림 9>의 왼쪽 그림에서 렌즈를 조절해 산 전경으로 빠져나왔다. <그림 9>의 오른쪽 그림이 됐다. 이처럼 줌은 피사체의 크기, 즉, 원근을 조절한다. 10배 이상 가능하다. 그만큼 가깝게 또는 멀게 보인다. 예를 들어, 뉴스 인물이 인파에 싸여 있다. 접근 불가다. 거리는 10미터 정도. 얼굴도 잘 안 보인다. 이때 해법은 줌 인이다.

줌 인은 클로즈업 효과로 시선을 집중시킨다. 긴장을 높이거나, 주제의 범위를 좁힐 때 쓰면 유용하다. 줌 아웃은 반대다. 롱 샷으로 구도를 바꾼다. 피사체가 처한 상황이나 환경을 설명한다. 가령 한옥이 한 채 있다. 줌 아웃을 하니, 고색창연한 한옥들이 골목에 가득하다. "아하, 전주 한옥 마을이나, 북촌 마을쯤 되겠구나" 상황이 이해된다.

● 비슷한 듯 다른 화법, 줌(zoom)과 달리(dolly)

줌(zoom)을 일컬어, '가짜 카메라 움직임'이라고도 한다. 렌즈 조절로 만들어 낸다는 얘기다. 때문에 '진짜 카메라 움직임'보다 부자연스럽다는 평도 있다.[11] 달리와 많이 비교된다.

10미터 앞에 노송(老松) 한 그루가 있다. 달리 인(dolly in)을 해 보자. 노송까지 가는 동안 주변 사물들은 나란히 움직이고 바뀐다. 노송의 배경까지 급작스럽게 커(가까워)지지는 않는다. 카메라가 다가가는 만큼만 비례해서 커진다. 사람이 걸어서 다가갈 때와 같다.

줌 인(zoom in)은 다르다. 미끄러지듯 부드럽다. 노송이 어느덧 내 눈앞에 다가와 있다. 노송의 배경도 달리 인 했을 때보다 더 커(가까워)졌다. 카메라가 피사체에 실제 다가선 게 아니기 때문이다. 초점 변화만으로 피사체를 당겨왔다. 자연스럽지 않다.

줌이 달리와 유사하다고 오해할 수 있다. 달리보다 간편하기도 하다. 달리를 써야 할 때, 줌으로 대체하려는 유혹이 크다. 이처럼 그림 화법이 엄연히 다르다. 구별해 써야 한다.

■ 확장된 카메라 움직임

초창기 영화는 고정 샷(fixed shot)을 애용했다. 현실을 있는 그대로 기록해 재현하는 게, 당시 영화의 목적이었다. 카메라 움직임이 본격화된 건 1920년대 이후부터다. 새로운 정서나 의미를 부여하기 시작하면서다.[12] 이젠 사실주의적 다큐나 시사물도 다양하게 카메라 움직임을 쓴다. 지금까지의 카메라 움직임들은 그야말로 기초다. 이를 확장한 기법이 천변만화(千變萬化)다. 다 다루기 어렵고, 그럴 필요도 없다. 그 분위기만 알자. 기본적인 몇 가지다.

11   겝하르트 플랑거, 『TV 보도제작실무』, 고수자 역, 중앙M&B, 1998, p.102
12   겝손보욱(2015), 「사실주의 영화에 나타난 카메라 움직임 연구」, 『현대 영화 연구』 vol. 20, pp. 257~258

● 달리 줌(dolly zoom) 샷

달리와 줌은 '비슷한 듯 다른 두 화법'이다. 달리 줌(dolly zoom)은 이 두 화법을 동시에 쓴다. 그것도 서로 모순되는 방향으로 쓴다. 어느 하나가 인(in) 하면, 다른 건 아웃(out) 하는 식이다. 극적 효과를 위해서다.

달리 인(dolly in) 하며 줌 아웃(zoom out) 하면 어떻게 될까? 카메라는 피사체에 다가간다. 달리 인 했기 때문이다. 카메라 렌즈는 반대로 줌 아웃 했다. 피사체를 멀리 밀어낸다. 두 효과는 서로 상쇄된다. 그 결과, 피사체는 변화가 거의 없어 보인다. 거의 그 자리다.

문제는 피사체의 배경이다. 멀어졌다. 뒤로 밀려났다. 줌 아웃 때문이다. 달리는 실제 거리가 바뀐 만큼만 배경을 바꾼다. 반면 줌은 렌즈를 당겨온 만큼 바꾼다. 렌즈 변화 폭이 더 크다. 줌이 달리보다 피사체 배경을 바꾸는 폭이 큰 것이다. 앞서 노송의 줌도 그랬다. 달리보다 더 크게 노송의 배경을 바꿨다. 배경을 '멀리 밀어내는' 줌 아웃이, '앞으로 데리고 오는' 달리의 힘보다 세다. 피사체의 배경이 뒤로 더 멀어진 이유다.

결론적으로 피사체는 거의 움직이지 않고 배경만 멀어졌다. 일종의 시각적 착시다. 이는 극적 효과를 일으킨다. 아래는 영화사상 최초의 달리 줌 장면이다. 특성이 잘 나타난다.

#장면 1 건물 지붕을 넘어 도망가는 범죄자를 쫓던 한 사람. 실수로 건물 처마만 붙든 채 대롱대롱 매달렸다. 얼핏 아래를 봤는데... 땅이 푹 꺼진다.

#장면 2 알고 보니 이 사람은 고소 공포증이 심한 사람이다. 여기서도 누군가를 쫓고

있다. 층층이 깎아지른 종루(鍾樓:Bell Tower) 계단, 정신없이 뛰어 올라갔다. 무심코 내려다본 순간... 아득한 계단 아래 땅이 갑자기 푹 꺼진다. 이 샷은 20초 사이에 두 번이나 나온다.

1958년에 나온 '현기증(Vertigo)'. 스릴러의 거장 알프레드 히치콕(Alfred Hitchcock) 감독 작품이다. 장면 1, 2 모두 해당 영상들[13]을 보라. 두 장면 다 피사체의 배경은 땅이다. 줌 아웃은 땅을 멀리 밀어낸다. 꺼지는 효과다. 달리 인은 위로 당겨 올린다. 땅이 올라오는 효과다. 줌 아웃이 더 세다. 결국 땅이 푹 꺼지는 것처럼 보인다. 메시지는 '심적 불안', '정신적 충격'. 내면의 거센 흔들림이다. 히치콕 줌(Hitchcock Zoom)이라고도 한다.

앞서 소개한, '좋은 친구들(Good Fellas)'에도 달리 줌이 있다. 스콜세이지 감독은 히치콕과 반대로 썼다. 달리 아웃 - 줌 인(dolly out, zoom in)이다. 헨리가 절친이자, 선배 갱인 지미와 식당에서 만나 얘기를 나눈다.[14] 겉치레와 달리, 둘은 상대를 의심하고 있다. 둘이 앉은 식탁이 피사체, 식탁의 배경은 창 너머 보이는 길거리다. 식탁은 그대로 있다. 배경인 창 너머 길거리가 두 사람에게 점점 다가오듯 가까워진다. 마치 두 사람을 압박하듯이. 서로 의심하는 두 사람의 심리적 압박감이다. 높아지는 의심의 강도이기도 하다.

같은 달리 아웃 - 줌 인(dolly out, zoom in)인데 전혀 다른 느낌도 있다.

---

13   인터넷상(유튜브 포함) 등 관련 합법 동영상 참조
14   인터넷상(유튜브 포함) 등 관련 합법 동영상 참조

2018년 개봉돼 세계적 히트를 한 영화, '보헤미안 랩소디(Bohemian Rhapsody)'다. 1985년 퀸(Queen)의 공연 때, 리더 프레디 머큐리(Freddie Mercury)의 열창을 재연한 장면이다.[15]

프레디 머큐리의 옆모습과 그 너머 수많은 관중. 이 노래가 처음 시작할 때 양측은 멀리 떨어져 있었다. 얼마 안 있어 이 구도는 달라졌다. 피사체인 프레디 머큐리는 가만히 있다. 프레디의 배경이 움직인다. 관중들이다. 프레디 쪽으로 서서히 가까워진다. 달리 아웃 - 줌인이다. 마침 프레디가 노래에 몰입하는 순간이다. 관중들이 프레디와 함께 호흡하기 시작한 듯하다. 친밀감과 합일감이다.

<그림 10> quick pan

● 퀵 팬(quick pan)의 특별한 화법

한 지점에서 고개를 돌려 반대 지점을 바라본다. 이때 자연스런 각도는 얼마나 될까? 보통 90도, 최대 180도 정도일 것이다. 속도도 그리 빠르지 않다. 팬도 그럴 것이다. 이와 전혀 다른 팬 샷이 있다. 속도가 매우 급하다(quick).

---

15   인터넷상(유튜브 포함) 등 관련 합법 동영상 참조

그래서 퀵 팬(quick pan)이다. 채찍(whip) 휘두르듯 한다고 휩 팬(whip pan), 쌩하니 지나간다고, 스위쉬 팬(swish pan)이라고도 한다.

<그림 10>에서 퀵 팬 첫 샷은 1이었다. 그러다, 급히 3.으로 옮겨간다. 사실상 1, 3 두 샷의 연결이다. 보이는 것도 1, 3 두 샷뿐이다. 1, 3 사이의 공간인 2는 보이는 게 없다. 그저 뭉개진 잔상들뿐이다. 짧은 줄무늬나 물줄기처럼 흐릿하게 순간적으로 지나간다. 이른바, '모션 블러(motion blur)' 현상이다. 시공간적 비약 효과다. <그림 10>에 살을 입혀 보자. 로빈 후드가 활을 쏜다. 1이다. 카메라 헤드가 퀵 팬 한다. 중간의 공간들, 즉, 화살이 지나가는 공간은 2다. 흐릿한 잔상이다. 빨리 지나갈 뿐이다. 카메라 헤드가 멈춘 지점에서 적군은 화살을 맞고 쓰러진다. 3이다. 로빈 후드와 적군 간 거리가 200미터라 하자. 1초도 안 되는 시간에 상황 끝이다. 퀵 팬 화법이다. 시공간 비약, 역동성, 충격, 주의집중이다.

2015년 개봉된 위플래시(Whiplash)라는 영화가 있다. 음악학교에 입학해 드러머로서 대성을 꿈꾸는 학생. 이 학생을 거의 가학적으로 훈련시키는 교수. 언제나처럼 교수는 연습실 문 앞에 서서 학생을 지켜본다. 이를 의식하며, 눈을 감고 드럼 연습에 몰두하던 학생. 갑자기 눈을 떴다. 카메라가 퀵 팬 한다. 학생의 얼굴에서 교수가 서 있던 연습실 문 쪽으로. 그런데 교수가 없다. 눈 깜짝할 사이다. 시공을 초월한 전환이다. 영화 이름대로다. 채찍질(whiplash)같이 날카로운 퀵 팬, 아니 휩 팬(whip pan)이다.

● 줌(zoom)의 확장, 퀵 줌(quick zoom)

퀵 팬이 있듯, 퀵 줌(quick zoom)도 있다. 피사체를 향한 급속 줌이다. 패스트 줌(fast zoom), 크래시 줌(crash zoom)이라고도 한다. 휩줌(whip zoom)이라고도 한다.

퀵 팬과 유사점도 있다. 충격과 주의 집중에서 화법이 일치한다. 다큐멘터리, 고발형 시사물은 물론, 뉴스에서도 쓴다. 가령, 환율이나 주가가 급변했다.

퀵 줌이다. 환율이나 증시 현황판을 급속히 당겨 보여준다. '급변'이라는 말에 어울리는 영상 화법이다. 시청자의 주의를 끈다. 현업에서는 이보다 좀 더 강한 기법을 쓴다. 퀵 줌으로 촬영하되, 천천히 재생한다.[16] 퀵 팬의 모션 블러와 유사한 현상이 나온다. 빛줄기 또는 물줄기 같은 파형(波形)이다. 화면도 역동적이 된다.

3. 그림 문법 ABC

말은, 제대로 된 뜻과 정보, 의도를 담고 있다. 그렇지 않은 경우, "말이 안 된다"고 하지 않는가. 그림도 마찬가지다. 방송 현업에서 "그림이 안 된다"는 말 종종 한다. 뜻, 정보, 의도를 제대로 담고 있지 않은 그림이다.

뜻과 정보 의도 등을 메시지(message)라고 한다. 이 메시지를 전달하기 위해 '그림이 되게' 샷들을 배열하는 게, 그림 편집(film-editing)이다. 그림에게 말을 시키는 방법이다.

---

16   양용철, 『보도영상 현장매뉴얼』, 한국방송카메라 기자협회, 2009, p.152

글 메시지가 잘 전달되게 하는 규칙이 문법이다. 그림 편집에도 있다. 현업에선 그림 문법이라고도 한다. 성문법(成文法)이 아닌, 불문법(不文法)이다. 축적된 경험칙(經驗則)[17]이다. 사람의 시각적 특성과 시청 습관이 바탕이다. 그림에게 말 시키는 방법, 그림 문법 ABC다.

■ 그림 문법 A. 메시지의 일관성

샷은 그림 단어다. 샷마다 개별 메시지들이 있다. 그 양과 강도가 샷별로 다르다. 우선, 원근(遠近) 별로 보자. 롱 샷은, 미디엄이나 클로즈업보다 메시지량은 많다. 멀리 잡으니, 많은 피사체들을 품기 때문이다. 대신 피사체들의 크기가 작다. 메시지의 강도는 약한 것이다. 클로즈업은 롱 샷과 반대다. 특정 피사체를 바짝 가까이 당겨 잡는다. 메시지량은 해당 피사체로 제한된다. 대신 해당 피사체의 크기는 크다. 메시지 강도가 매우 강한 것이다.

● 대표 메시지

여기에 앵글, 카메라 움직임까지 넣어보자. 개별 샷들의 메시지는 얼마나 다양해질까? 중요한 건 이 샷들이 모여 도착할 종착점이다. 시퀀스다. 작은 이야기, 즉, 이야기 최소 단위다. 개별 샷들의 메시지가 이 시퀀스에서 하나로 어우러질 것이다. 대표 메시지다. 제작자가 의도한 종합 메시지다. 이처럼 시퀀스를 이루는 샷들의 개별

---

17 이론으로 증명, 성립된 건 아니지만 경험으로 얻어진 지식과 법칙. 직업인의 전문적 경험, 그 축적치를 일컬을 때 쓰곤 한다.

메시지와 시퀀스의 대표 메시지 간에는 일관성이 있어야 한다. 메시지의 일관성이다. 그림 문법 A다.

아래 샷들의 개별 메시지를 파악하고, 각 샷을 연결해 하나의 대표 메시지를 만들어 보라.

샷 ① 땀을 뻘뻘 흘리고 있는 어떤 남자의 얼굴(빅 클로즈업)

샷 ② 땀 흘리는 남자와 옆에 열린 대형 냉동고 문,

　　냉동고로부터 나오는 한기(미디엄 샷)

샷 ③ 냉동고 밖에 쌓인 얼음덩어리들(미디엄 샷)

샷 ④ 바닥에 던져져 있는 후드(hood) 달린 작업복(클로즈업)

샷 ⑤ 얼음덩이를 지고, 후드를 쓴 채, 대형 냉동고에 들어가는

　　어느 작업자의 뒷모습(롱 샷)

샷 ⑥ 대형냉동고에서 나오는 어느 작업자(롱 샷)

각 샷들의 개별 메시지는 다양하다. 특히, 일부는 서로 반대다. 샷 ①과 샷 ②이다. 남자가 땀을 뻘뻘 흘리고 있는데, 바로 옆은 초대형 냉장고가 입을 벌린 채 싸늘한 한기를 내뿜고 있다. 모순이다. 샷 ③, 샷 ④를 보면 더 의아해진다. **"어디 냉동고뿐인가? 주위엔 얼음덩어리까지 쌓여 있네. 그런데도 덥다고 입고 있던 작업복까지 벗어?"**

샷 ⑤와 ⑥까지 보면 샷 ① 속 남자의 태도가 한심해 빌 수도 있다. **"아니 저렇게 옆에서는 땀을 뻘뻘 흘리며, 일하는 사람들이 있는데, 자기는 한가하게 앉아 땀을 흘린다고?"** 샷 ①~샷 ⑥을 그냥 순서대로 연결하면 이런 이상한 메시지가 나온다. 각 샷의 개별 메시지끼리

부딪친다. 일관성이 없는 것이다. 결국 시퀀스의 대표 메시지가 불분명해졌다.

● 순차적 접근법

위의 샷들을 갖고, 일관성 있는 시퀀스(이야기)를 만들어 보자. 우선 순차적 접근법이다. 2가지가 가능하다. ⑤ - ③ - ⑥ - ④ - ② - ①
이 그 하나다.

**"어떤 남자가 얼음을 잔뜩 메고 냉동고에 들어가네. 얼마나 힘들까?(⑤)
아이쿠, 아직도 옮길 얼음이 저리 많아?(③) 이제 나오네. 또 지고 들어가나?(⑥) 얼추 끝났나... 작업복을 벗은 걸 보니(④) 아, 끝난 게 아니라, 작업복 벗고 잠시 쉬는 거구먼(②) 아이고 저 땀 좀 봐 정말 수고가 많네(①)"**

샷 ①~샷 ⑥을 그냥 연결한 것과 전혀 다르다. 서로 다른 샷의 메시지들이 유연하게 연결됐다. 그 결과 시퀀스의 대표 메시지가 분명하다. **"어떤 남자가 땀을 흘리고 있는데, 알고 보니, 힘든 얼음 창고 작업 때문이다, 그나마 작업도 끝나지 않았다"** 각 샷의 개별 메시지는, 이 대표 메시지와 하나로 연결됐다. 일관성이다.

⑤, ⑥의 문제도 해결됐다. 둘 다 롱샷이다. 멀어서 얼굴 분간이 안 됐다. '어느 작업자'가 누군지 알 수 없었다. 이젠 분명해졌다. 샷 ①의 '남자'와 동일 인물임이 드러났다. 제대로 그림이 연결된 덕이다. 샷 ①과 샷 ②의 위치를 바꿔도 된다. 2안이다. 시퀀스(이야기) 흐름이 무난하고 대표 메시지도 같다. 대표 메시지를 유도하는 방법이

1, 2안 다 참 순차적이다. 어떤 남자가 땀 흘리는 이유를 친절하게 차례차례 설명한다.

순차적 접근법은 안정적이다. 긴장감은 좀 부족하다. 시청자들이 지루해할 위험이 있다.

● **핵심적 접근법**

정반대가 있다. 이름 붙이자면, 핵심적 접근법이다. ① - ⑤ - ③ - ⑥ - ④ - ②이다.

"어, 이 남자 왜 이리 심하게 땀을 흘리고 있지?(①) 응... 얼음 창고 작업 중이구나(⑤) 아이쿠, 옮길 얼음이 아직도 저리 많아?(③) 이제 나오네, 또 지고 들어가려고?(⑥) 얼추 끝났나... 작업복을 벗은 걸 보니(④) 아, 끝난 게 아니라, 작업복 벗고 잠시 쉬는구면(②)"

첫 샷이 바로 핵심 주제로 직진한다. **"어, 이 남자, 왜 이리 심하게 땀을 흘리지?"**라는 의문이다. 일종의 충격 요법이다. 일시에 주목을 끈다. 이후 각 샷들의 유기적 결합, 일관성, 대표 메시지로 연결까지 이뤄진다. 핵심적 접근법은 소구력이 강하다. 의외성과 의문, 참신한 충격 등이 소도구다.

■ **그림 문법 B. 편집 기본 개념**

그림 편집은 이처럼 그림 조각을 이어 붙이는 거다. 천 조각을 이어 붙이는 바느질 방식도 여러 가지다. 그림 조각(샷)들을 연결하는 방식도 그렇다. 기본적으로 4가지가 있다.

● 그림 연결 방식

◁ 컷(cut): 한 그림 조각을 잘라(cut) 다른 그림 조각에 붙이는 것이다. 일반적이다. 쉽고 빠르다. 앞조각과 뒤 조각 사이에, 눈에 띄는 이음 효과가 없다. 자연스럽다. 뉴스에서 선호하는 방식이다. 잘라 붙인 그림 한 조각을 세는 단위도 컷이라 부른다. 컷(cut)과 샷(shot)은 곧잘 혼용돼 불리기도 한다. 한 샷을 한 컷(cut)으로 붙이는 경우가 많아서다. 그러나 한 샷이 길어, 일부만 잘라 붙인 컷도 있다. 샷은 촬영, 컷은 편집의 기본 단위다.

◁ 디졸브(dissolve): 한 그림 조각에서 다음 그림 조각으로 서서히 넘어간다. 앞 그림과 뒤 그림이 일시적으로 겹친다(오버랩: overlap). 최종적으로 앞 그림은 사라지고 뒤 그림만 남는다. 화면 간의 이음매, 즉, 전환 효과가 분명히 드러난다.

디졸브는 시공간적 변화다. 예를 들어, 교통사고다. 현장의 피해자 모습에서 병원 침상에 누운 모습으로 디졸브 했다. 피해자들이 현장에서 병원으로 옮겨졌다는 것이다. 디졸브 전환 시간은 통상 3~4초 정도다. 길면 시공간적 흐름이 길게 느껴진다. 짧으면, 그 반대다.

디졸브는 연관성 없는 샷들도 자연스레 연결한다. 예를 들어, 공군기지 식당의 천장. 선풍기가 돌고 있다. 이 선풍기 날개 샷에서, 이륙하는 헬기의 날개 샷으로 디졸브 한다. 돌아가는 선풍기와 헬기 날개. 연관성 없는 둘 간에 모종의 연결이 이뤄짐을 암시한다.

◁ **와이프**(wipe): '지운다, 닦아 낸다(wipe)'는 뜻 그대로다. 원래 그림이 있다. 왼쪽에서 다른 그림이 들어온다. 원래 그림을 밀어 내며 지워버린다(wipe). 왼쪽에서 들어온 그림만 남는다. 물론 그림이 들어오는 방향은 오른쪽, 위, 아래, 대각선 등 다양하다. 모양도 마름모, 원형, 별 모양 등 셀 수 없다. 화면에 역동성을 주는 것이다. 색다른 걸 보여주거나, 분위기, 맥락의 전환이다. 뉴스에서는 스포츠나 문화 아이템 등에 많이 쓴다.

◁ **페이드**(fade): 그림이 점점 어두워지면서 암전(暗轉)된다.(페이드 아웃: fade out) 반대로 깜깜한 화면에서 점차 밝아지면서 장면이 드러난다.(페이드 인: fade in) 극장의 막(幕)과 같은 효과다. 스토리 한 단락이 끝나고 새로운 단락으로 넘어갈 때 쓴다. 시사 보도물이나 다큐에서도 한 주제가 끝나고, 다른 주제로 전환할 때 쓰곤 한다.

<그림 11>

● **그림 연결 기본 개념 1: 먼 그림 ⇨ 가까운 그림**

이제 그림을 실제 연결해 보자. 편집이다. <그림 11>을 살펴보자. 4개의 샷이다: 1. 한 남자의 정면 클로즈업이다. 2. 이 남자 급히 어디론가 가고 있다. 한 여성을 서둘러 지나치려 한다. 혹시 여성화장실

쪽?(롱 샷) 이를 미디엄 클로즈업으로 당겨 잡은 게 3이다. 4는 화장실 건물 전경이다. 여성화장실 모퉁이를 도니, 남성화장실이다.(익스트림 롱 샷) 어떻게 편집해야 정리될까?

우선, 4 - 2 - 3 - 1이다. 그림의 메시지는?:

"화장실 건물 구조 특이하네. 옆이 여성화장실, 돌아가니 남성화장실이군.(4) 남녀 모두 화장실로? 여성은 거의 다 왔고.(2) 옆모습 보니, 맘들이 다 바쁜데,(3) 한 모퉁이 더 가야 하는 남성 표정이 좀 더 복잡한 듯...(1)"

그림 사이즈로 보니, 익스트림 롱 샷(4) ⇨ 롱 샷(2) ⇨ 투 샷 미디엄 클로즈업(3) ⇨ 원 샷 클로즈업(1)의 순서다. 가장 먼 그림(4) ⇨ 중간 그림(2, 3) ⇨ 가까운 그림(1)이다. 요약하면, 먼 그림 ⇨ 가까운 그림이다. 시청자가 그림을 파악하기에 자연스럽다. 그림 메시지로 분석하면, 장소(배경: 4) ⇨ 등장인물(2, 3) ⇨ 행동(2, 3, 1)이다. 그림 문법 A 기준으로는 순차적 접근법이다. 스트레이트성 뉴스[18] 편집에서 뚜렷한 편집 방식이다.

● 그림 연결 기본 개념 2: 가까운 그림 ⇨ 먼 그림
위와 정 반대 1 - 3 - 2 - 4는 어떨까?:

"이 남자의 얼굴 표정 좀 바빠 보인다.(1) 그런데 어떤 여성과 함께 가네.

---

18   주로 단신이다. 녹취나 구성, 인터뷰 없이 기사만으로 된 리포트도 포함된다.

이분도 바쁘신 듯.(3) 앗, 여성화장실로... 남자까지?(2) 아~ 그럼 그렇지. 모퉁이에 남성화장실이 있었군.(4)"

원 샷 클로즈업(1) ⇨ 투 샷 미디엄 클로즈업(3) ⇨ 롱 샷(2) ⇨ 익스트림 롱 샷(4)의 순서다. 가까운 그림(1) ⇨ 중간 그림(3, 2) ⇨ 가장 먼 그림(4)이다. 요약하면, 가까운 그림 ⇨ 먼 그림이다. 메시지의 강도가 강하다. 문법 A 기준으로는 핵심적 접근법이다. 다음에 다룰 스토리텔링형 리포트 편집에 주로 많다.

● 편집은 리듬: 길이(시간)도 고려하라

여기까지 그림 연결은 샷의 원근(사이즈)이 기준이었다. 고려해야할 게 하나 더 있다. 컷의 길이(시간)다. 이건 편집 리듬을 결정한다. 적당한 긴장과 해소다.

컷의 길이가 짧으면? 리듬이 빠르다. 긴장감이 느껴진다. 집중된다. 그렇다고 짧게만 갈 수는 없다. 자칫 메시지를 놓칠 수 있다. 컷의 길이가 길면? 리듬이 부드럽다. 긴장이 해소된다. 메시지 인지하기엔 유리하다. 그렇다고 길게만 가져갈 수는 없다. 자칫 느슨해질 수 있다. 긴 컷과 짧은 컷이 어우러지는 게 편집 리듬이다. 적당한 긴장과 해소의 지속이다. 음악, 시의 운율과 같다.

특히 뉴스 리포트에서, 편집 리듬이 뚜렷하다. 그림이 뒷받침이 되지 않는 딱딱한 부분에서는 컷이 짧다. 길면 주목도가 떨어지니까. 리듬이 빠르다. 현장감과 볼거리가 많은 부분에서는 길다. 편안한 리듬으로 충분히 볼 여유를 준다. 리포트는 다른 장르에 비해 편집 리듬이 빠른 편이다. 한 컷당 3~5초를 잘 넘지 않는다. 그나마 팬이나 줌 샷 등이 들어 있는 게 이 정도다. 통상적으론 2초 정도다. '제한된 시간 내, 최대한의 메시지 전달'이라는 의도 때문이다. 뭣보다, 시청자가 지루함을 느낄 새가 없도록, 긴장을 가져가려는 것이다.

● 편집은 그림 논리에 순응해야

편집은 끊임없는 취사선택의 과정이다. 그림 더하고 빼기다. 그림 논리가 서지 않으면 불가능하다. 짜임새 없는 글을, "두서(頭序)가 없다"고 한다. 중언부언(重言復言)이다. 편집도 그렇다. 그림 논리에 따르지 않으면, 두서없고, 중언부언한다.

위 <그림 11>에서 샷 3을 빼고 재편집해 보자. 예를 들면, 4 - 2 - 1 이다.:

"남녀 두 사람이 가는 저 건물이 뭐지?(4) 아 화장실?
둘 다 많이 좀 바쁜 듯.(2) 남자분은 좀 더 바쁜 듯...(1)"

좋다. 익스트림 롱 샷으로 상황(배경)부터 설명했다. 이후 롱 샷, 클로즈업으로 등장인물의 행동을 보여준다. 3을 잘라내도, 그림 논리가 선다.

정반대로 1 - 2 - 4는 어떨까?:

"이 남자, 얼굴 표정이 왠지 바빠 보인다.(1) 그런데 웬 여성과 함께?
헐, 여성화장실로?(2) 아, 그럼 그렇지~ 모퉁이 돌아 남성화장실로...(4)"

이 역시 괜찮은 재편집이다. 클로즈업 - 롱 샷에서 등장인물들의 행동부터 보여준다. 오해할 행동에 긴장이 고조된다. 마지막 익스트림 롱 샷이 풀어준다. 상황(배경)을 설명한다.

빼버린 샷 3(미디엄 클로즈업)은 남녀 두 사람에 대한 추가 정보다. 빼도 그림 논리가 섰다. 샷4(익스트림 롱 샷)와 샷2(롱 샷) 덕분이다. 반면, 위의 4 - 2 - 1 다음에 3을 넣어보자. 편집이 안 된다. 3은 설 자리가 없다. 스토리가 중언부언하기 시작한다. 그림 논리가 무너진다.

■ 그림 문법 C. 실무적 규칙들

방송은 세밀한 작업이다. 그만큼 사고 위험도 크다. 이를 줄이려 실무적 규칙들이 생긴다. 역시 현장 경험칙(經驗則)들이다. ~하라, ~마라는 식의 타부(taboo) 형식이 많다.

● 연속성의 원칙

매끄럽게 잘 연결된 그림은 어떨까? 편집 자체를 의식하지 못할 것이다. 이른바, Invisible Editing[19]이다. 초기 영화 시대 때부터 미할리우드를 중심으로 굳어진 금과옥조(金科玉條)다. 방송계에서도 대체로 정석이다. 시청에 방해받지 않게 하자는 것이다. 이를 위해 지켜야 할 원칙이 있다. 이른바, 연속성(continuity)의 원칙이다.

◁ **점프 컷(jump cut)을 피하라**

---

19 단절감 없이 너무 자연스럽게 그림이 연결된 편집. 시청자들이 샷과 샷의 연결이나 카메라 움직임 등을 전혀 의식하지 못한다.

연속성을 지키지 않았을 때 생기는 대표적인 '그림 사고'다. '펄쩍 뛴다'는 '점프(jump)'의 뜻 그대로다. 그림이 연결 이음매에서 튄다. 툭툭 끊기는 단절감을 준다. 연속성의 원칙을 아주 단순화하면, 이 명제 하나로 압축할 수 있다.

◁ **피사체, 그림 크기(원근), 앵글 중 하나는 바꿔라**

이어 붙일 앞 그림과 뒤 그림의 관계. 위의 세 가지 중 하나는 달라야 한다. 예를 들어, 꽃밭의 한 여성을 버스트 샷으로 잡았다. 카메라가 잡은 앵글은 수평각(Eye Angle)이다. 이어 붙일 그림의 피사체 역시 이 여성이다. 그림 사이즈도 앵글도 같다. 눈길만 약간 옆으로 돌렸다. 100% 점프 컷이다. 피사체 - 그림 사이즈 - 앵글이 모두 같아서다

◁ **앞뒤에 동일 피사체? 크기 차이 잘 봐야**

동일 피사체를 앞뒤로 연결한다. 크기가 너무 차이 난다? 이거 비추다. 시각적 연결이 잘 안된다. 예를 들어, 아스라이 먼 백사장 끝, 한 남자가 서 있다. 익스트림 롱 샷이다. 이 그림 뒤에, 이 남자의 얼굴 클로즈업을 붙인다? 크기 차이가 심하다. 시청자들이 앞뒤 남자를 같은 이라고 인식할까? 어렵다. 중간에 이 남자의 미디엄 샷 하나가 더 필요하다. 롱 샷과 클로즈업을 이어주는 것이다. 앞서 '그림 연결 기본 개념 1, 2'와 같은 맥락이다.

◁ **연결은 앞뒤가 맞아야 한다: 내용, 움직임, 음향**

① 내용: 통화 중인 기자 모습이다. 버스트 샷이다. 오른손에 수화기가 있다. 촬영 후 수화기 집어 드는 동작은 별도로 찍었다. 클로즈업이다. 왼손잡이인 기자는 별생각 없이 왼손으로 수화기를

들었다. 이 두 그림 앞뒤로 연결할 수 있을까? 튄다. 앞뒤가 안 맞다.

② 움직임: 유명 CEO가 신제품 브리핑을 한다. 왼쪽에서 오른쪽으로 걷는다. 15초나 걸려 부담스럽다. 중간에 잘랐다. 자른 자리에 어떤 그림을 붙여야 앞뒤가 맞을까?

건너편 객석 롱 샷을 붙여본다. 다음엔 오른쪽에 와 서 있는 CEO를 붙인다. 객석 롱 샷이 나오는 동안 CEO가 오른쪽까지 걸어간 셈이 된다. 이 '건너편 객석 롱 샷'을 인서트 샷이라 한다. 특별히, '컷 어웨이(cut away)'라 하기도 한다. 주인공인 CEO로부터 컷(Cut)을 해, 객석으로 시선을 돌렸다(away)는 것이다. 리액션 샷(reaction shot)이라 할 수도 있다. 뒤에 다룬다.

③ 음향: 흔히 놓치는 게 음향의 연속성이다. 예를 들어, 백화점에선 음악이 흐른다. 촬영하다 보면 이 음악이 샷별로 잘린다. 이를 편집하면 소리가 튄다. 같은 백화점이라는 공간적 동질성도 무너진다. 해법은 쉽다. 음악을 길게 녹음해 와서 입히면 된다. 소리 편집이다.

● '그림 사고'를 피하려면?

◁ 앞뒤 피사체 크기는 2단계 정도 차이 나게

앞뒤 피사체가 같으면, 그림 사이즈(원근)를 바꿔도 튀는 수가 있다. 제자리에서, 그림 사이즈 차이가 크지 않게 편집했을 때다. <사진 5> 꽃밭의 여성 예를 보자. 앞 그림이 미디엄 클로즈업(M.C.U. 또는, 버스트 샷)이다. 클로즈업을 뒤 그림으로 편집했다. 점프 컷이다. 두 샷의 사이즈 차이가 크지 않아서다. 사이즈 차이가 두 단계 정도는

나야 한다. 무릎까지 나오는 니 샷(Knee Shot 또는, 미디엄 롱 샷) 정도면 좋았을 것이다.

◁ **30도의 법칙**

또 다른 방법이, 이른바, 30도 법칙이다. 같은 피사체를 앞뒤로 이어 편집할 때는 카메라의 위치를 최소한 30도 이상 옮겨 잡은 샷을 연결하는 것이다. 30도를 움직인 만큼 배경 화면도 적당하게 바뀌면서 샷의 연결 이음매

<사진 5>　　　　　　<사진 6>

가 끊어진다는 느낌이 없어진다. 왼쪽의 <사진 5>와 오른쪽 <사진 6>을 비교해보라. <사진 5>는 앞서 설명한 대로다. 같은 피사체다. 제자리에서 샷 크기만 달리해 앞뒤로 붙였다. 샷 크기도 차이(M.C.U. ⇨ C.U.)가 크지 않다. 점프 컷이 된다. 반면, 오른쪽 <사진 6>의 경우, 샷의 크기는 변동 없는데, 위치를 30도 이상 돌렸다. 배경 화면이 개나리 정면 샷에서 측면 샷으로 바뀌었다. 분위기 변화가 생겨, 뒤에 바로 붙여도, 컷이 끊어지는 느낌이 없다. 튀지 않고

자연스레 이어지는 것이다. 30도의 법칙이다.

● **가상선**(Imaginary Line)**을 지켜라: 180도 법칙**

　앞뒤 그림을 연결할 때, 피사체의 움직임이나 시선이 일정한 방향을 유지하지 못하면, 혼란이 빚어진다. 이를 막기 위해 지켜져 온 영상 문법이 이른바, 180도 법칙이다. <그림 12>의 1에서 자전거 방향 앞뒤로 선을 그었다. 가상선(假想線: Imaginary Line)이다. 카메라를 A 위치에 두면, 자전거는 2처럼 촬영된다. 오른쪽에서 왼쪽으로 달려간다. 가상선의 180도 바깥쪽인, 반대편 B로 카메라를 옮겨보자. 3과 같이 왼쪽에서 오른쪽으로 방향이 바뀐다. 3을 앞의 2에 이어붙일 수 있을까? 당연히 안 된다. 자전거가 갑자기 반대로 가니 그림 사고다. 가상선 안쪽 C에서 찍은 것이라야 맞다.

　<그림 13>에서 서로 마주 보는 남녀 사이에 가상선을 긋는다. A 위치의 카메라 두 대로 포착한 두 그림 1과 2는 자연스레 연결된다. 1-2, 2-1 다 좋다. 반면 가상선을 기준으로 180도 바깥인 B 위치

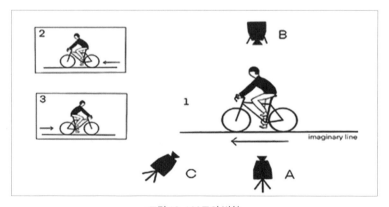

<그림 12. 180도의 법칙>

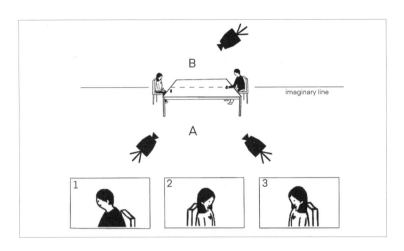

<그림 13>

카메라에서 잡은 그림 3은 어떤가? 1과도 2와도 붙일 수 없다.

이처럼 가상선을 기준으로 180도를 넘지 않아야 한다. '180도의 법칙'이다. 가상선은 영어 표기를 따라, '이매지너리(또는 이미지너리) 라인'이라고도 부른다. 현업에서는 그냥 '이미지 라인'이라고 부르는 경우가 많다.

● 점프 컷, 메우는 그림들: 인서트 샷, 컷 어웨이, 리액션 샷

기억나는가? "어느 미국 소방관의 생활(Life of an American Fireman)"이란 영화. 그 가운데 첫째 샷~셋째 샷의 흐름은 아래와 같다.

#1. 소방관이 당직실에서 근무 중 졸다가 꿈을 꾼다. 꿈 내용이 화면 오른쪽 위에 별도 묘사된다. 한 여성이 아기를 침대에 뉘고 침대 옆 등불을 꺼주는 꿈이다.

#2. ( )

#3. 소방관들 침실. 소방관들이 경보에 깨어 급히 아래 소방 마차고로 내려간다.

첫 번째 샷은 '당직실의 몽상(夢想)'. 세 번째 샷은 '소방관 침실에서의 긴급 출동'. 얼핏 봐도 앞뒤 연결이 잘 안된다. ( )가 둘을 연결해 줘야 한다. 영화를 만든 포터(Edwin S. Porter)는 ( )에 아래 내용을 '끼워 넣어' 해결했다. 중요한 퍼즐 조각이다.

#2. 그때 뉴욕소방서 화재경보기가 클로즈업으로 나타나고 누군가 급히 경보기를 울린다.

'당직실의 몽상(夢想)'을, 화재 '예지몽(豫知夢)'으로 바꿔버렸다. 소방관들의 긴급 출동 이유도 명백해졌다. 어색한 샷들 사이에 '끼워 넣어(insert)' 자연스레 연결했다. 인서트 샷(insert shot)이다. 점프 컷을 해결하는 대표적인 수단이다. 인서트 샷을 브릿지 샷(brigde shot)이라고도 한다. 앞서 언급한 컷 어웨이(cut away)도 있다.

리액션 샷(reaction shot), 즉, 반응 샷도 인서트로 쓴다. 인터뷰하는 사람을 바라보는 기자의 얼굴이나, 가수에 열광하는 관중의 반응 같은 것이다. 예를 들어 인터뷰를 편집한 부분에 기자의 얼굴을 붙인다. 앞서 '객석 롱 샷'은 CEO에 대한 반응 샷이면서, 인서트다.

● **알아두면 좋은 '깨알' 그림 문법들**
◁ **부적절한 이미지를 주는 샷을 인물 배경으로 쓰지 말라**
뉴스 앵커 배경 화면에, 화살표 그래픽이 큼지막하게 지나간다.

앵커가 소개하려는 경제 아이템 그래픽이다. 마치 화살이, 앵커의 머리를 관통하는 것 같다. 아무리 멋진 앵커 멘트도 시청자에겐 들어오지 않을 것이다. '화살'이 신경 쓰여서다.

◁ 리액션 샷은, 인터뷰 중간쯤에 붙인다

인터뷰가 길면, 중간에 리액션 샷을 넣는다. 긴 인터뷰를 자르지 않고 넣는다면, 인터뷰 중간쯤이 좋다. 리액션 샷이 끝나면 인터뷰하는 이의 얼굴로 다시 돌아온다. 자연스레 마무리된다. 끝부분에 넣으면 썩 좋지 않다. 인터뷰가 리액션 샷으로 끝나버린다. 인터뷰하던 이가 말하다가 사라지는 느낌이다. 그림은 리액션 샷(주로 기자 얼굴), 소리는 인터뷰하는 이로 끝난다. 시각(기자 얼굴)과 청각(인터뷰자 목소리) 정보가 다르게 끝난다. 혼란을 줄 수 있다.

◁ 인터뷰 오디오는 얼굴보다 1~2초 정도 일찍 나오게 한다

드라마를 보는데 한 신(Scene)이 끝났다. 다른 신(Scene), 예를 들어, 시장으로 전환된다. 이때 시장 그림보다 1~2초라도 먼저 나오는 게 꼭 있다. 시끌벅적한 시장의 현장음이다. "이건 뭐지?" 집중하게 한다. 이것도 그림 문법이다. 이른바, 래핑(lapping) 기법이다. 청각 정보를 그림보다 먼저 제공해, 관심을 끄는 것이다.

뉴스에서도 이 방법은 애용된다. 리포트 중 인터뷰 부분으로 넘어갈 때다. 인터뷰 첫머리 1~2초 정도를 그림으로 덮어 주는 것이다. 인터뷰하는 이의 얼굴이 그만큼 늦게 나온다. 즉, 인터뷰 목소리부터 먼저 나오는 셈이 된다. 앞서 드라마에서와 같은 효과다. 또 인터뷰가 갑자기 툭 튀어나오는 듯한 어색함도 없애준다.

2장.
방송 내공(內功),
제작

2장. 방송 내공(內功), 제작

'그림 다루기'의 궁극적인 목표는 뭘까? 방송이다. 극단적으로 축약하면, 방송기자에겐 크게 두 가지 방송만 남는다. 리포트와 생방송이다. 특히 리포트는 방송 뉴스의 핵심 수단이다. 국내 저녁 메인 뉴스에서는 평균 18.7개의 리포트가 나간단다.[1] 전체 아이템 수의 70%에 가깝다. 미국 NBC, 영국 BBC의 저녁 메인 뉴스에서도 사정은 비슷하게 분석됐다. 각각 83%, 67%다.(리포트 개수는 우리보다 적다.)[2]

방송기자는 리포트로 평가받는다. 기자 생활 내내 따라다닌다. 잘하면, '트레이드 마크'처럼. 못하면, '낙인'처럼. 방송기자에게 리포트는 무조건 잘해야 하는 장르인 셈이다.

---

1   김경모 외 6인, 『텔레비전 뉴스의 품질: 국내외 방송사의 텔레비전 뉴스 비교 연구』, 이화여자대학교 출판문화원, 2020, p 271, <분석 대상은 지상파 3곳과 종편 4곳, 분석 기간은 2018년 9월 둘째 주 일주일 방송된 뉴스라고 이 책은 밝히고 있다.(상세한 내용은, pp.37~41)>
2   위의 책, <NBC의 경우, 2018년 9월30일~10월6일까지, BBC의 경우, '2018년 11월의 일주일' 등을 분석 기간으로 했다고 밝히고 있다.(상세한 내용은, 위의 책 pp.37~41)>

1. 리포트? 너희가 제작을 알아?

'그림 다루기'는 기초 공사다. 이제 그 위에 골조를 구축할 차례다. 제작(製作)이다.

축구 스타 박지성은 손흥민과 색깔이 다르다. 손흥민이 전형적인 공격수라면, 박지성은 공격수들을 받쳐주는 미드필더였다. 그는, 기꺼이 '두 개의 심장을 가진 사나이'가 됐다.

얼핏 보면 그건 궂은일이었다. 축구의 전설 영국 맨유(Manchester United) 구단. 호나우두, 루니 등 즐비했던 슈퍼스타들. 그들의 '드러남'과는 대비됐다. 이 궂은일이 열매를 맺었다. '드러나지 않은 영웅(Unsung Hero)'. 맨유 팬들의 최종 평가다.

왜 그가 이 궂은일을 맡았을까? 아무나 할 수 없어서다. '또 다른 능력'을 요구하기 때문이다. 우선 감독의 구상을 잘 이해해야 한다. 축구 지능이다. 이행할 수 있어야 한다. 전술 이행 역량이다. '두 개의 심장'도 이에 속한다. 뭣보다 실전을 읽는 능력이 필요하다. 최종목표는 실전이고 승리니까. 개인기와는 '또 다른 능력'이다.

까다롭기로 유명했던 퍼거슨 당시 맨유 감독이다. 명문 파리 생제르맹의 유명 선수를 주목했다. 경기까지 보러 갔다가 맘이 변했다. 상대 팀의 무명 선수에 꽂혀서다. 전격 스카우트했다. 상대 팀 네덜란드 에인트호벤의 박지성이었다. 이유가 다 있었던 것이다.

방송도 마찬가지다. 그림 다루기는 필수 개인기다. 최종 목표는 실전, 곧, 방송이다. '또 다른 능력'이 필요하다. 제작 능력이다. 리포트도 제작이 성패(成敗)를 가른다. 리포트 잘하는 길을 방송에게 물어보라. 이렇게 반문할 것이다. "너희가 제작을 알아?"

■ 제조(manufacture)가 아니라 제작(production)

방송사 사람들은 회사를 '공장'이라 부르곤 한다. 애칭이다. 구조부터 공장 같다. 스튜디오와 조정실 등, 중후장대(重厚長大)하다. 옷차림도 작업에 편하게 입는다. 방송 직종은 좀 다르긴 하다. 이분들도 방송 없을 땐 비슷하다. 이곳은 매일 뭔가를 만들어 내고 있다.

'공장'이라도, 방송사는 제조(製造: manufacture)가 아니라, 제작(製作: production)을 한다. 유형의 물건을 다량으로 생산(manufacturing)하는 게 아니다. 차별화된 무형의 콘텐츠를 작품으로 만들어(producing)낸다. 제조업체(manufacturer)가 아니라, 거대 프로덕션(production)이라는 얘기다. 이 제작(製作: production), 도대체 뭘까?

제작은 3단계를 거친다. 사전(事前) 제작(Pre-production)[3] - (본: 本) 제작(Production) - 사후(事後) 제작(Post-production)[4]이다. 방송 콘텐츠 따라 조금씩 다르다. 우리 목표는 리포트 잘하는 것이다. 맥락이 닿아 있는 건 시사, 보도 장르다. 다큐멘터리를 포함한다. 이를 중심으로 일별(一瞥)해보자. 리포트에 적용할 영감이 떠오를 것이다. 아래 <표 1>도 이를 염두에 두고 만들었다. 이 중, *작고 기울인 글씨체*로 표기된 건, 드라마, 예능 등에 주로 해당한다.

---

3 '제작 전(Pre-production) 단계'라 부르기도 한다.
4 '후반 제작' 또는 '후반 작업'으로도 불린다.

<표 1> 제작 3단계

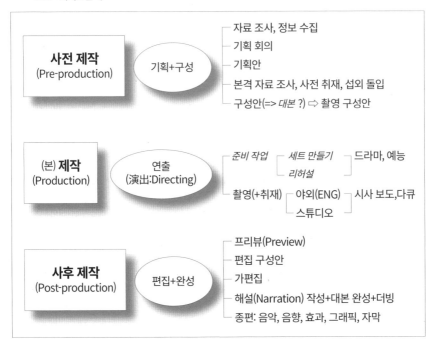

■ 사전 제작(Pre-production)은 기획+구성

뭔가 만들려면, 설계부터 한다. 방송 알맹이, 즉, 콘텐츠(contents)는 이야기(storytelling)다. 시사 보도, 교양, 드라마, 연예 오락 다 마찬가지다. 이야기를 설계하려면 기획과 구성을 해야 한다. 이게 사전 제작(Pre-production)이다.

● 기획(企劃), 기획안

이야기 기획은 자료조사와 정보수집이 바탕이다. 이야기의 핵심 주제를 잡는다. 성격과 의도, 방향 등을 담는다. 이를 글로 윤곽을

떠 놓으면 기획안이 된다. 해당 이야기가 방송할 만한 것인가를 판단
하는 근거가 된다. <표 2>는 기획안 양식의 한 예다.[5] 기획 의도와 주
요 내용이 중요하다.

<표 2> 기획안 양식(예)

프로그램명			
형 식	□ ENG □ 스튜디오 □ 종합 구성(스튜디오+ENG)		
제작 형태	□ 녹화 □ 생방송	방송일시/길이	년 월 일 (분)
MC/출연자		작성자(제작자)	
장 르	□ 보도 □ 시사 □ 다큐 □ 교양 □ 예능 □ 드라마		
기획의도			
주요 내용			
방송 대상	□전 연령, □50대 이상, □20~40대, □20대, □10대, □어린이, □취학 전 연령		
제작 일정			
예산			

---

5   기획안 양식은 방송사별로, 제작 주체별로 다양하다. <표 2>는 기획안에 공통으로 들어가는 내용들
로 만들어 본 것이다. 작성한 기획안 분량은 길어도 A4용지 2매를 넘지 않는 편이다. 실무에서는 기획
의도만 간략히 쓸 때도 있다. 물론, 극히 예외적이다. 방송 일정이 급히 먼저 잡혔거나, 급박한 해외 취
재 일정 등으로 시간이 없다든지 하는 경우다.

● 구성(構成), 구성안 – 이야기 설계도 초안

기획안을 이야기로 설계해 나가는 작업이 구성(構成)이다. 기획안을 발전시켜 뼈대를 잡는다. 그림을 중심으로 이야기 구조와 흐름을 만든다. 구성안이 나온다. 설계도 초안이다.

● 구성안은 제작의 나침반

구성안을 최종 확정한다. 구성안의 그림에 맞춰 글로 메시지를 넣는다. 드라마에선 대사(dialogue), 다큐멘터리는 해설(narration)이다. 시사, 보도 장르에서는 기사다. 이로써 그림과 글이 모두 짜여진다. 이게 최종 방송 원고, 대본(臺本: script)이다. 이야기 설계도 완성본이다. 사전제작을 마치면, 이처럼 대본이 나오곤 한다. 드라마 장르가 대표적이다.

시사, 보도 장르에선 이게 불가능하다. 사전 제작을 마쳐도 구성안만 나온다. 그나마 '사전'이란 꼬리표까지 붙는다. 사전 구성안이다. 또 수정될 수 있다는 얘기다. 이야기 소재가, 살아 움직이는 '사실(fact)'들이어서다. 아직 구성안 최종 확정을 못 하는 것이다. 그러니 이 단계에선 대본이 나올 수 없다. <표 1>에도 물음표가 돼 있다. 대본은 사후 제작단계(Post-production)에서야 가능하다. 정확하게는 가편집 이후다.

대본이 없으니, 구성안이 대신할 수밖에 없다. 제작의 나침반 역할이다. 특히, 사전 제작 다음 단계는 (본) 제작이다. 취재와 촬영이다. 이야기를 현장에서 영상으로 확인해가는 작업이다. 사전 구성안을 나침반으로 들고 나가게 된다.

● 본격 자료 조사, 사전 취재, 섭외

<표 1>을 보면, 기획안 이후엔 자료 조사의 차원이 달라진다. 사전 취재, 섭외와 연결된다. 구성을 뒷받침하고 강화해야 한다. 영상 자료 추적이나 문헌자료, 정보 분석은 기본이다. 동태적(動態的) 조사도 곁들인다. 분야별 전문가를 찾아 나선다. 프로그램 자문, 방향 협의도 한다. 결과물은 인터뷰 형태로 남겨둔다. 영상이면 좋고 전화로도 나쁘지 않다. 제작에 요긴한 퍼즐 조각들이 될 수 있다. 사전 취재를 겸하는 셈이다.

구성 단계부터는 섭외가 본격화된다. 해외 기관이나 시설, 특히 보안이 센 곳일수록, 서둘러야 한다. 메일과 전화 등으로 정면 승부부터 한다. 우리 정부 부처의 협조도 받는다.

우회로도 있다. 현지(現地) 코디[6]다. 해외 취재, 섭외 현장의 길잡이다. 노하우가 조금이라도 더 있는 코디가 좋다. 어려운 섭외도 의외로 쉽게 푼다. 대체 섭외까지 해 주는 이도 있다. 능력 있는 코디다. 만나기 쉽지 않다. 해외 섭외는 유능한 현지 코디 섭외부터다.

■ (본) 제작(Production)은 연출(演出)

사전 제작(Pre-production)으로 손에 쥔 건 달랑 사전 구성안 하나다. 이야기 설계도 초안이다. 이걸 영상으로 구현해야 한다. (본) 제작이다. <표 1>에 보니 '연출(演出)'이라 돼 있다.

---

6   Coordinator를 편의상 이렇게 부른다. 현지에 거주하면서, 관련 섭외와 길 안내, 자료 조사 등 주요 취재 업무를 대행, 지원해 주는 인력이다.

'연출(演出)'은 원래 연극 용어다. 영어로는 Directing이다. 중국에선 '도연(導演)'이라 한다. 'Direct'와 '도(導)', 모두 '이끈다'는 뜻이다. "상연(上演)하기 위해, 희곡(戲曲)을 예술적 표현으로 이끄는 행위" 이 정도로 정의할 수 있지 않을까?

● 시사, 보도 장르의 연출이란?

이를 '방송 연출'에 적용해 보자. 희곡(戲曲)은 대본이다. '상연' 대신 '방송', '예술적' 자리에 '영상'을 넣어 보자. "방송하기 위해, 대본을, 영상 표현으로 이끄는 행위." 딱 떨어진다.

드라마, 연예 등은 확정된 대본을 갖고 연출한다. <표 1>에 나와 있듯이, 세트도 만들고, 리허설 등 별도의 준비 작업도 한다. 촬영과 녹화는 야외와 스튜디오를 모두 아우른다. 많은 공을 들인다. 특히 드라마는 완벽한 연출을 추구한다. 인위적이다. '연출'에 대한 일반적 관념이다. 그래서 시사 보도, 다큐멘터리 장르에선 '연출'이란 용어가 참 어색하다.

정말 그럴까? 방송 연출의 정의를 더 쉽게 풀어보자. '대본' 자리에 '이야기'를 넣는다. '방송하기 위해, 이야기를, 영상 표현으로 이끄는 행위.' 틀린 말 없다. 밑줄 친 이야기부터 짚어본다. 시사, 보도 장르에서 이야기 소재는? 살아 움직이는 '사실들'이다. 애초에 인위적으로 뭘 해 볼 수 없는 것들이다. 이야기는 어떻게 구성되는가? '사실들' 중에서 취사선택한다. 경중을 따져 뼈대를 세운다. 주제에 따라 배열한다. 인위적일 수? 없다!!

다음은 영상 표현으로 이끄는 행위의 개념이다. 한마디로 촬영이다. 촬영에는 현장 확인이 수반된다. 확인하다가 새로운 사실도 발굴한다. 사실을 확인하고 발굴하는 것, 곧, 취재다. 종합하면 취재와 촬영이다. 이게 시사, 보도 장르의 연출 개념이다. 드라마나 연예 장르의 연출과는 사뭇 다르다. <표 1>로 봐도, 매우 단출하다.

● **촬영 구성안**

<표 1>을 보면, 구성안이 나오면, 촬영 구성안을 만든다. 연출자가 구성안에서 그림 부분을 별도로 추려 정리하는 것이다. 촬영할 그림의 샷과 앵글, 카메라 움직임 등을 표기한다. 촬영 족보(族譜)다. 드라마 장르에서 보기 쉽다. 드라마는 정밀한 연출(directing) 작업이다. 대본에 곧바로 화면 구성 방식을 표기하기도 한다. 그래서인지 용어 혼용도 많다. '촬영 대본', '연출 대본', 또는 '촬영 콘티(콘티는 continuity의 약어)', '촬영 큐시트'. 모두, '촬영 구성안'을 가리킨다.

시사, 보도 장르는 현장 불확실성이 크다. 연출자가 기자면, 촬영 구성안 없는 경우가 많다. 대신 구성안에 그림 종류와 분위기 등은 요약해 둔다. 촬영기자와 사전에 숙의한다.

■ **사후 제작(Post-production)은 편집**

사후 제작 단계(Post-production)에선 이야기를 콘텐츠로 완성한다. 최종 작업이다. 후반 작업, 또는 후반 제작이라고도 한다. <표 1>에서 보듯 시사, 보도 장르는 해설과 대본도 이 단계에서 만든다. 사후 제작 단계는 편집이 중심이 된다. 편집은 제2의 연출이라 불린다.

● 모든 그림 다시 보기(preview)

사후 제작 단계의 첫 작업이다. 촬영해 온 모든 그림을 편집 전에 (Pre) 본다(View). 실제 방송의 수 배~수십 배 분량이다. 그림 더미에서 그림 골라내는 일이다. 구성 개념에 조금이라도 더 맞는 걸 찾는다. 누락된 그림도 점검한다. 다시 찍어서 채우든지, 자료 그림에서 메울지도 생각한다. 면밀한 점검 작업이다. 꼼꼼히 기록한다.

● 편집 구성안과 편집

구성 ⇨ 연출(취재, 촬영)에 이어, 제작의 또 다른 축이 편집이다. 이야기를 그림으로 완성하는 일이다. <표 1>에서 보듯, 제작의 종착역이다. 이 역으로 가는 안내도가 편집 구성안[7]이다. 프리뷰(preview)를 통해 분석 점검한 내용이 바탕이다. 연출자의 몫이다.

편집 때도 구성이 바뀔 수 있다. 우선, '작은 이야기 단위', 즉, 그 시퀀스(Sequence)가 대상이 될 수 있다. 당초에는 A 시퀀스가 중요했고, 그림도 뒷받침됐다. 취재 촬영 결과를 프리뷰 해보니, 아니다. B나 C 시퀀스가 더 낫다. 구성을 바꿀 수밖에 없다. B나 C 시퀀스를 A 시퀀스 앞으로 보낸다. 순서 변경이다. 아예 A 시퀀스를 뺀다. 대신 B, C 시퀀스를 키운다. 이건 수술이다.

시퀀스를 구성하는, 신(Scene) 단위는 더 쉽게 바뀔 수 있다. 샷(Shot) 단위는 더하다. 이처럼, 시퀀스(Sequence) - 신(Scene) - 샷(Shot)별로 그림을 골라낸다. 순서를 재배열한다. 편집 때 쓸 효과도 표시

---

7 편집 구성안도 편집 콘티, 편집 대본으로 불리기도 한다.

한다. 사용할 자료화면의 종류와 파일명도 기록한다.

이렇게 편집 구성안이 나오면 일단 가편집을 한다. 도입 부분이 중요하다. 관심과 주의를 집중시켜야 한다. 그런 그림을 밀도 있게 배치한다. 전체적으로는 샷의 크기와 방향에 변화가 이어지도록 한다. 그림 연결에는 리듬과 흐름을 만들어 낸다. 가상선(Imaginary Line)을 잘 지킨다. 그림 문법에 맞게 이어 나간다. 1장에 나왔던 얘기들이다.

편집은 '제2의 연출'이라 했다. 앞서 1장에서 설명했듯 그림 다루는 기법은 무궁무진 발전 중이다. 편집의 경지도 무궁무진 깊어질 수밖에 없다. 영화감독과 PD들도 전문 편집자(film editor)와 협업하곤 한다. 세세한 편집 테크닉까지 파고들 필요는 없다. 다만, 방송 기자라면 편집 감각은 알아야 한다. 1장을 한 번 더 훑어 보라. 부·담·없·이.

● 해설(narration)과 대본, 종편(綜編)

가편집이 끝나면, 그림에 맞춰 해설(narration)[8]을 만든다. 편집된 그림에 입힐 옷이다. 구성안에 해설까지 넣으면 <표 1>에 나오는 대본(臺本: Script)이 완성된다. 대본에 맞춰 더빙(dubbing)도 한다. 자막과 그래픽, 음향, 화면 전환 특수 효과까지 넣는다. 종합 편집(綜合編輯)[9], 줄여서 종편(綜編)이다. 이로써 모든 제작이 끝난다.

8　시사 보도 장르에서는 기사(記事)다.
9　후반 편집이라고도 한다.

■ 리포트에 응용할, 해설(narration) 쓰기 팁

사후 제작 단계에서 눈여겨봐야 할 건 해설이다. 리포트로 치면 기사(記事)에 해당한다. 호흡이나, 길이는 다르나, 그 역할은 같다. 해설 쓰기 팁(Tip)을 나름 정리해 봤다. 리포트 쓰기에 어떻게 응용할 수 있을지 고민해 보자.

① **그림은 멜로디, 해설은 화음:** 그림은 스스로 말한다. 그림 메시지다. 해설은 추가되는 무기다. 언어 메시지다. 그림 메시지와 궁합이 맞아야 한다. 그림 편집 후에야, 해설을 쓰는 이유다. '상승효과(相乘效果: 시너지 효과)'를 위해서다.

상승효과는 '1+1=2'가 아니다. '1+1=2+α'다. 이중창(二重唱) 효과다. 소프라노(soprano), 주(主) 음역이다. 멜로디 파트라 한다. 알토(alto)는 받쳐주는 화음 파트다. 두 파트가 각각 1의 역량을 갖고 있다. 이중창으로 잘 어우러졌을 때, 역량의 합은? 2가 아니라, 2+α다.

이때 화음은 주 음역인 멜로디를 살려야 한다. 조화다. '스며들어야'지 튀면, 불협화음이다. 그림과 해설의 관계다. 해설은 화음 파트다. 멜로디 파트인 그림을 살려야 한다. 주 무기인 그림에 조화되며, 스며드는 일이다. 튀면, 방송 사고다.

② **그렇다고, 해설이 캡션(caption)은 아니다:** 해설이 신문의 사진 설명(캡션: caption)처럼 되면 안 된다. 예를 들어, 연평도에서 다연장포를 쏘는 그림이다. 북한의 도발에 대비한 훈련이다. 그림이 좋다. 소리는 천지를 울리고, 화염의 위력은 엄청나다. 해설도 그렇게 쓴다. "소리는 천지를 울리고, 화염의 위력은 엄청납니다. 북한의 도발에 대비한 다연장포 사격 훈련입니다." 그냥 본 대로 쓴 거다. 이런 해설, 없어도 된다.

그림이 이미 다 말했다. 앵무새처럼 따라 하고 있다. 화음 파트가 멜로디 파트의 음을 내는 격이다. 화음이 없어진다. 이중창은 사라진다. 제창(齊唱)일 뿐이다. 자칫, '떼창'이 될 수도 있다.

리포트 중에 스케치란 게 있다. 휴일이나, 주요 사건 현장의 분위기를 전한다, 또는 헬기를 타고, 하늘에서 본 상황을 묘사한다. 이때 범하는 우(愚)가 캡션형 기사다. '중계방송 기사'라는 혹평까지 받는다. 보이는 건 그림이 더 잘 설명하고 있다.

③ 그렇다면? "한번 감아 쓰라": 기자 생활하면서 누누이 듣는 말이 있다. "한번 감아 쓰라" 그냥 보이는 현상(現狀)대로 쓰지 말라는 것이다. 한번 그 의미를 생각해보고 쓰라는 것이다. "그림에 의미를 부여하라"는 것이다.

"한 번에 축구장 3개입니다. 도발한 만큼 응징될 적의 땅 넓이입니다. 북한의 포격 도발 **년. 연평도의 응징 의지는 더욱 단단해지고 있습니다..."
위 ②번 속 해설을 이렇게 쓸 수도 있겠다. 다연장포, 화염, 위력 등 시시콜콜한 단어들? 없다. 그러나 다 들어 있다. 그림에 다 맡겼다. 대신 그림에 숨어 있는 것들을 찾아냈다. 한 번 포격에 축구장 3배 넓이가 초토화된다는 것. 도발하면 응징하겠다는 의지. '천지를 울리는 소리'와 '화염의 위력'에 담긴 의미들이다. '천지를 울리는 소리'가 귀를 흔든다. '화염의 위력'은 눈을 찌른다. 이젠 그 '의미'들이 파편처럼 와 박힌다. 메시지 총량은 증폭된다. 이게 해설이다. "한번 감아 쓰라"는 말의 속 깊은 뜻이다.

④ 해설은 아껴 쓰는 것: 재미있는 영화에 몰입 중이다. 옆에서 누가 영화 설명을 자꾸 해댄다. 도와주겠다는 선의가 가득한, 해맑은

목소리다. 도움이 될까? 해설도 그렇다.

방송 콘텐츠를 볼 때, 사람들은 그림부터 눈 맞춤한다. 본능이다. 그림이 얘기를 잘하면, 몰입한다. 그걸로 족한 것이다. 그림이 얘기를 못하는 부분이 생겼다. 그제야 조심스레 해설이 개입한다. 그렇지도 않은데 자꾸 해설을 해댄다? 도움이 될까?

해설이 많아지면 그림이 숨 쉴 틈이 없다. 정확하게는 시청자가 숨이 막힌다. 그림 메시지에 집중할 수 없어서다. 해설이 필요한 자리인가부터 생각하라, 뭘 자꾸 말로 설명하려는 강박을 버린다. 그림 다루기가 서툴수록 이런 강박은 강하다. 그림은 숨 쉬고 싶다. 그림이 말하게 하자. 아니면, 그림을 매개로 절제해서 말하자.

아예 해설이 없어도 된다. 모두 세 편으로 제작된 '앎'이라는 KBS 다큐멘터리가 있다. 암 환자들과 그 가족들의 얘기다. 고통 속 인내와 가족애 등으로 감동을 준 수작(秀作)이다. 이 이야기 2편까지 해설(narration)이 없다. 3편에 조금 들어 있을 뿐이다.

제작 PD는, 이전부터 7~8년 정도, 내레이션(해설) 없이 제작해 왔다고 한다.[10] "내레이션(해설)이 없으면 시청자가 좀 더 적극적으로 시청을 하게 되는 것 같다"고 말했다.[11] 해설을 줄이라는 얘기다. 얼마나? 이 PD는 전체의 10~20% 정도로 봤다.[12]

---

10 표재민, 「죽음 이용해 장사하지 않을 것... 암환자 만나 많이 깨달았다. 'KBS 스페셜-앎' 이호경 PD 인터뷰」, 『PD 저널』, 2016.12.30., http://www.pdjournal.com/news/articleView.html?idxno=59996
11 위 기사
12 위 기사

실무에선 신(Scene)의 절반~2/3 길이 정도가 무난하다는 의견도 있다. 신(Scene)이 30초 길이라면, 20초 이하라는 얘기다. 경험칙(經驗則)으로 보인다. 답은 없다. "그림이 좋을수록 적게, 약할 때는 넉넉히" 정도가 아닐까? 해설은 아껴 써야 한다. 리포트에서도 같다.

⑤ **문장은 쉽고, 짧고, 단순해야**: 방송은 설거지하면서 본다. 심지어 누워 졸면서 본다. 게다가 방송 문장은 들려주는 글이다. 기회가 한 번뿐이다. 다시 들려줄 수 없다. 이해까지 돼야 한다. 쉬워야 한다. 쉽게 들리려면 짧아야 한다.

많은 개념을 한 문장에 욱여넣으려는 건 나쁜 습관이다. 자신 없으면 나눠서 넣어라. 짧게 쓰인다. 관형어구나 접속구, 연결구를 버려보자. **"~한, 했는데, ~이지만, ~하고, ~해서, ~한 가운데, 한편~, 그러나, 그런데"** 등이다. 리포트 문장은 더욱 엄격히 지켜야 한다.

2. 제작? 너희가 구성을 알아?

제작을 압축해 보자. 구성 - 연출 - 편집이다. 그중 구성은 결정적이다. 연출과 편집은 의지할 데가 있다. 연출, 즉, 취재와 촬영은 촬영기자와, 편집은 전문 편집자와 협업한다. 구성은? 의지할 데가 없다. 오롯이 방송기자의 몫이다.

방송기자로서 제작을 안다는 건? 구성을 안다는 것이다. 화두(話頭)의 범위가 좁혀졌다. **"너희가 제작을 알아?"**에서 **"너희가 구성을 알아?"**로.

■ **그럼 구성이 뭐예요?**

구성(構成)은 문학 개념이다. 이야기가 펼쳐져 나가는 구조다. 구조니까, 짜임새다. 결국 구성은 "짜임새가 있어야" 한다. 소비자의 관심을 끌어가기 위해서다. 관심은 호기심이다. 곧 "왜?"라는 의문이다. '인과(因果) 관계'다. 구성은 인과 관계 중심으로 엮어져 간다.

"기차가 다가왔다. 마을을 지나갔다. 기적이 울렸다. 개가 짖기 시작했다." 이렇게 이야기를 구성할 수 있다. 그냥 시간적 배열이다. 관심을 끄는가? 호기심이 이는가? 1도 없다. "왜?"란 의문, 즉, 인과(因果)관계가 없다. 짜임새가 없다. 배열을 바꿔 보자.

"기차가 다가왔다. 마을을 지나갔다. 개들이 짖기 시작했다. 기적이 울렸기 때문이다." 개는 똑같이 짖었다. 달라진 건, "왜?"다. 의문이다. "왜 짖지? 열차가 지나갔을 뿐인데..." 호기심이다. "무슨 일 있나?" 관심이다. 의문 ⇨ 호기심 ⇨ 관심. 파동(波動)이 인다.

두 구성의 차이는? 딱 하나다. '기적 울림'과 '개 짖음'이란 두 사실을 앞뒤로 바꾼 것뿐이다. 느낌이 달라졌다. '시간 흐름'에서, '인과 관계'로 새로 엮였다. '기적 울림'은 독자들 마음에 파동을 일으켰다. '기적 울림'이 인(因), 파동이 과(果)다. 구성, '인과 관계'가 열쇠다. 방송 구성도 같다. 그냥 이야기를 '배열', 즉, 죽 늘어놓기만 하는 게 아니다. 인과 관계 등으로 이야기를 짜임새 있게 만든다.

■ **구성은 뭘로 해요?**

방송은 그림이 주 무기라고 누차 말했다. 구성의 제1 수단도 그림이다.

● 그림

◁ **동적(動的: dynamic)인 그림과 정적인(靜的: static) 그림:** 피사체의 움직임이 활발한 그림과 그렇지 못한 그림이 있다. 동적인 그림은 관심과 주의를 끈다. 그 자체가 메시지다. 그림만으로 끌어갈 수도 있다. 쉬운 예가, 사건 사고 발생 장면, 현장감 있는 그림 등이다.

동적인 그림만 계속 쓸 수는 없다. 역효과가 있다. 어수선하다. 주제에 집중하기 어려워질 수 있다. 정적인 그림을 가미하면 된다. 과열된 전개 상황을 차분하게 정리한다. 반대로 정적인 그림으로만 이어가면, 지루하고 맥이 빠진다.

◁ **자료 그림(file):** 과거에 촬영해서 썼던 그림이다. 유사한 상황에 재사용할 수 있다. 촬영이 어렵거나, 시의성이 없는 경우다. 자료 그림을 꼭 써야 하는 때도 있다. 역사성이 있어 대체할 수 없어서다. 자료 그림의 단점은 분명하다. 신선감이 떨어질 수 있다.

◁ **재연(再演: reenactment):** 사실적 연출로 상황을 재구성하는 것. 취재, 촬영이 불가능하거나, 자료 그림마저 없는 경우다. 극화(dramatize)가 많다. 사실성에 있어 취약하다.

◁ **그래픽(CG: Computer Graphics):** 마땅한 현장이 없거나, 추상적 개념을 쉽게 설명해야 할 때, 비장(秘藏)의 카드가 될 수 있다. 어떻게 설계하느냐가 관건이다. 애니메이션은 물론 3D(3차원), 입체 효과 VR 등, 기법이 급속 발전 중이다. 제작자의 창의력이 드러나는 영역이다.

◁ **인터뷰, 대담, 회견:** 약속을 하고 촬영한 대화 그림이다. 사람들이 촬영을 의식하고 있다. 질문 등도 준비돼 있다. 다소 의례적이고, 자연스러움이 덜하다. 대신 안정적이다.

◁ **비공식 대화:** ① 장기 기획이나 휴먼 다큐의 경우: 취재원들이 장기간 제작진들과 함께한다. 자연스레 카메라를 의식하지 않는 상태가 된다. 평소처럼 일상 대화를 나눈다. ② 보도의 경우: 얼굴, 음성 등 신분을 가려주고 취재 또는 방송한다. 전화도 좋은 수단이다. 취재원 협조가 기본이다. 이른바, '몰래카메라' 형태는 취재 윤리나 법적으로 문제가 있다.

◁ **사진:** 동영상이 아니므로, 줌이나, 팬 등으로 움직임을 줘 촬영하기도 한다.

◁ **기타:** 문서, 신문, 메모, 책, 만화, 인터넷 등 그 밖의 다양한 자료들. 사진의 경우처럼 사용하거나 CG 처리도 한다.

● **소리**

그림에는 소리가 따를 수밖에 없다. 소리 없는 그림은 생기 없는 꽃과 같다. 그림 못지않게 중요한 구성 수단이다. 특성에 따라 아래와 같이 나눌 수 있다.

◁ **현장음(Natural Sound):** 촬영 현장에서 함께 녹취된 자연스러운 소리(Natural Sound)다. 사건, 사고 발생 굉음에서부터 자연소음, 공연장의 음악에 이르기까지... 그림에 생기를 불어넣는다. 방송의 강점인 리얼리티(Reality)를 드러내는 열쇠다. 가장 중요한 소리이다.

◁ **편집음**(Edited Sound): 현장 취재를 하다 보면, 촬영 샷별로 현장음이 잘리곤 한다. 앞서 백화점 배경음악 같은 경우다. 그림 흐름에 맞게 소리만 재편집한 게 편집음이다. 별도로 현장음을 길게 녹음해 온 경우 가능하다. 물론 사실의 왜곡이 없도록 절제해야 한다.

◁ **음악**: 그림의 이미지와 어울리는 감성이나 감동을 더 한다. 특정 장면에 대한 극적 효과를 준다. 긴박한 구성이 이어질 때, 시청자들을 잠시 쉬게 한다.

◁ **정적**(靜寂: Silence): 소리가 없는 것도 메시지다. 더 강할 수도 있다. 일순 소리가 사라지는 정적이나 침묵 같은 것이다. 이야기 흐름을 전환한다.

◁ **해설**(Narration, Voice-over): 다큐에서는 대본 원고, 시사 보도물에서는 기사다. 그림과 함께 콘텐츠의 핵심 메시지다. 목소리(Voice)를 그림 위에(Over) 입힌다고 보이스오버(Voice-over)라고도 한다. 기자나, PD, 작가, 또는 성우, 아나운서, 탤런트가 낭독할 수 있다.

■ **'이야기 요리' 레시피... 구성 개요**

구성은 이야기를 요리하는 것이다. 요리 전 걱정이 만 가지다. ① 무슨 이야기를 하지? ② 그 이야기를 채울 (작은) 이야기들은 어떻게 연결할까? ③ 구성은 그림으로 하라는데, 어떤 그림으로 표현하지? ④ 이야기는 뭐로 시작할까? ⑤ 이야기 흐름은 어떻게 가져가고?

● '구성 개요'를 위한 Q&A 5개

　이런 걱정들 해결하려는 게 '구성 개요'다. 이야기 요리 '레시피(recipe)'라고나 할까? 걱정 내용들을 손보니, 5개 질문이다. ① 이야기 윤곽 잡기는? ② 논리적 연결(틀 짜기)은? ③ 그림은? ④ 프롤로그는? ⑤ 전체 구성 흐름은?

　◁ Q ①+③ ▷ A: 이야기 윤곽과 그림은 동전의 양면

　이야기 윤곽은, <표 3>처럼 작은 이야기 후보들로 짜인다. 소주제(小主題) 후보들이다. 중요한 건 그림으로 잡혀야 한다. <표 3>에도 작은 이야기 후보별로 그림들이 표시돼 있다. 질문 ①과 ③은 동전의 양면이다. 이야기 윤곽은 먼저 그림으로 생각해야 한다.

<표 3>

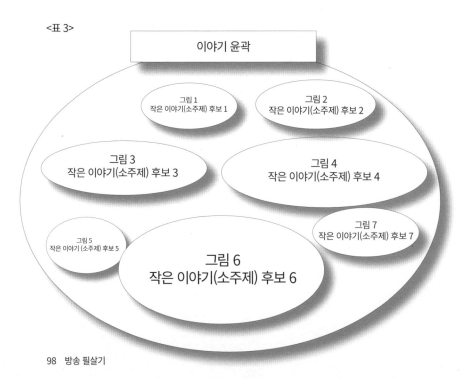

◁ Q ② ⇨ A: 취사선택, 논리에 맞게 꿰어야

이야기 윤곽의 그림들이 몇 가지나 떠올랐나? <표 3>엔, 그림 1~7까지 있다. 취사선택해야 한다. 전체 이야기 맥락을 보면서. 이 그림이 있는 소주제 후보를 택하면 어떤 효과를 주는가? 다른 소주제들과 조화될 수 있는지?

어느 소주제 후보군의 크기가 크면 나눌 수도 있다. 새로운 소주제가 필요하면 추가할 수도 있다. 편의상 이 경우는 제외하자.

정리가 돼 취사선택되면, 논리에 맞게 꿰어야 한다. 소주제들의 경중과 흐름을 보고, 최종 배열한다. 가령, 아래 <표 4>와 같이 틀이

<표 4> 논리적 연결(틀 짜기)

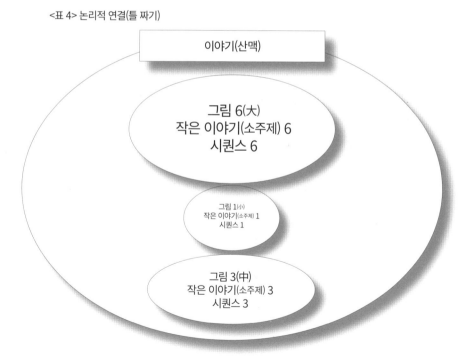

짜였다 하자. 질문 ②에 대한 처방이다. 정리된 이야기(산맥)는 3개의 소주제들, 즉, 작은 이야기들로 구성됐다.

영상 단위로는 3개의 시퀀스(Sequence)다. 시퀀스(소주제)들의 크기, 즉, 길이는 다르다. 길이가 길다고 앞세우는 건, 물론, 아니다. 길이가 제일 짧은 시퀀스 1이 순서로는 두 번째다. 주제의 경중과 논리, 흐름이 우선이다.

◁ Q ④ ⇨ A: 프롤로그 등 도입부는 강력해야

이야기의 틀이 짜여 지면, 도입부를 고민한다. 도입부는 통상 프롤로그(Prologue) 형식이다. 그리스어 앞(Pro)과 말(Logos)의 합성어다. '이야기 앞에 하는 말'이다. 이야기의 성격이나 제작 의도 등을 드러낸다. 프롤로그야말로 그림이 중요하다.

도입부는 강력해야 한다. 의문 ⇨ 호기심 ⇨ 관심의 파동으로 이어지게 한다. 움직임과 소리가 있거나, 현장성이 생생한 그림들이 선호된다. 구경거리가 있거나, 안구정화(眼球淨化)가 되는 멋진 풍광도 좋다. 극적인 장면도 괜찮다. 질문 ④에 대한 처방이다.

<가상 도입부 1>은 미국 총기 박람회장 주변이다. 상황이 독특하다. 사전 정보가 없는 시청자들은, 갈수록 놀라게 된다. 처음엔 작은 의문이다. **"저 많은 사람들이 다 어디로?"** 파동이 시작된다. **"저게 다 가족 단위 골프객?"** ⇨ **"여긴 골프장 아닌 것 같은데?"** ⇨ **"웬 골프백 행렬?"** 호기심과 관심이다. **"응?? 총이잖아??... 헐!!!"** 상승 피치를 그리며 충격점에 이를 것이다. (해당 그림들은 굵게 표시했다) 극적이다.

가상 도입부 1

Video	해설
대형 체육관 앞 (익스트림 롱 샷) **몰려가는 군중들 (롱샷)**	아빠와 아들, 할아버지와 손녀, 그리고, 부부
가족들 (미디엄 롱 샷)	다양하지만 하나같이 가족 단위다.
골프백 등 (클로즈업)	모두들 약속한 듯 골프 백을 밀고 간다. 두 개씩도 끌고 간다.
흥정하는 이들 (부감, 미디엄 롱 샷)	골프 백을 열며, 흥정을 시작한다.
골프 백 속 소총들 (클로즈업)	윈체스터에서부터 카빈까지 골프 백 속은 온갖 총기들로 빼곡하다.

극적인 그림이 딱히 없을 때는 어떡할까? 눈길을 돌리면 된다. 의미가 있는 그림 쪽으로. 아름답지 않아도, 향기가 진국인 꽃이 있다. 그림의 향기는 의미다. 극적이거나 현장감이 팍팍 터져 나오지 않아도, 의미 그 자체로 주의를 집중시킨다. 아래와 같은 경우다.

가상 도입부 2

Video	해설
도서관 열람실 전경 (부감)	오늘도 그는 도서관에 있다.
독서 중인 한 남자 (미디엄 샷)	연구실보다 익숙하고 편해서다.
남자가 읽는 책 (클로즈업)	그는 복잡한 화학식과 전쟁 중이다.
남자 얼굴로 (틸트 업)	아무도 그를 못 알아보지만 그는 코로나바이러스 퇴치의 선봉장이다.

가상 도입부 1과는 대조적이다. 그림이 많이 심심하다. 해설이 나오면서, 반전이 왔다. **"연구실이라고? 그냥 학생은 아니네."** ⇨ **"복잡한 화학식이라니 무슨 뜻이야?"** ⇨ **"그래그래 저 사람 나도 못 알아보겠어. 누구지?"** ⇨ **"응? 코로나바이러스 퇴치? 대단한 사람이잖아? 도대체 누구?"** 해설이 한 줄 들릴 때마다, 의문 ⇨ 호기심 ⇨ 관심으로 점증 된다.

도입부는 이야기 뚜껑이다. 시청자의 눈길이 가는 첫 대목이다. 고민해야 한다. 아예 볼거리 하이라이트로 만들기도 한다.

◁ Q ⑤ ⇨ A: 흐름과 함께 속도, 리듬, 강약도

<표 4>를 산식으로 표시해 보자. "이야기(산맥)=大 시퀀스(큰 산)+中 시퀀스(중간 산)+小 시퀀스(작은 산)"쯤 될 것이다. 산맥은 큰 산 작은 산이 서로 오르내린다, 여기선 '대 - 소 - 중' 순이다. 흐름이다. 이야기엔 흐름이 있다. 대표적인 게 '기 - 승 - 전 - 결' 등이다.

큰 산(大 시퀀스)도 작은 산들(中, 小 시퀀스)도, 작은 이야기 묶음들이다. 묶음 별로 전제나 사전 설명을 길게 가져갈 수도 있다. 결론을 향해 곧바로 달려갈 수도 있다. 속도와 리듬이다. 강력한 그림으로 몰아치다, 편안히 쉬어가기도 한다. 강약이다.

리듬과 속도, 강약은 흐름만큼 중요하다. 도입부를 비롯해 이야기 곳곳에 눈길 끄는 볼거리를 두는 이유다. 중간중간에 2, 3개씩은 필요할 것이다. 진솔한 감성적 요소도 놓치지 않도록 한다. 감정적 공감의 장을 연다. 여운도 필요하다, 주제를 편안히 생각해 볼 쉼을 준다. 주로 이야기의 끝부분에 포진시킨다.

3. 쫄지 마! 구성 개요, 그냥 한번 해 보기

구성 개요에 대해 '책상머리 이론'으로 접근해 봤다. 한번 만들어 보는 건 어떨까? 해봐야 자신이 생긴다. 물론 가상(假想) 구성 개요다. 제목부터 얼른 정하자.

예를 들어, "세계 해양 군사력 경쟁"은 어떨까? 너무 거대 담론 아니냐고? 거대 담론도 속성은 이야기다. 거대 담론을 쉬운 이야기로 만드는 것, 그게 구성이다. 그 첫 발걸음이 구성 개요다. 누가 그랬다. **"쫄지 마!"** 그래, 구성 개요도 **"쫄지 마!"**다. 그냥 해 보는 거다. 딱 아는 만큼만.

■ 백일몽도 OK, 자유롭게 상상하자

구성 개요 ①번이 이야기 윤곽 잡기였다. ③번째 질문인 '그림'과 동전의 양면이라 했다. "방송 이야기 윤곽은 그림으로 잡혀야 한다." 대전제다. 그림부터 연상해 본다. "세계 해양 군사력 경쟁" 하면, 불쑥 떠오르는 그림들은? 뭐든 낙서하듯 끄적거려 보자.

* A국: a1 항공모함, a2 항공모함, a0 해군기지, 해군사령부
* B국: b1 항공모함, b2 항공모함, b0 해군기지,
* A국과 동맹인 D, E, F, G, H, I 국 간의 연합 해상 훈련

● 이야기 윤곽: 소주제(시퀀스) 후보들

이런 그림들이 금방 연상된다면 복이다. 곰곰 생각해보면 떠오를 것이다. 그림의 의미를 곱씹어 보자. 외연을 넓혀 본다. 이야기를

구성할 작은 이야기들, 소주제 후보들이 나온다.

＊ b1 항공모함: B국 최초의 항공모함.

   ⇨ **1) B국, '금단의 열매' 항모에 손대다**

＊ b2 항공모함: B국 최초의 국산 항모.

   ⇨ **2) 이에는 이, 해양 군사력의 상징 항모 전력**

＊ b0 해군 기지: 항모 등 B국 해군 핵심 기지.

   ⇨ **3) B국의 야심 찬 청사진**

＊ a1, a2 항공모함과 a0 해군 기지, 해군 사령부: 이에 대응하는 현 해양 패권국

A국의 군사력

   ⇨ **4) 해양 군사력 현주소**

＊ A - D - E - F - G - H - I국 합동 해상 훈련: A국 등 주요 7개 동맹국 간 대형훈련,

A국 전략 개념 확대.

   ⇨ **5) A국 중심 동맹 세력 결집, 해양 군사력 향방은?**

　도출된 소주제 후보들은 5개다. 여기까지가 <표 3>의 '이야기 윤곽'에 해당한다. 물론, 상당한 자료 조사와 공부가 선행돼야 한다. 실전에선 매우 정교한 틀이 짜여 질 것이다. 그러나 지금은 부담 없이 써 내려가 본다. "아는 만큼만." 그냥 해 보는 거니까.

● **논리적 연결: 6개 소주제(시퀀스) 확정**

　소주제 후보 2)의 범위가 너무 넓다. 둘로 나누자. 아래와 같다. '2) 이에는 이, 항모엔 항모'와 '3) 해양 군사력의 상징 항모 전력'이다.

굵게 표시한 부분이다.

1) B국, '금단(禁斷)의 열매', 항모(航母)에 손대다. ➡ 2) **이에는 이,
항모엔 항모** ➡ 3) **해양 군사력의 상징 항모(航母) 전력** ➡ 4) B국의
야심 찬 청사진 ➡ 5) 해양 군사력 현주소 ➡ 6) A국 중심 동맹 세력
결집, 해양 군사력 향방은?

소주제들이 확정됐다. 6개다. "세계 해양 군사력 경쟁"은 6개의
시퀀스로 구성되는 것이다. 논리와 주제의 경중에 따라 위와 같이
순서를 잡았다. 논리적 연결이다. <표 4>의 단계다. 일단 여기서 멈
춘다. 프롤로그나, 흐름 잡기 등은 '구성안 작성' 때로 미룬다.

● **백일몽? 꿈을 꿔야 현실이 된다**
대신 새로운 질문으로 넘어간다. 이 시퀀스들을 표현할 그림을 어
떻게 얻을 것인가? 실제 취재 대상과 방법을 생각해 보는 것이다.

① B국의 b1 또는 b2 항공모함 탑승 취재
② A국의 a1 또는 a2 항공모함 탑승 취재
③ B국의 b0 해군기지 심층 취재
④ A국의 a0 해군기지 또는 사령부 심층 취재 등등.

백일몽(白日夢) 아니냐고? 글쎄? 구성 개요를 세울 때 자기 검열
(Self-censorship)은 금기다. 생각할 수 있는 건 모두 시도해 볼 가치가

있다. 백일몽이면 어떤가? 창의성이 있으면 오케이다. 참신한 접근이면 '오케이 받고 더블'이다. 호랑이 그리자고 해야, 이쁜 고양이라도 나온다. 처음부터 제한하기 시작하면 그릴 그림이 없다.

물론 실현 가능성은 냉정히 따져 봐야 한다. 가능성은 시도해야 높아진다. 불가능해 보일 뿐일 수 있다. 시간이 좀 더 걸릴 정도?

최첨단 무인 정찰기 글로벌 호크(Global Hawk)[13]는, 초기, 베일에 싸여 있었다. 미국은 실물 공개도 꺼렸다. 특히 미사일 기술 통제 체제(MTCR)[14]의 대상이었다. 해외 수출이 어렵다는 얘기다. 우리 정부가 이를 도입하려 하자, 미국은 쉽게 답하지 않았다. 가려진 베일 너머가 더 궁금하게 됐다. 워싱턴 특파원, 특히 방송기자로서 그냥 지나칠 수 없는 일이었다. 전화에 매달리고, 이메일을 쏘아 댔다. 미 공군과 미 국방부, 제작사인 노스롭 그루먼(Northrop Grumann)사 모두의 승인을 받아야 했다.

게다가 외국 언론사에 실물을 공개한 적이 없단다. 미국 측 입장은 확고하다 못해 비정할 정도였다. 그래도 잊을 만하면 메일을 보내고 전화를 했다. 그러기를 수개월. "Mr. Yi, 아무래도 다음 기회로 미뤄야 할 것 같네요." 정중하지만 확실한 거절이었다.

다음 해 초 다시 이메일로 문을 두드렸다. 그저 새해 안부를 묻는 정도. 탐색의 의미였을 뿐이다. 잠시 잊었다. 어느 날 이메일 한 통이

---

13 글로벌 호크는 고고도(高高度) 장기 체공 무인 정찰기의 선두 주자다. 20km 수준의 작전고도에서 30cm 크기의 물체까지 식별이 가능한 것으로 알려졌다. 체공시간도 36~42시간, 항속 거리는 2만 km로 보도됐다.
14 탄도, 순항 미사일과 무인기 관련 기술 이전 등을 통제하는 다자간 국제 협의 체제.

왔다. 낯익은 이름이었다. "취재가 가능할 것 같다. 글로벌호크가 운용되고 있는 에드워드 공군기지[15]를 공개하겠다"는 메시지였다. 문두드린 지 1년이 다 된 시점이었다. 글로벌호크뿐 아니라, 비행기 무덤(Boneyard)이나 냉전 핵 벙커 등[16] 여러 곳들도 그랬다. 시간을 두고 매달리면 어렵지만, 문이 열렸다.

■ 플랜 B도 생각해 둬라

남의 무용담이 나의 현실일 수는 없다. '매달릴 시간'이 그리 많지 않을 수도 있다. 그래서 꼭 해야 할 게 있다. 플랜 B다. 별도 대안 카드다. 구성 개요의 취재 계획이 일부 무산됐을 경우 대비용이다. 구성 개요 확정 후 챙겨야 한다.

'세계 해양 군사력 경쟁' 취재 계획이 백일몽이 됐다고 가정해보자. 그것도 일부가 아니라 ①~④까지 모두라면? 제작자에겐 재앙이다. 플랜 B 카드는 뭘까? 앞서 '구성은 뭘로 해요?'에서 나온 '구성 수단'별로 체크해 본다. <표 5>와 같다.

<표 5>를 보면, 취재 계획이 '다 엎어졌다'[17]해도, 막아낼 플랜 B 수단이 적지 않다. 아예 플랜 A로 승격시킬만한 아이디어도 있다. 그래픽 부문의 VR, AR, 3D 무빙 그래픽이다. 재연 부문의 모형 제작도 그렇다. 플랜B를 생각하다, 쏠쏠한 아이디어까지 낚은 셈이다.

---

15 Edwards Air Force Base, 미 서부 캘리포니아주 모하비 사막 남쪽에 있다. 미 공군 시험비행장이다. 미국 최초 제트기 시험비행과 우주왕복선 착륙까지 기념비적 기록을 갖고 있다.
16 이현주,『숨겨진 미국』, 가쎄, 2010 참조
17 방송 현업에서 잘 쓰는 말이다. "모든 계획이 어그러졌다.", 한마디로, "망했다."는 얘기다.

<표 5> 플랜 B로 대체 가능한 구성 수단

번호	구성 수단	O/X	플랜 B 가능 수단
1	동적 / 정적 현장 그림	X	* 현장 취재 계획 다 무산되면 대안 없음
2	자료 그림	O	* A, B국 해당 항모들과 기지 자료 그림 많음 * A, B국 모두 해상 훈련 등 자료 그림 적지 않음 * 현장 취재는 거부해도 관련 B-roll[18] 등 비공식 자료 그림 제공은 긍정 검토 가능성 큼
3	재연	△	* 현장 취재를 재연 처리할 수는 없음. * 대안: A,B국 해양 세력 배치도 모형이나, A, B국 주요 항모나 군사 시설 미니어처 등으로 주요 사안을 설명하는 방식 검토 가능
4	그래픽	O	* 100% 이상 가능. * 가상 현실(VR), 증강 현실(AR) 등 이용. * 현장 취재로 보여주려던 특정 항모 간 1:1 능력, A, B국 해양 군사력 비교 등 대체 가능. * 3D 무빙 그래픽 등 첨단 효과 극대화.
5	인터뷰, 대담, 회견	O	* A, B국 장성이나 고위 관료, 싱크 탱크, 군사 전문가 등 다양한 인터뷰 대담 가능 * 기존 관련 인터뷰, 대담, 회견 확보 가능
6	비공식 대화	△	* A, B국 해군 장교, 군인 등과의 비공식 대화 시도 가능.(모자이크 등으로 취재원 보호) * 정식 인터뷰 어려워도 비공식 전화 대담은 성사 가능성 높음
7	사진	O	* 관련 사진 많음
8	기타	O	* A국 의회 보고서 등 A, B국 정·관계, 연구소 등의 다양한 보고서, 문서 * A, B국 등 관련 보도와 책, 자료 등 풍부

---

18 초기 영화 시대, 영화를 찍을 때, 두 개의 별도 필름을 사용했던 데서 유래한 용어다. 당시, 한 필름 묶음(roll)에는 A라는 라벨을 붙이고, 다른 필름 묶음에는 B 라벨을 붙였다. A-roll엔 영화배우가 연기하는 주(主) 영상을, B-roll엔 영화의 배경이나 인서트 등을 따로 촬영했다. A-roll의 내용을 풍부하게 하는 보조 영상인 셈이다. 지금은 각 기관, 단체들이 언론 제공, 홍보용으로 제작한 자료 그림을 의미한다. B-roll은 각자의 가이드라인에 맞춰 제작한다. 요청하면 비교적 꺼리지 않고, 제공해 준다. 이런 그림 가운데 의외로 필요한 내용들이 적지 않다. 중요한 제작 자산이다.

'다 엎어지는' 경우는 실전에서 드물 것이다. 이를 걸러주는 방송사 내부 체제[19]도 있다. 자유로운 영혼으로 상상하는 일, 멈출 이유가 없다.

4. 가상 구성안 작성 실습

구성 개요가 잡히면 구성안 작성은 편해진다. 구성 개요를 좀 더 가시화하면 된다. 앞서 잡은 가상 구성 개요를 갖고 가상 구성안을 만들어보자. 취재 계획도 ①~④까지 모두 실현 가능하다고 전제하자. 첫 단추는 흐름을 잡는 일이다. 익숙한 기 - 승 - 전 - 결 또는, 발단 - 전개 - 위기 - 절정 - 결론 등, 어떤 방식도 좋다.

■ 흐름 잡기

편의상 기 - 승 - 전 - 결로 흐름을 잡았다. 이 흐름에 맞춰 우선, ▶ 그림 구상을 구체화한다. 그리고, ▶ 줄거리를 붙인다. 줄거리는 해설이 아니다. 주요 내용을 그림 옆에 메모해 두는 것이다. 그림의 맥락을 기억하고, 해설의 참고가 된다.

<표 6>과 같이 만들 수 있다. 그림 구상은 Video난, 줄거리는 옆난이다.

● 기(起), "가장 좋은 그림은?"

기(起)는 '선다'는 뜻이니, 이야기가 '선다', 즉, 이야기가 '시작되는'

---

19   보도 부문은 데스크(Desk)로 불리는 차장급 이상 책임자들, 제작 부문은 CP(Chief Producer)급 이상 책임자들이다. 취재, 제작에 대해 제작자들과 함께 검토해 오류를 사전에 걸러내는 역할을 한다.

단계다. "가장 좋은 그림이 뭘까?" 기(起) 단계의 핵심 질문이다. <표 6>을 보면서, 짚어 보자.

<표 6> 가상 구성안 흐름 잡기

구분	취재 소재	Video	줄거리(내용)
기 (起)	<1, 2안> B국 b1항모 상	<1안> ▶ B국 함재기 * 배기구+불꽃(CU) * 출격(FS) 등 포함 ▶ 스키점프대형 이·착륙대 등 항모 갑판 스케치 <2안> ▶ 새벽녘 바다 +B국군 구호 소리 ▶ B국군 게양 동작 +B국 국가 ▶ 게양식 항모 갑판 스케치	<1안> #B국 b1항모 - B국 국기가 선명한 함재기 출격, - 스키점프대 형식의 이·착륙대 등... - 익숙한 A국 항모와 구별되는 외양. - **B국도 항모를 가졌다.** - **해양 군사력 경쟁에 나섰다.** <2안> #B국 해군 함상 국기 게양식. - 새벽녘 바다... - B국 해군 병사의 국기 게양 구호 소리 - B국군 특유의 게양 동작 - 군가 같은 B국 국가 - **B국도 항모를 가졌다.** - **해양 군사력 경쟁에 나섰다.**
승 (承)	B국 b1항모 상	<1안> ▶ 항모 지휘탑 * 관제실 소음, 레이더상 의 함재기 궤적, 작전 반경... <2안> ▶ 항모 체력단련실 +선실 * 다양한 체력단련 모습 + 체력단련 현장음	<1안> #항모 지휘탑 - **B국 해군 작전 개념이 달라졌다.** - **항모를 앞세우기 시작했다.** <2안> #항모 내 체력단련실+선실 - B국 해군 병사들은 연 **달을 해상에서 지낸다. - 체력단련은 필수다.

		* 근무 병사들 인터뷰	- 함상 근무 병사 1, "일반 전투함에서는 해상 근무가 연 ** 일이었는데, 지금은 **일이다. 체력 단련은 기본이다." - 병사 2, "항모 근무는 경쟁률이 높다. 체력단련 붐이 일고 있다" 등등
		* 선실 내 침구와 장비 잠자는 모습 등 스케치	
			- B국 해군, 작전 개념이 달라졌다. - 항모를 앞세우기 시작했다.
	B국 b0해군기지	<공통> ▶ B국 b0해군기지	<공통> # B국 b0해군기지 - B국의 해양 영향력 확대 노력은 구체적이고 위협적이다. - b0해군기지는 B국의 핵심 기지로 알려졌다. - 관련 시설이 빼곡하다.
	A국 a1항모 +A국 해군사령부	▶ A국 a1항모 현장 르포 +A국 해군사령부	# A국 항모 현장 르포 - A국의 대응도 만만찮다. - A국의 a1항공모함 외에도 a2항공모 함까지 같은 해역에 동시 파견할 정도 로 견제에 나섰다.
전 (轉)	B국 b2항모 + 그래픽	▶ b2항모의 스키점프형 이·착륙 시설 ▶ 함재기 이·착륙 모습 ▶ 그래픽 - VR, 3D 등 <B국 청사진 비판론>	# B국 해양 군사력 청사진 비판론 등 - b2항모 등 스키점프형 설비 - B국 함재기 특성 - 핵 항모 기술, 현재 A국 우위 - 항모 운용 경험 격차…
결 (結)	A~I 7개국 해양 합동 훈련 (자료+B roll) + 그래픽	▶ 7개국 해양 합동 훈련 ▶ 그래픽 등 <A, B국 항모 작전 지원 체계 비교> ▶ A국, 항모+해상 작전 훈련 vs. B국, 항모 기동	# 해양 군사력 경쟁은 이제 시작 - A국은 동맹국들과 B국 압박 - 항모 작전 지원할 동맹 네트워크 중요 - A국과 동맹국 항모, 상호 지원받아 - 천혜의 지원기지 D국 , - A국 동맹 네트워크 탄탄 - "B국, 근해 장악한 뒤 대양 진출을 노리려 할 것." - 해양 군사력 경쟁 이제 시작 단계

<표 6>의 기(起) <1안>을 보라. 첫 그림이 B국 항모 함재기들의 출격 장면이다. 비상(飛上)과 폭음. 현장성과 현장음이 생생하다. B국 국기가 선명한 함재기, 스키점프대 형식의 이·착륙대 등... A국 항모와는 외양부터 구분된다. 호기심을 일으킨다. **"저게 무슨 배?"** ⇨ **"항공모함? A국 건가? 모양이 좀 다른데?"** ⇨ **"앗, 깃발이 B국?"** ⇨ **"B국도 항모를...?"** ⇨ **"해양 군사력 경쟁에?"** 호기심은 주의 집중으로 이어진다.

B국 항모의 국기게양식으로 시작하는 건 어떨까? <표 6>의 기(起) <2안>이다. 새벽녘 바다... B국 국기... B국 해군 병사의 구호 소리... B국 군대 특유의 국기 게양 동작... 군가 느낌의 B국 국가... 하이앵글 풀 샷으로 잡은 B국 항모... 시청각 자극이 함재기 출격 못지않다.

좋은 그림 선택하기는 제작자의 고유 관점이자, 능력이다. 중요한 건, 관심과 주의를 끌어갈 수 있느냐 하는 것이다. 이후 '승 - 전 - 결'과 잘 연결할 수 있을지도 고려해야 한다.

그림에 맞춰 살도 붙였다. 이야기 줄거리 요약이다. 굵은 글씨체는 핵심 내용이다.

● 승(承), 밀도 있게 긴장 잇기

기(起)에서 시작한 이야기를 이어(承) 간다. 계속 B국 항모 그림으로 가도 된다. 기(起) 그림으로 함재기 출격을 썼다면? 이번엔 항모 지휘탑[20]으로 가 보자. <표 6>의 승(承) <1안>이다. 지휘탑 내부

---

20 '함교'(艦橋: The Bridge)라고도 한다. 함장 등이 지휘하는 핵심 시설이다. 항공모함의 지휘탑은 함재기의 이착륙을 이끄는 관제탑(管制塔) 역할도 겸한다. 그야말로 지휘탑(Control Tower)이다. 영어로는 일반 군함의 함교와 구분해, 아일랜드(Island)라 부르기도 한다.

관제실의 소음. 레이더 모니터상의 함재기 궤적. B국 항모의 작전 반경이 드러난다. 그림 메시지다. B국 해양 군사력의 부상(浮上)이다.

<2안>으로 갈 수도 있다. 항모 내부, 체력 단련실이나 선실이다. 변화 중인 B국 해군의 분위기까지 엿볼 수 있지 않을까? **"일반 전투함에선 해상 근무가 연 * *일이었는데, 지금은 * *일이다. 체력 단련은 기본이다." "항모 근무는 B국 해군 병사들 사이에 경쟁률이 높다. 체력 단련 붐이 일고 있다."** 이런 인터뷰들이 나오지 말란 법도 없다.

승(承)은, 전체 이야기 중 가장 길 때가 많다. 중간중간 시청자의 주의를 잡아 둘 장치가 필요하다. 긴장감과 기대감, 흥미를 고조시킬 아이디어다. 그 밀도도 높게 이뤄져야 한다. 쉽기로는, 신(Scene)을 바꾸는 방법이 있다. B국 b0 해군기지가 뒤를 이어간다. B국의 항모 핵심기지다. A국 얘기도 이때쯤은 시작돼야 한다. A국의 주력 a1 항모나, 해군사령부 그림 등이 대표적이다. 르포성으로 A국의 대응을 밀도 있게 묘사해 흐름을 받친다.

● 전(轉), 다른 관점에서

전(轉)은 말 그대로 이야기의 전환, 반전이다. 다른 관점에서 이야기를 보는 것이다. 항모를 연속 진수하는 B국의 포부. 이에 대한 비판론을 대비해 보여주는 것도 한 방법이다. 새로 관심이 생긴다. 이야기는 다시 힘을 받는다. 전(轉)의 역할이다.

시작 그림은, <표 6>처럼 '스키점프대'가 어떨까? B국 b2 항모의 이착륙 구조물이다. A국 항모는 강력한 증기의 힘으로 함재기를 밀어준다. 이른바, 사출기(射出機 Catapult)[21]를 쓴다. 이착륙이 그만큼 쉽다. 반면 '스키 점프대' 방식은 함재기의 힘에 주로 의지한다.

그림은 B국 함재기로 이어간다. '스키점프대'에 적응하려면, 함재기 엔진이 강해야 한다. 함재기의 무게도 가벼워야 할 것이다. 그렇지 못하다는 비판론부터 소개한다. B국 항모 관련 비판론이다. 비판론은 B국의 야심 찬 청사진으로 확장될 수 있다. 항모의 지존(至尊)은 핵 항모다. 이 분야에서 A국은 우위다. 항모 운용 경험도 A국이 월등하다. 승(承)까지 B국의 해양 군사력 증강 이야기가 도도하게 전개돼 왔다. 그 흐름에 반전이 온 것이다.

새 고민이 시작된다. 메시지 전달 방법이다. 전(轉)만 해도 메시지 양이 적지 않다. 내용도 다소 전문적이다. 핵 항모니, 항모 운용이니, 쉽지 않다. 쉽게 풀어 줘야 한다. 신문이면 구구절절 글로 쓴다. 표 하나 그려 넣어주면, 친절 봉사다. 방송을 그런 식으로 할 순 없다. 전달이 잘 안된다. 그래픽이 등장해야 할 대목이다.

그래픽은 그림도, 정보도 다 만족시키는 제작의 치트키(cheat key)[22]다. 상세한 정보를 시각화해 쉽게 압축한다. 그림이 없을 때도 100% 제 역할을 한다. 그림보다 훨씬 나을 수가 있다. 소화해야 할 정보 용량이 클 때다. 그림이 한계에 부딪혔을 때다.

그래픽은 비약적으로 발전 중이다. <표 6>에서 보듯, VR, 3D 등

---

21 짧은 항모 활주로에서 비행기를 날려 보내주는 장치. 증기 대신, 전자기식 사출기로 점차 대체되는 경향이다.

22 원래는 컴퓨터 게임업계 용어다. 제작자들만이 알고 있는 비밀키 또는 속임수의 뜻이다. 비법, 중요한 존재 등 다양한 느낌으로 사용된다. 예를 들어, 오락, 예능, 방송 등에서도 어느 출연자를 치트키라 부르기도 한다. 그 프로그램에 잘 맞는 사람, 활약이 두드러진 사람이란 느낌이다.

입체적 접근이 가능하다. 좋은 무기들이다. 제작자의 아이디어가 창조적일수록 파괴력은 크다. 제작 능력 중 그래픽 아이디어는 필수다.

● 결(結), 간결함 & 여운...

기 - 승 - 전까지 펼쳐 온 이야기를 마무리 짓는다. <표 6>을 다시 보자. A~I 국까지 7개국 합동 해양 훈련 그림, 좋아 보인다.[23] 상징성이 있다. B국의 해양 군사력 증강에 대한 견제다. 동맹이라는 압박 네트워크다. 네트워크는 망(網), 즉, 그물이다. 대양(大洋)에 뱃머리를 돌리려는 B국 해군을 겨냥하고 있다.

차분히 짚어 보자. 항모 작전은 대양 작전이다. 수개월 이상 걸리는 먼 바닷길, 지원받을 네트워크가 필요하다. 가장 확실한 게 동맹이다. A국 중심 동맹 지원 네트워크는 탄탄하다. 그중 D국은 천혜의 지원센터다. 7개국 합동 해양 훈련은 그래서 상징적이다. 이에 대해 B국은 근해를 장악한 뒤 대양 진출을 노리려 한다는 분석이 나온다. 세계 해양 군사력 경쟁은 이제 막 시작인 셈이다. 결(結)은 간결, 여운 있게 마무리한다.

■ 마지막 퍼즐 조각 맞추기

흐름을 잡았으니. 마지막 퍼즐 조각이 남았다. 시퀀스 개념이다. 구성안에 대입할 차례다. '세계 해양 군사력 경쟁'이라는 이야기, 몇 개의

---

23   이미 외신 그림이 있을 것이다. 필요하면 A국 측에서 관련 B-roll을 제공받을 수도 있다.

시퀀스들로 나눴던가?

1) B국, '금단(禁斷)의 열매', 항모(航母)에 손대다. ⇨ 2) 이에는 이, 항모엔 항모? ⇨ 3) 해양 군사력의 상징 항모(航母) 전력 ⇨ 4) B국의 야심 찬 청사진 ⇨ 5) 해양 군사력 현주소 ⇨ 6) A국 중심 동맹 세력 결집, 해양 군사력 향방은?

● 시퀀스 개념 적용, 구성안 도출

모두 6개의 작은 주제(小主題)들, 즉, 6개의 시퀀스다. 이 시퀀스 개념을 <표 6>에 적용했다. 비로소 가상 구성안이 완성된다. <표 7>이다.

<표 7> 가상 구성안

구분	시퀀스	Video	줄거리(내용)
기(起)	프롤로그	▶A국, 항모 기동 (하이라이트 그림)	- A국 우위의 대양, 경쟁 파고 고조 중
		▶B국 해양기지	- B국, 곳곳 해양기지 구축 시동
		▶A국, 견제 압박 작전 (하이라이트 그림)	- A국, 견제 압박 작전,
		▶B국 항모 기동, 해상훈련 (하이라이트 그림)	- B국은 항모 배치, 대응 해상 훈련
		▶A~I, 7개국 합동 해양 훈련 (하이라이트 그림)	- A~I, 7개국 세력 집결, 연합 대응
			- 해양 군사력 경쟁 막이 오름
	TITLE	세계 해양 군사력 경쟁	

① B국, '금단(禁斷)의 열매', 항모(航母)에 손대다.	<1안> B국 b1 항모 ▶ B국 함재기 * 배기구+불꽃(CU) * 출격(FS) 등 포함 ▶ 스키점프대형 이·착륙대 등 항모 갑판 스케치 . . <중략> . . .	<1안> B국 b1항모 - B국 국기 선명한 함재기 출격, - 스키점프대 형식의 이·착륙대 등... - 익숙한 A국 항모와 구별되는 외양. - B국도 항모를 가졌다. - 엄청난 운용비용으로 A국 정도나 제대로 운용할 수 있다는 '금단의 열매' 항모에 손을 댄 것. - 해양 군사력 경쟁에 나섰다.
	<2안> B국 해군 함상 국기 게양식. ▶ 새벽녘 바다 +B국군 구호 소리 ▶ B국군 게양 동작 +B국 국가 ▶ 게양식 갑판 스케치 . . <중략>	<2안> B국 해군 함상 국기 게양식. - 새벽녘 바다... - B국 해군 병사의 국기 게양 구호 소리 - B국군 특유의 게양 동작 - 군가 같은 B국 국가 - B국도 항모를 가졌다. - 엄청난 운용 비용으로 A국 정도나 제대로 운용할 수 있다는 '금단의 열매' 항모에 손을 댄 것. - 해양 군사력 경쟁에 나섰다.
② 이에는 이, 항모엔 항모?	▶ B국 항모 지휘탑 <1안> * 레이다 함재기 궤적, 작전 반경... <중략> ▶ B국 항모 내부 <2안> * 체력단련실+선실 * 다양한 체력단련 모습 + 체력단련 현장음	#B국 항모 지휘탑 <1안> - **B국 해군, 작전 개념이 달라졌다. 항모를 앞세우기 시작했다.** - A국 해군 전력의 키(key)는 항모 - B국, **"이에는 이, 항모에는 항모"로 전략 대전환** #B국 항모 내부 <2안> - 체력단련실+선실 - B국 해군 병사들은 연 **달을 해상에서 지낸다. - 체력단련은 필수다.

승 (承)		* 병사 인터뷰	- 함상 근무 병사 1, "일반 전투함에서는 해상 근무가 연 **일이었는데, 지금은 **일이다. 체력단련은 기본이다." 등
			- 병사 2, "항모 근무는 경쟁률이 높다. 체력단련 붐이 일고 있다" 등등
		* 선실 내 침구와 장비 잠자는 모습 스케치 등 . <중략> . . .	**- B국 해군, 작전 개념이 달라졌다.** **- 항모를 앞세우기 시작했다.** *- A국 해군 전력의 키(Key)는 항모* *- B국, **"이에는 이, 항모에는 항모"**로 **전략 대전환***
	③ 해양 군사력 상징 항모 (航母) 전력	▶ 英 처칠 총리, 아거스함	# 항모의 발원지 영국 - *"1차 대전 당시 영 해군장관 처칠이 항모의 원형 발상, 추진"* - *1918년 '아거스' 취역, 이착륙 갑판 보유 첫 항공모함으로 개조.*
		▶ 日 최초 항모 호쇼(鳳翔)함	# 후발국이 선진국으로 -영국에서 기술 배운 일본 *최초 항모 호쇼(鳳翔) 취역*
		▶ 각국의 경(輕)항모	# 바다의 제왕 항모, 명과 암 - 함재기가 제트기로 바뀌고 대형 항모로 나가면서, 항모 유지는 엄청난 비용, 경항모 형태로 이름만
		▶ T국 구(舊) 항모들 ▶ A국의 최신 항모	- T국 한때 구(舊) 항모 감축, - A국은 항모 강국 - 항모 강국=해양 강국 등식
	④ B국의 야심 찬 청사진	▶ B국 b0해군기지	# b0해군기지(공통) **- B국의 해양 영향력 확대 노력은 구체적이고 위협적이다.** - b0해군기지는 그 핵심 기지로 알려져 있다. (중략) # B국, 항모 건조 박차

		▶ 그래픽: * B국의 해양 전략선 * B국 해양 분쟁지역 * B국의 해상전략도 ▶ B국 해양기지 ▶ A국 견제 압박 작전	**- A국을 따라잡겠다는 계획** # B국 청사진 - B국은 해양 전략선을 긋고 **대양을 겨냥** #B국, 곳곳 해양기지 구축 # A국은 견제압박

전
(轉)
	⑤ 해양
	군사력
	현주소
		▶ A국 a1항모 현장 르포
		 +A국 해군사령부
		
		 ▶ B국 b2항모 등의
		 스키점프형 이·착륙 시설
		 ▶ B국 함재기 이·착륙
		 모습
		 ▶ 그래픽 - VR, 3D 등
		 <B국 청사진 비판>
			#A국 a1항모 현장 르포 (공통)
			 - A국의 대응도 만만찮다.
			 - A국 항모 a1함 외에도
			  a2함까지 같은 해역에 파견하기도.
			  전력 강화에 나서,
			
			 # B국의 '청사진' 비판론.
			 - b2항모 등 스키점프형 설비
			 - B국 함재기 특징
			 - 핵 항모 기술, 현재 A국 우위
			 - B국, 항모 운용 경험은?

결 (結)	⑥ A국 중심 동맹 세력 결집 해양 군사력 향방은?	▶ 7개국 합동 해양 훈련 ▶ 그래픽 등 <각국의 항모 작전 지원 체계> ▶ B국 항모+해상 작전 훈련 vs. A국 항모 기동	# 해양 군사력 경쟁은 이제 시작 - A국은 동맹국들과 B국 압박 - 항모 작전, 동맹 지원 네트워크 중요 - A국과 동맹국 항모, 상호 지원받아 - 천혜의 지원기지 D국, - A국 동맹 네트워크 탄탄 - "B국, 근해 장악한 뒤 대양 진출을 노리려 할 것." **- 해양 군사력 경쟁 이제 시작 단계**
	에필로그	▶ B국 b1항모 기동 ▶ 감시 중인 A국 구축함 함장 사진 --- (디졸브)--- ▶ A국 구축함 기동 ▶ 망원경으로 감시 중인 B국 항모 병사 사진	- 기동 중인 B국 b1항모 - 감시 중인 A국 구축함 함장 ---(디졸브)--- - A국 구축함의 움직임은 B국 항모에서도 감시

<표 6>과 비교해, 뭐가 달라졌나? 힌트 하나. *기울임체로 쓰인 곳들*
이다. 프롤로그가 가장 먼저 눈에 띈다. 새로 생겼다. "B국, 곳곳 해
양기지 구축 시동 ⇨ A국, 견제 압박 작전 ⇨ B국, 항모 배치, 해상
훈련 ⇨ A~I 7개국, 세력 집결 연합 대응" 상징성과 역동성이 있는
그림들을 엮었다. 이야기 핵심을 예고하고 있다.

힌트대로 *기울임체 부분*을 계속 살펴보자. 보완된 시퀀스들이 보인
다. 시퀀스 ①~④까지다. 시퀀스 ①에선, 항모가 왜 '금단(禁斷)의 열
매'인지 설명을 추가했다. 시퀀스 ②엔 금단의 열매에 손을 댄 B국
의 결단 배경을 넣었다. 시퀀스 ④에는 이런 부담을 무릅쓰고 항모
운용에 들어간 B국의 야심 찬 청사진을 설명한다.

시퀀스 ③ '해양 군사력 상징 항모(航母) 전력'은 시퀀스 ②에서 독
립시켰다. 항공모함이 해양 군사력의 핵심 전력이 된 과정을 되짚었
다. 시청자들의 관심을 끌 만하다.

마지막으로 결(結) 부분이 보완됐다. 시퀀스 ⑥을 살리면서, 에필
로그(Epilogue)를 더했다. '끝에 덧붙이는 말'이라는 뜻이다. 연극에
서 마지막 한 장면이나, 후일담 등을 소개하며 끝낸 데서 유래했다.
시사 보도물이나 다큐에서도 이를 차용해 결말 부분을 장식한다.

여기선 사진 두 장을 이용한다. 먼저 A국 구축함이 대양에서 찍
은 것이다. 함장이 망원경으로 뭔가를 보고 있다. 알고 보니 B국 b1
항공모함이다. 손바닥 보듯 감시하고 있다는 메시지다. 며칠 후 B국
역시 사진을 공개했다. 바로 그 A국 구축함을 감시 중인 b1 항공모
함의 병사 사진이다. 디졸브로 두 장면을 대비했다. 갈수록 높아지
는 해양 군사력 경쟁의 파고다. 여운을 남기는 에필로그다.

● 구성안의 숙명: 수정 또 수정

종합하면, 구성안 1단계가 <표 6>이다. 흐름을 잡았다. 온전한 구성안은, 시퀀스 개념까지 적용하고서야 나왔다. 그게 <표 7> 가상 구성안이다. 2단계다. <표 6>에 비해 많이 달라졌다. 상전벽해(桑田碧海)다. 이것도 확정된 게 아니다. 사전 구성안이다. 실제 현장 취재를 해나가면, 계속 수정될 것이다. 이처럼 시사 보도물의 구성안은 수정이 숙명이다.

5. 구성안 작성 실제 사례

<표 8>은 실제 구성안이다. KBS의 '시사 기획 쌈'[24]에서 방송된 50분물 시사 보도 다큐멘터리의 구성안이다. 구성안 제목 옆에 '가(假)'자가 선명하다. 구성안 가안(假案), 즉, 사전 구성안이라는 뜻이다.[25] A4 용지 18페이지나 된다. 이처럼 실전에선 사전 구성안도 묵직하다.

■ 사전 구성안도 묵직하다

'오디오'난을 보자. 그림 묘사가 빼곡하다.[26] 제주 앞바다 항공 촬영, 수중 촬영까지 있다. 그 왼쪽 비디오난을 보면, 'OK'로 표시돼 있다.

---

24 시사 기획 쌈(2006년~2009년)은 KBS의 대표적 시사 보도 다큐멘터리였다. '시사 기획 창'의 전신(前身)이다. 시사 기획 쌈 ⇨ 시사 기획 10 ⇨ 시사 기획 창으로 개편됐다.
25 지면 제한 상 구성안 중 서두 부분만 발췌해 올렸다. 프롤로그 등도 생략했다.
26 대본의 오디오난에는 기사가 들어간다. 구성안 단계에선, 기사 대신, 주요 내용(줄거리)을 간략히 요약해 써넣는다. 그림 묘사도 같이 넣는다. 우리가 가상 구성안에서 다룬 바와 같다.

이미 섭외가 다 끝났다는 말이다.

지면 제한 상 다 싣지는 못했지만, 전체 가안 내용이 다 그렇다. ▶ 촬영할 그림 묘사 ▶ 인터뷰할 국내외 전문가와 전화번호 ▶ 인터뷰 내용도

<표 8> 실제 방송 구성안(가안) 서두 일부 발췌

왜, 재난은 되풀이되나? (가) - 슈퍼태풍이 몰려온다. 방송 예정일 0000. 7. 2	
Video	오디오
1. 프롤로그 (내용, 압축요약)	(생략)
# 제주 앞바다 **(OK)**	**(시퀀스-1) 슈퍼태풍이 몰려온다. (징조)** **① 제주 앞바다가 뜨거워지고 있다.** (가) 제주 앞바다 항공 촬영 - KBS 헬기, 제주 앞바다 SK - KBS 취재팀 배 위에서 실험, 연구 준비 (나) 수중촬영 ⇨ 수중 생태계 변화 - 고무보트에서 수중 촬영자, '풍덩' - ('뽀글뽀글' - 제주 바닷속으로 들어감) - 제주 앞바다 수중 생태계 변화 조짐 - 벌써 해파리 떼 출현

적혀있다. 최소한 전화 인터뷰까지 됐다는 얘기다. 사전취재가 깊이 진척된 것이다. 사전 구성안이라도 충실할 수밖에 없다.

■ 수정, 이야기가 확 늘었다

제주 등 현장과 일본 취재를 마친 후, 사전 구성안은 크게 수정됐다. <표 9>를 보라. 눈에 띄는 건, 시퀀스 단위의 변화다. 사전 구성안인 가안(假案)에서 시퀀스, 즉, 소주제는 모두 6개였다. 수정안에서는 9개로 늘어났다. 이야기의 줄거리가 확 늘어난 것이다.

<표 9> 가안 vs. 수정안 비교

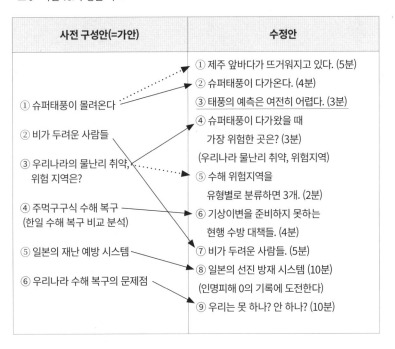

사전 구성안(=가안)	수정안
① 슈퍼태풍이 몰려온다	① 제주 앞바다가 뜨거워지고 있다. (5분)
② 비가 두려운 사람들	② 슈퍼태풍이 다가온다. (4분)
③ 우리나라의 물난리 취약, 위험 지역은?	③ 태풍의 예측은 여전히 어렵다. (3분)
④ 주먹구구식 수해 복구 (한일 수해 복구 비교 분석)	④ 슈퍼태풍이 다가왔을 때 가장 위험한 곳은? (3분) (우리나라 물난리 취약, 위험지역)
⑤ 일본의 재난 예방 시스템	⑤ 수해 위험지역을 유형별로 분류하면 3개. (2분)
⑥ 우리나라 수해 복구의 문제점	⑥ 기상이변을 준비하지 못하는 현행 수방 대책들. (4분)
	⑦ 비가 두려운 사람들. (5분)
	⑧ 일본의 선진 방재 시스템 (10분) (인명피해 0의 기록에 도전한다)
	⑨ 우리는 못 하나? 안 하나? (10분)

사전 구성안의 ①번이 수정안의 ①, ②로 나뉘었다. 사전 구성안의 ③번이 수정안의 ④, ⑤로 늘었다. 수정안의 줄 친 ③번 시퀀스는 추가됐다. 또 시퀀스들의 순서도 크게 달라졌다. <표 9>의 실선 화살표를 보면 알 수 있다. 각 시퀀스별 구체적인 시간도 정해졌다. 비중이 정해졌다는 얘기다. 시퀀스, 즉, 소주제(小主題)들 간에 큰 산, 작은 산이 드러난 것이다. 이로써 흐름, 리듬, 속도, 강약이라는 구성안의 요소들이 보이기 시작한다.

역시 지면 제한 때문에, 수정·추가된 시퀀스의 내용을 다 다룰 순 없다. 사전 구성안은 크게 2번 수정됐다. 사전 구성안 전에 만든 '(취재) 구성안'까지 하면 모두 세 번의 수정이다. 수시로 미세 수정도 했을 것이다. 이런 것까지 고려하면 수정이 적지 않게 이뤄졌다. 구성안이 최종 확정된 건, 가편집 직전이었다. 우리가 앞에서 공부한 대로다.

■ 대본(臺本), 상전벽해(桑田碧海)가 되다

가편집 이후에 드디어 해설을 쓰기 시작했다. 마지막 종편(綜編)을 앞두고 한 번 더 수정됐다. 수정 완료된 해설을 넣어 대본(臺本)이 나왔다. 방송일 사흘 전이다. 큰 수정만 모두 5번이다. 상전벽해(桑田碧海)다. 대본을 놓고 실체를 뜯어보자.

사전 구성안에선 시퀀스가 6개였다. 최종 10개로 늘어났다. 분량은 모두 27페이지 50분이다. 방대한 대본을 다 올리기보다는 시퀀스별 그림 분석을 해 본다.

● 하이라이트 & 프롤로그: 제작 원칙과 찰떡궁합

<표 10>을 보자. 프롤로그 앞에, 별도로 하이라이트 편집까지
했다. 이중 장치다. 이야기 초반부터 강하게 끌고 가겠다는 것이다.

<표 10> 대본 발췌: 하이라이트, 프롤로그 부분

슈퍼태풍, 한반도는 안전한가? (6월 29, 최종)

방송 예정일 0000. 7. 2

Video	오디오
메인 타이틀	시사 기획 '쌈'
1. 하이라이트(40') * **쌈 前 타이틀** * **쌈 後 타이틀**	*<쌈 타이틀 배경음악 충분히 살려주면서…>* # 실험: 침수된 지하공간에서 계단 오르기+문 밀기 　수퍼: 침수 50cm, 탈출 어렵다 # 하천 수리 모형 실험 　수퍼: '안전 불감' 다리 건설 # 제방 누수 검사 실험 　수퍼: 낙동강 제방, 물이 샌다 # 태풍이 두려운 사람들 　수퍼: 태풍이 두려운 사람들 # INT: # 3D / 태풍이 한반도로 밀고 들어옴
2. 프롤로그(1분) 나비가 꽃에서 떨어져 날아감. INT: 나비, 강원도 수해 현장 INT:	2. 프롤로그(1분) B/G (나비 꽃에서 날개 팔락이면서… 날아감) INT: 000 / 서울대 교수 (05:13:15) "나비가 팔랑이는 운동이 정말 미세하지 않습니까. 그런 　의미가 결국은 강풍이라든지 태풍과 같은 대규모의 　운동도 일으킬 수 있다." <VCR> 강원도 수해 현장

	INT: 0 0000 / 일본 기상연구소 기후연구부 연구원 "지구 온난화가 진행되면서 지금까지 인류가 경험한 적이 없는 강한 태풍이 발생할 가능성이 커지고 있습니다."
나비, 부산 앞바다 비행 INT	\<VCR> 바다를 건너는 나비 (바다에서 육지로 올라감) INT: 000 / 제주대 교수 "지금부터 준비 안 하면 수도권 그거 큰 문제 아닙니까? 수도권 댐이 못 견디면 그거는... 카트리나 꼴이 나는 거거든요."
먹구름 몰려옴	EFF…. (먹구름 몰려온다…. 중간중간 천둥소리)
Sub Title:	**슈퍼태풍 한반도는 안전한가?**
KBS 옥상에서 찍은 번개	EFF…. (천둥 치면서…. 번개… 효과음 최대한 살리고)

하이라이트는 6개 꾸러미다. 그중 실험 그림이 3개나 된다. 현장 인터뷰와 3차원 그래픽도 있다.

프롤로그를 풀어가는 모티브는 나비다. 이른바, '나비 효과'에 착안했다. "브라질에서 나비가 날갯짓하면 텍사스에서 토네이도가 일어난다." 나비효과의 원전(原典) 메시지다. 나비는 강원도 수해 현장 ⇨ 부산 앞바다 ⇨ 육지로 날아간다. 브라질 ⇨ 텍사스로 가는 느낌이다. 신(Scene)의 자연스러운 전환이다.

나비는 자연이 보내는 작은 전조(前兆) 현상, 곧 경고다. 나비가 지나는 신(Scene)들은 자연재해의 현장들이다. 메시지가 이어진다. 전문가의 목소리다. 그림과 시너지 효과가 나타난다. 그때 먹구름이 몰려온다. 천둥이 친다. **"슈퍼태풍, 한반도는 안전한가?"** 대문짝만하게 뜬 부제(副題: Sub Title)로 심쿵! KBS 옥상에서 촬영한 번개까지 친다.

여기서 채널을 돌린다면 강심장이다. 제작 원칙과 찰떡궁합이다.

<표 11> 대본 그림 구성 시퀀스별 분석

시퀀스	흐름	이끄는 그림	현장	실험	그래픽(CG)
① 제주 앞바다가 뜨거워지고 있다.	기 (起)	* 헬기 촬영 - 제주 앞바다 - 주상절리 (柱狀節理) - 우도(牛島) * 수중 촬영 - 수중 비경	* 수중 촬영 - 열대어, 물고기 산호초	* 수중 잠수 온도 측정	* 3D 그래픽 - 슈퍼태풍
② 슈퍼태풍이 왔을 때 가장 위험한 지역은?					* 3D 위성사진
③ 해안가 저지대 침수 피해	승 (承)	* 헬기로 현장 접근 - 광안리 바다 - 해안 매립지	* 수해 침수 현장 - 지하 노래방 - 기자 현장 참여	* 침수단계별 탈출 - 교토대 연구소 - 기자 실험 참여 * 침수 수압 실험 - 同 연구소 - 기자 실험 참여	
④ 무리한 교각 건설			* 제방 붕괴 현장	* 하천 수리(水理) 모형실험 - 낙동강 지류 모형 - 국내 연구소	
⑤ 슈퍼태풍이 몰려온다		* NHK 자료 - 슈퍼태풍			* 3D: 슈퍼태풍 한반도 접근 * 태풍루사 CG
⑥ 제방 붕괴		* 감사원 보고서	* 낙동강 제방 - 실험용 말뚝 설치	* 제방 누수 실험 + 컴퓨터 시뮬레이션	* 특수촬영+CG - '파이핑' (piping) 현상 * 감사원 보고서
⑦ 사방댐 문제		* 헬기 촬영 - 한계령 구름 (복선) * 자동차 트래킹	* 수해 복구 현장 * 피해 마을 1 * 피해 마을 2 * 사방댐 공사 현장	* 사방댐 모의실험 - 일본 연구소	* 사방댐 원리

⑧ 태풍 피해 복구에서, 일본은 뭘 배웠나?	전 (轉)		* 日 최대 수해 지역 - 시청 앞 말뚝 - 무선 라디오망 재해 지도 현장 시연		
⑨ 비가 두려운 사람들		* 수해 피해자, 시골집	* 수해 피해자, 시골집 - 대화, 사연 * 피해자 컨테이너 방문 - 대화 사연		
⑩ 우리는 못 하나, 안 하나	결 (結)	* 헬기 촬영 - 소양강 부감	* 보조 여수로 공사 현장		
계		9	12	6	7

● 시퀀스별 그림 분석:

대본의 그림 구성 방식을 <표 11>과 같이 시퀀스별로 분석했다. 10개의 시퀀스별로 아래와 같이 특징이 드러난다.

① 제주 앞바다가 뜨거워지고 있다.

⇨ 기(起) 시작은 그림으로,

이 시퀀스는 기(起)의 첫 부분이다. 그림이 말을 하고 있다. 원칙대로다. 헬기 촬영 ⇨ 수중 잠수 촬영 ⇨ 수중 취재팀 수온 측정 실연(實演)까지. 항공 샷은 제주 앞바다와 주상절리(柱狀節理)를 거쳐 우도(牛島)까지 담았다. 절경이다. 수중은 비경(祕境)이다.

7분이 넘는 시간에 25문장이다.[27] 그나마도 단문(短文)들이 많다. "그림 - 문장 - 그림 - 문장..."으로 이어진다. 이상적인 구조다. 그림을 충분히 볼 여유, 메시지를 이해할 여유를 준다. 이런 구조가 리포트에도 권장된다. 지금까지 공부한 구성의 ABC 대로다.

② 슈퍼태풍이 왔을 때 가장 위험한 지역은?

⇨ 한 호흡 '쉬어가는' 리듬

하이라이트에 이어 시퀀스 ①까지 좋은 그림들이 이어졌다. 한 호흡 쉬어 갔다. 리듬이다.

③ 해안가 저지대 침수 피해

⇨ 3대 축: 현장, 실험, 기자의 '참여' 실험

승(承)의 사실상 첫머리다. 현장성이 돋보인다. 헬기로 현장 접근부터 한다. 지하 노래방 등 수해 피해 현장을 기자가 들어간다. 곧이어 사실적 접근이다. 실험이다. 지하에 물이 30 ⇨ 40 ⇨ 50 센티미터로 차오른다. 단계별로 탈출 가능성을 짚어본다. 여기서도 기자가 나선다. 몸에 안전로프를 묶은 채, 실험에 참여했다. '참여' 실험이다.

---

27   보도 기사문에서는 짧은 1문장을 읽는 데 2초 정도를 잡는다. 25문장이면, 50초 정도란 얘기다. 물론 시사물이나 다큐의 읽는 속도는 뉴스(특히, 리포트)보다 많이 느리다. 또, 중간중간 쉼표를 주면서 읽는다. 이를 감안해도 7분(=420초)에 25문장이면 해설 분량이 많은 편이 아니다. 해설 분량이 적을수록 그림과 언어 메시지를 이해할 수 있는 여유가 생긴다.

④ 무리한 교각 건설

　⇨ 실험 또 실험

　여기도 실험이다. 낙동강 지류를 100분의 1로 축소한 모형 세트다. 홍수 때처럼 많은 물을 흘려보내 교각의 안전을 진단한다. 이른바, '하천 수리(水理)' 모형실험이다.

⑤ 슈퍼태풍이 몰려온다

　⇨ 강 - 강 - 약 박자

　다시 숨을 고른다. 박자로는 '강 - 강 - 약'이다. 뒤에 나올 시퀀스 내용을 간략히 소개한다. 일종의 중간 MC 멘트 격이다. "슈퍼태풍이 올 것 같습니다. 지난번 피해 지역 복구나 제대로 됐을까요? 지금부터 짚어 보겠습니다." 정도?

⑥ 제방 붕괴

　⇨ 메시지로도 이목 집중

　이 시퀀스는 보고서로 시작한다. 그래도 메시지가 강력하다. 감사원 보고서이기 때문이다. 태풍 관련 '찐 팩트'다. 그림 없이도 이목이 쏠린다.

⑦ 사방댐의 문제

　⇨ 다시 현장과 실험으로

　승(承)의 마지막 시퀀스다. 이쯤에서 관심과 이목을 다시 끌 수 있어야 한다. 역시 현장과 실험이다. 헬기로 한계령에 걸린 짙은 비구름을 보여준다. 복선(伏線)이다. 태풍과 수해의 재발 우려를 암시한다. 이어 수해 이후의 복구 현장을 찾는다.

곳곳에 사방댐 공사다. 그림이 그냥 보여준다. 사방댐은 방책 (方策)인가? 방책(防柵)인가? 답은 역시 실험이다. 일본 취재 결과다. 체감적인 실험 그림이 위력을 더 한다.

⑧ 태풍 피해 복구에서 일본은 뭘 배웠나?
    ⇨ '말뚝'에서 시작한 현장 이야기

전(轉)이 시작됐다. 우리 상황은 이런데, 다른 나라는 어떤가? 관점을 돌려(轉) 다시 보는 것이다. 마침 이 프로그램 제작을 맡은 김대홍 기자는 도쿄 특파원 출신이다. 우리처럼 수해를 당한 일본 지역 르포를 택했다. 시청 정문에 박힌 말뚝을 도입부로 했다. 태풍 피해 당시 시청을 덮친 물 높이가 남아 있다. 그 자체로 현장 메시지다.

⑨ 비가 두려운 사람들
    ⇨ 사람 이야기로... 감성은 소중하다.

바로 전 ⑧번 시퀀스 내용과 대비(對比)하며 연결한다. 우리나라 수해 피해자들의 수해 이후 삶을 그린다. 어떤 이는 가족들과 터전까지 잃었다. 트라우마에 시달린다. 사람 이야기다. 짧지만, 휴먼 다큐적 접근으로 전환했다. 감성(感性)이 숨 쉴 공간이 열린다. 주제에 대한 문제의식으로 확장된다. 제작에 있어 감성은 그냥 지나칠 수 없는 중요한 요소다.

⑩ 우리는 못 하나 안 하나?

　⇨ 결(結)은 간결... 여운의 에필로그

　결(結)이다. 우리의 대비책에 대한 결론이다. 소양강을 택했다. 서울과 수도권을 수해로부터 보호하는 마지막 보루란다. 보조 여수로(餘水路)[28] 공사 현장까지 가 본다. 결론은 질문이다. 이곳은 안전한가? 이어 에필로그성 클로징이다.

　결어(結語)는 간결하다. "자연의 경고... 우리에게 묻는다... 무엇을 준비했는가?" 여의도 앞 한강 공원에 먹구름이 몰려온다. 마지막 장면이다. 상징이다. 여운이 함께 몰려온다.

● 종합: 구성 마디마디마다, 소구력 있는 장치 배치

　대본 곳곳에 제작 원칙들이 튼실하게 적용돼 있다. <표 11>은 이를 수치로 보여 준다. 초반부터 눈길 끄는 그림으로 시작되는 시퀀스들이 대부분이다. 10개 중 9개다. 현장을 헤집고, 생생한 그림으로 메시지를 전달한 장면(Scene)은? 12개나 된다. 실험도 6개다. 특수 촬영을 포함해 3차원 그래픽 등은 7개다. 시퀀스별로, 마디마디마다, 소구력 있는 구성 장치가 도사리고 있다.

28　여수로(餘水路: spillway): 말 그대로, 남은 물(餘水)을 흘려 내보내는(spill) 길(路: way)이다. 댐이나 저수지가 일정 수위를 넘을 때를 대비한 방재 시설이다.

3장.
리포트
신공(神功)

3장. 리포트 신공(神功)

1분 20초 남짓한 시간에 세상만사를 다 얘기할 수 있다면? 가히 귀신 같은 솜씨(스킬), 즉, 신공(神功)이라 할 수 있다. 이 신공(神功)이 바로 리포트다. 리포트라는 제작 양식의 특징이다. 리포트, 영미권 방송가엔 표현이 따로 있다. 뉴스 패키지(news package)다. 우리말로, 뉴스 꾸러미쯤 된다. 리포트 신공(神功)의 속성을 잘 드러내는 용어다.

1. 신공(神功)의 속성, '뉴스 꾸러미'(news package)

리포트는 실제로 꾸러미다. 뉴스의 온갖 구성 요소가 다 들어 있다. 뉴스 꾸러미(news package)다. 이 뉴스 꾸러미, 뽀개 보자. 내용물을 성격별로 나눠 담으면, <표 1>과 같다.

■ '뉴스 꾸러미' 뽀개기... 리포트 작동 메커니즘

뉴스 꾸러미는 작은 꾸러미 몇 개로 나뉜다. 첫째 꾸러미는, ▶ 언어(소리) 메시지다. 대표적인 게, 기자 목소리로 녹음된 기사다. 영어로,

'보이스오버(voice-over)'다. "목소리(voice)를 테이프에(over) 입혔다"는
뜻이다. 뉴스의 주 내용이다. 음향(sound effect)도 들어 있다. 배경음악
이나 그림 고유의 자연 음(natural sound) 등이다.

　다음 꾸러미는, ▶ 그림 메시지다. 현장 취재 그림, 자료 그림, 그래픽
등이다. 마지막 꾸러미는, ▶ 복합 메시지다. 그림과 언어(소리) 메시지가
합쳐진 것이다.

<표 1> '뉴스 꾸러미'(news package: 리포트)의 구조

예를 들어, 격렬한 시위 같은 경우다. 시위는 그림 메시지, 강력한 구호는 언어(소리) 메시지다. 다연장포의 화염과 천지를 울리는 굉음? 화염은 그림 메시지, 굉음은 소리 메시지다. 얼음장(그림)과 그 밑에 흐르는 물소리(소리)도 그렇다. 현장의 그림과 소리가 어울려 시너지 효과를 낸다. 강력하고 생생하다. 실무에서 이른바, '현장 이펙트'로 불리는 것들이다.

인터뷰도 복합 메시지다. 인터뷰 내용은 언어 메시지, 인터뷰하는 이의 표정, 동작 등은 그림 메시지다. 기자가 현장에서 얼굴 내밀며 보도하는, 스탠드업(stand up)도 복합 메시지다. 기자의 말은 언어 메시지, 동작과 얼굴, 표정 등은 그림 메시지다.

언어(소리) - 그림 - 복합 메시지. 모두 뉴스 구성 요소들이다. 그 결합체가 뉴스 꾸러미다. <그림 1>을 도출할 수 있다. "뉴스 꾸러미(=리포트)라는 열차, 도대체 어떻게 움직이는가?" 하는 것이다. 리포트 작동 메커니즘(working mechanism)이다.

열차가 있다. 각 차량엔 적재물이 가득하다. 차량끼리는 쇠줄로 단단히 연결돼있다. 차량 크기, 적재량 경중에 맞춘 유기적인 연결이다. 덕분에, 열차의 속도, 강약, 리듬까지 잘 어우러진다. 이러니 힘도 좋다. 굴뚝에서 연신 연기를 뿜어댄다. 잘 달린다. 종착역을 향해.

밑줄 친 게 핵심 키워드들이다. <그림 1>에서 하나씩 살펴보자. ▶ 우선 열차다. 이름이 있다. 풍선에 크게 써서 달아뒀다. ① '뉴스 꾸러미'다. ▶ 적재물들은, ② 언어(소리), 그림, 복합 메시지들이다. 각 차량마다 크게 써 놓았다. ③ '뉴스 구성 요소'라고. ▶ 이들은 각 차량에 실려 있다. 열차를 구성하는 단위들이다. 뉴스 꾸러미 열차의 ④ 소주제

(小主題)들, 즉, 시퀀스(Sequence)들이다. 이들 시퀀스 차량들을 ▶ 단단히, 유기적으로 연결한 쇠줄은? ⑤ 구성이다.

<그림 1> 뉴스 꾸러미 열차의 작동 메커니즘

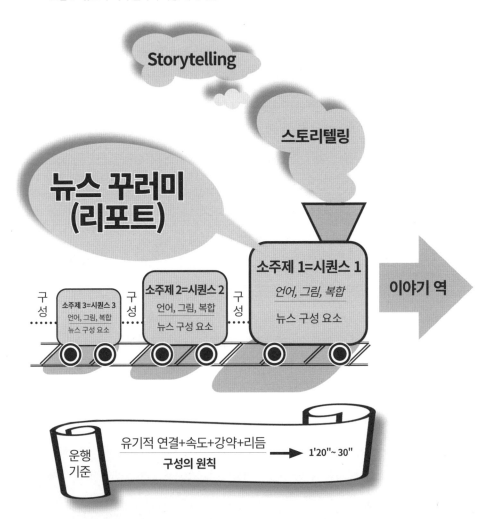

이렇게 구성된 열차는 ▶ 속도와 강약, 리듬까지 맞아야 잘 달릴 수 있다. 이를 가능하게 하는 열차 운행 기준은? ⑥ 구성의 원칙이다. ▶ 이 뉴스 꾸러미 열차의 힘, 즉, 동력은? ⑦ 스토리텔링(Storytelling)이다. 굴뚝 연기에 씌어 있다. ▶ 그럼 종착역은 어디인가? ⑧ '이야기'역이다. ⑨ '이야기' 종착역까지는 1분 20~30초 내외. 짧지만 만만찮은 여정이다.

■ TV 뉴스 최적화 모델, 리포트의 위력

요약하면, "리포트는, 스토리텔링, 즉, 이야기 형식으로, 탄탄하게 메시지를 구성해, 소구력 있게 시청자들에게 전달한다"는 것이다. 이 작동 메커니즘을 보니, 리포트는 신공(神功)이 맞다. TV 뉴스에 귀신같이 최적화된 양식(樣式)이다. 그 위력을 구체적으로 짚어 보자.

● 스며든다... 이야기꾼(Storyteller): *이야기 최적화*

<그림 1>과 그 분석 내용을 다시 살펴보자. 리포트('열차')의 결과물('종착역')은 이야기('이야기 역')라고 아예 못 박았다.(⑧) 한 단계 더 나아가, 끌어가는 동력('열차 연기')도 '스토리텔링'이다.(⑦) 리포트는 '이야기꾼(Storyteller)'이란 뜻이다. ▶ 이야기(Storytelling)에 최적화된 양식이다. 이야기는 뉴스의 문턱을 낮춘다. '스며들게' 한다.

● 소구력... 메시지 전달자(Messenger): *구성(構成) 최적화*

<그림 1>의 분석 중 압도적인 게 있다. 리포트와 구성(構成)의 밀착 관계. 9개 분석 중 무려 5개, 55%가 넘는다. ②, ③, ④, ⑤, ⑥번이다.

리포트는 이처럼 철저히 ▶ 구성에 최적화돼 있다. 구성은 이야기의 짜임새를 결정한다. 메시지의 소구력(訴求力: appealing power)이다. 리포트는 소구력 있는 메시지 전달자(Messenger)다.

● 고품질·고효율... 완벽주의자(Perfectionist): *완성도 최적화*

방송의 격(格)은 완성도에 있다. 리포트는 그림, 소리가 정교하게 일치, 조화된다. 제작 과정이 다단계다. 기사, 그림 편집 등의 오류가 체계적으로 걸러진다. ▷ 고품질이다. 뭣보다, 1분 20~30초 내외의 시간에 복잡한 사안이 깔끔하게 정리된다. 수백 페이지 문서나, 수십 년 세월의 뿌리 깊은 사안도 예외 없다. ▷ 고도의 효율성이다. 사람으로 치면 '완벽주의자(Perfectionist)'다. ▶ 완성도 최적화다. 신공(神功)이란 말에 걸맞다.

● 한 방에(One Shot) 끝(One Kill)... 방송 준비 종결자(Terminator): *방송(Stand-by) 최적화*

스탠바이(Stand-by)는 경고다. "지금 방송 들어가, 준비됐지? 아니면 사고야!" 뉴스는 특히 민감하다. 기사, 그림, 인터뷰, 장비, 진행 PD, 기술 감독 등등... 준비할 게 참 많다.

리포트는 한 방에 끝낸다.(One Shot, One Kill) ▷ 터미네이터(Terminator), 즉, 종결자(終結者)다. 뉴스(news) 꾸러미(package)이기 때문이다. 틀기만 하면 된다. ▶ 방송에 최적화돼 있다.

2. 리포트의 첫 승부처

<표 2> 리포트 제작 1, 2단계

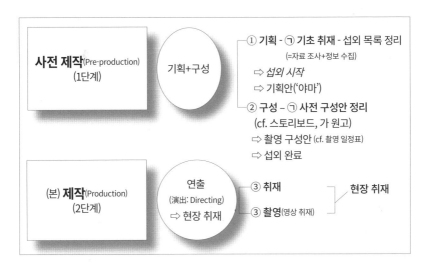

리포트가 위력을 발휘하려면 조건이 있다. '대로 - 대로 - 제대로'다. <그림 1>의 원리, 즉, 리포트 작동 메커니즘대로 리포트 하는 것이다. 지금까지 공부한 대로다. 곧, 제작을 제대로 하는 것이다. 리포트 제작도 3단계다. 편의상 1, 2단계부터 떼 내 살펴보자. <표 2>다.

■ 리포트 제작은 취재다

1단계는 '사전 제작(Pre-production)'이다. 리포트 기획과 구성이다. <표 2>의 ①을 보면, 기획이 먼저다. 제작 원론 격인 2장의 정의에 적용하면,

> 리포트 기획은 자료 조사와 정보 수집이 바탕이다. 리포트의 야마[1]를 정하는 일이다.
>
> 성격과 의도, 방향 등을 담는 일이다. 이를 글로 윤곽을 떠 놓으면 기획안이 된다.

리포트 기획의 바탕이 자료 조사와 정보 수집이란다. <표 2>의 ㉠이다. '기초 취재'다. ▶ 리포트 제작의 첫 단계(사전 제작), 첫머리(기획)의 첫 단추부터 취재(기초 취재)다. 취재가 리포트의 첫 승부처란 얘기다. 2단계인, 리포트 (본) 제작도 살펴보자. 역시 2장의 정의에 적용한다.

> ... 영상으로 구현해야 한다. (본) 제작이다... (중략)... 영상 표현으로 이끄는 행위의 개념이다. 한마디로 촬영이다. 촬영에는 현장 확인이 수반된다. 확인하다가 새로운 사실도 발굴한다. 사실을 확인하고 발굴하는 것, 곧, 취재다. 종합하면 취재와 촬영이다.

"종합하면, 취재와 촬영"이란다. 촬영 역시 취재다. "영상으로 구현하는", 영상 취재다. <표 2>에서 취재와 촬영 둘 다, 같은 ③번으로 묶어둔 이유다. 또 둘은 다 현장에서 이뤄진다. 둘은, 한마디로, 현장 취재다. 결론적으로, 리포트 제작 2단계, (본) 제작도 오롯이 취재다.

---

1   기자로 입문하면 가장 먼저 배우는 일본풍 언론 속어가 '야마'(やま)다. "이 기사, 대체 야마가 뭐야?" 초년병 시절에 흔히 듣는 핀잔이다. 핵심 주제를 뜻한다. 기사를 쓰려면 핵심 주제부터 분명히 하라는 말이다. 이런 현업 분위기와 맞춰, 리포트의 핵심 주제는 '야마'로 표현하기로 한다. 2장에서는 "핵심 주제를 정한다"로 표현돼 있다. '핵심 주제' 자리에 '리포트 야마'를 넣어 조어한 것이다.

<표 2>를 전체적으로 보니, 분명해진다. 리포트 제작 1, 2단계에서 모두 취재가 핵심이다. 이 정도면, "리포트 제작은 취재"라 할 수 있다.

■ '취재' vs. '취재', 이란성(二卵性) 리포트 취재

리포트는 이처럼 취재 부하(負荷)가 크다. 알아야 할 게 하나 더 있다. 각 취재의 속성이다. 제작단계별로 다르다. 눈치 빠른 독자는 이미 간파했을 것이다. <표 2>에서다. 사전 제작(Pre-production) 단계의 취재는 '기초 취재'다. (본) 제작(Production) 단계에선 '현장 취재'다. 작명(作名)이 다르다. 속성이 달라서다. 이 두 취재의 속성을 분간 못하면 곤란해진다.

● 1단계 기초 취재, 정보로 '리포트의 기초' 놓기

앞서 봤듯, 리포트 제작 1단계는 기획에서 시작된다. 그 정의를 다시 보자. "(전략)... 리포트 야마를 정하는 일이다... (후략)" '야마(やま)'는 핵심 주제다. 핵심 주제 잡는 일이다.

이를 풀면, <표 3>과 같이 정리된다. 야마가 잡혀야(①), 이야기 윤곽(Storyline)이 선다(②). 이야기 윤곽은 리포트의 기초(基礎, Fundament)다. 결론적으로 이 단계에서의 취재는 '리포트의 기초를 놓는 취재'가 돼야 한다, 그래서 ▶ 기초 취재다. ▶ 리포트 제작 1단계의 취재다.

리포트의 기초를 놓으려면, 사실관계가 탄탄해야 한다. 기본이 자료조사(ⓐ)다. 주요 취재원과 접촉해, 확인한다.(ⓑ) 뒷받침할 문건·통계(ⓒ), 전문가 분석·견해(ⓓ)를 얻는다. '취재'하면 통상 떠오르는

<表 3> 리포트 제작 단계별 취재의 속성

개념이다. 정보수집이다. 무형물이다. 기초 취재의 속성이다.

● 2단계 현장 취재, 현장에서 '방송 수단' 얻기

기초 취재 결과 이야기 윤곽이 나왔다. 이를 확인해야 한다. 새로운 사실도 수집한다. 이를 구체화해 반영한다. 수단은 촬영(영상 취재)과 취재다. 모두 현장에서 할 일이다. 그래서, ▶ 현장(現場, On-the-spot, Field)취재다. ▶ 리포트 제작 2단계의 취재다.

<표 3>과 함께 보며, 하나하나 살펴보자. ▷ "이야기 윤곽을 현장에서 확인"한다?: 현장에 나가 정보의 실체를 확인하는 것이다.(ⓔ) ▷ "새로운 사실을 수집한다"는 건?: 기초 취재에서 포착되지

않은 사실을, 현장의 상황과 사람들을 대면(face-to-face)해 얻는 것이다.(ⓕ) ▷ "이를 구체화해 반영한다"는 건? 기사화해 방송에 반영한다는 것이다. 방송에 반영할 수단(방송 수단)을 현장에서 얻는 일도 포함한다. 인터뷰와 녹취 등 촬영이다.(ⓖ) 촬영이 여의찮으면, 대안을 현장에서 얻는다. 제공 또는, 제보 동영상 등이다.(ⓗ)

ⓔ~ⓗ을 분석해보면, 기초 취재와는 결이 다르다. 특히, 취재 대상이 다르다. 키워드로 보자. 실체, 대면(face-to-face) 수집물, 촬영, 제공·제보 동영상이다. '방송 수단'들이다. <표 3>에 나와 있는 대로다. 손에 잡히는 유형물(有形物)이다. 실제로 손에 쥐는 것, 즉, 얻는(取) 것이다. 현장 취재의 속성이다.

● 기초 취재 '취**재**', 현장 취재 '**취**재'

이처럼 현장 취재의 속성은 '얻는다(取)'로 압축된다. 즉, 취(取)에 무게 중심이 있는 것이다. 그래픽적으로 표현하자면 '**취**재'쯤?

반면, 기초 취재는 '현장'이 필수가 아니다. 사무실에서도, 인터넷이나 전화로도 얻을 수 있다. 자료조사도 있다. <표 3>은, 그 취재 대상을 '정보'로 요약했다. 무형물(無形物)이다. '얻는 행위(取)'보다는 '정보'라는 재료, 즉 재(材)에 방점이 있다. 그래픽적으로는 '취**재**'쯤?

'**취**재'와 '취**재**'다. 둘 다 리포트 취재다. 속성은 다르다. 같은 이름, 다른 얼굴이다. 쌍둥이라면, 이란성(二卵性)이다. 리포트 제작 단계별로 해야 할 취재가 다르다는 얘기다.

■ '**취**재' 나가, '취**재**'하면 엎어진다

<표 4> '취재'(기초 취재)에서, '취재'(현장 취재)로

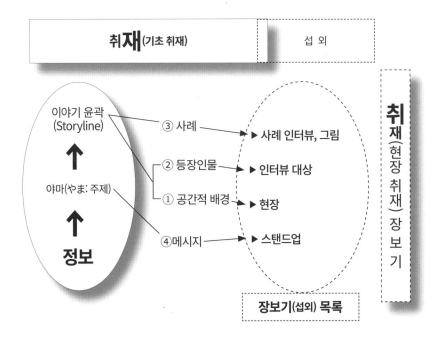

<표 2>, <표 3>을 통틀어 더욱 분명해졌다. 리포트 첫 단추 취재는, '취재', 즉. 기초 취재다. <표 4>처럼 된다. 먼저 정보를 얻는다. 정보들을 바탕으로, 리포트의 '야마'를 잡는다. 이야기 윤곽도 세운다. 야마와 윤곽 다 나왔다. 이 정도면, 기초 취재는 소임을 다한 것일까?

● '취재'(기초 취재)의 영역은 섭외 목록까지

이야기 윤곽까지 세우면, 무슨 일이 생기나? <표 4>의 ①~④를 따라가 보자. ① 기사(이야기)의 공간적 배경, 즉, ▶ 현장이 구체화될 것이다. ② 기사(이야기)에 등장해 직접 이야기를 해 줄 ▶ 인터뷰 대상도 드러난다. ③ 사례도 필요해진다. ▶ 사례 관련 인터뷰, 그림 등도 확보해야 한다. 리포트 야마는 이미 잡혔으니, ④ 메시지도 분명하다. ▶ 스탠드업도 구사할 수 있다.

'▶'의 내용들이 뭔가? 현장 취재, 즉, '**취**재'가 해야 할 일들이다. 현장 취재는 '장보기'와 같다. 현장이라는 시장에 나가, 취재로 득템하는 것이니까. '▶'의 내용들은 '장보기 목록'이라 할 수 있다. <표 4>도 '▶'의 내용들을 '장보기 목록'이란 점선 꾸러미로 묶었다.

장 보려면 흥정을 해야한다. 현장 취재도 마찬가지다. 섭외다. <표 4>도 그렇게 표시해뒀다. '장보기 목록'은 곧 '섭외 목록'이다. <표 4> 상단엔, 기초 취재와 섭외 영역 일부가 겹친다. <표 2>가 명확한 가르마를 타준다. '섭외 목록 정리까지'다. 기초 취재의 영역이다.

● '**취재**' 돼야, '**취**재'된다

결국 기초 취재(취**재**)가 돼 있어야 현장 취재(**취**재)가 된다. 둘 사이의 관계다. 속성이 달라, '남'인 줄 알았더니 '님'이다. "리포트 취재 나간다"고 할 때, 취재는 **취**다. 현장 취재다. 주춧돌인 취**재**(기초 취재)가 다 놓여 있어야 한다. **취**재 나가, 취**재**하면 엎어진다.

3. 시작, 리포트 한 꼭지

결국 리포트의 첫 승부처는, 리포트의 첫 단추 '**취**재'(기초 취재)다. 백문(百聞)이 불여일견(不如一見)이다. 리포트 한 꼭지[2]를 실제 제작해 보자. 이 작업은 4장까지 이어진다. 리포트 제작 단계별로 일어날 일들을 체험할 것이다. 물론 상황은 가상(假想)이다. 아래와 같다.

통계청이 오전 10시에 자료를 내놨다. 오늘 밤 9시 뉴스부터 쓰도록 엠바고가 걸려 있다. 청년 실업률 통계다. 브리핑과 수십 페이지 자료를 축약하니 <표 5>와 같다. 리포트를 해 보라.

<표 5> 청년 실업률 통계 가상 자료

10월 청년 실업률
(통계청: 오늘 밤 9시 엠바고)

—————

☐ 15세~29세 청년 경제활동 인구: 480만 명

☐ 청년 실업률 7.3% (35만 명)
  ▷ 9월: 6.03% ▷ 8월: 6.01% ▷ 7월: 7.5%

☐ 실업자 수 증감(주요 연령대 비교)
  ▷ 20대: +4.6만 명 ▷ 30대: +1.7만 명 ▷ 40대: +3만 명

☐ 10월 전체 실업률: 3.3%(+0.1%p)

—————

2   언론계 현업 용어, 기사나 리포트 한 편을 '꼭지'라는 단위로 표현한다. 방송, 신문 공통적이다.

■ 그림 안 되는 숫자놀음, 이 '취재'를 어떡하나?

리포트는 그림이라 했다. 태생적으로 그림 안 되는 리포트 소재가 많다. 그중에서도 숫자놀음은 참 힘들게 한다. 대표적인 게 통계다. 매달 다양하게 쏟아진다. 그 때문에 통계 리포트는 '**취재**'(기초 취재)가 중요하다. 그림을 준비하는 시발점이다. 그림 없는 숫자놀음을 어떻게 스토리텔링 해 갈지 이 단계부터 심도 있게 고민해야 한다.

통계 리포트는 또 <표 5>처럼 엠바고(Embargo)[3]가 걸려있는 게 많다. 시간 임박해, 자료 공개하고, 브리핑한다. '**취재**'(기초 취재)가 그만큼 시간적으로 빠듯해진다. <표 3>, <표 4>를 다시 보라. '**취재**'(기초 취재) 영역이 매우 넓다. 섭외와 장보기 목록까지 끝내야 한다.

통계 리포트는 장점도 있다. 통계 자체가 정보 덩어리다. '**취재**'(기초 취재) 초반에 유리하다. 초반 작업이 정보 모으기다. 이게 상당 부분 해결된다. <표 5>와 같이 통계라는 정보 덩어리를 뭉텅이로 던져주기 때문이다.

다른 리포트는, '**취재**'(기초 취재) 초반, 힘든 작업을 해야 한다. <표 3>의 ⓐ~ⓓ와 같다. 정보가 확보돼야, <표 4>처럼 '**취재**'(기초 취재)의 흐름이 이어질 수 있다.

● '취재', '야마' 잡기로 직행

이 리포트도 통계 리포트니, '**취재**'(기초 취재) 초반 작업이 쉽다.

---

3 '보도 시점 제한특약'이라 할 수 있다. 어떤 뉴스나 자료를 특정 시간 이후에 보도하기로 취재원과 기자들이 약속하는 것이다.

정보가 상당히 모였다. 뭉텅이로 받은 통계청 엠바고 자료(표 5: 가상
자료) 덕분이다. 대신, 이 자료, 친절하지 않다. 숫자 더미다. 이야기
하려는 게 뭔지 알아내야 한다. <표 3>을 보니, '야마' 잡는 일을 해
야 한다. 정보가 모였으니 바로 직행한다.

　가상 자료 <표 5>에서 눈에 확 들어오는 숫자가 있다, '청년 실업
률 7.3%'. 이게 야마다 싶긴 하다. 아래 <표 6>처럼 한번 써 봤다. 마
뜩찮다. "7.3%? 그게 뭔데?" 싶다. 어렵다. 리포트는 이야기다. 쉬워
야 한다. 이 야마는 아직 시제품(試製品: Prototype) 급이다. 좀 더 다
듬어야(Process) 할 것 같다.

　"그게 뭔데?"에 답해줘야 한다. '청년 실업률 7.3%'의 의미다. <표
5>에 있다. 바로 옆 괄호 안이다. 사람 수로는 35만 명이란다. '청년
실업률 7.3%'의 1차 풀이다. 더 살펴보니, '청년 경제활동 인구 480
만 명'이 보인다. 청년 실업자 수 35만 명으로 나눠 본다. 14분의 1이
다. "청년 14명 중 1명이 실업자"란 얘기다. 쏙 들어온다. 1차 다듬기
다. '청년 실업률 7.3%'의 의미, 곧, 야마다. <표 6>에 써넣어 본다.

<표 6> 야마 다듬기

청년 실업률 7.3%	- 시제품 (Prototype)
청년 14명 중 1명 실업자	- 1차 다듬기 (Process 1)
일하려는 청년 14명 중 1명 실업자	- 2차 다듬기 (Process 2)
청년 실업, 14명 중 1명	- 확정 (Confirmed!)

다만, 개념 하나가 걸린다. '청년 경제활동 인구'다. "일하려는 의사를 갖고 있는 청년 인구"를 말한다. '그렇지 않은' 청년 인구도 있나? 그렇단다. 이른바, 비경제활동 청년 인구다. 학생, 군인, 주부, 또는, 아픈 경우다. 일자리 구하다 지친 이들도 있다. 구직 단념자다. 실업률 통계엔 이 사람들이 빠져있다. 이걸 감안하니, "청년 14명 중 1명이 실업자"는 부정확하다. "일하려는 청년 14명 중 1명이 실업자"가 맞다. <표 6>에 2번째로 다듬어 고쳐 썼다.

야마는 대체로 리포트의 제목이 된다. 앵커가 소개하는 동안 하단에 큰 자막으로 나간다. 길어서는 안 된다. 8자~12자 정도다. 줄여보자. "청년 실업, 14명 중 1명" 확정된 야마다. 야마는 리포트의 방향키다. 방향키가 확실히 잡혀야, 리포트의 스토리텔링이 제대로 된다.

■ 기사 윤곽, 궁금하면 물어봐!

야마가 잡혔으니 이젠 뭘 하나? <표 3>을 다시 보자. 살을 붙여, 이야기 윤곽(Storyline), 즉, 기사 윤곽을 세울 차례다. "청년 실업 14명 중 1명"이란 야마가 방향키다. <표 5> 통계 자료로 살을 붙여 봤다. 아래와 같다. 이야기, 즉, 기사의 1차 윤곽이다.

> "지난달(10월) 15살에서 29살 사이 청년 실업자 수는 35만을 넘어섬.
> 일하고자 하는 젊은이, 14명 가운데 1명은, 실업자라는 뜻.
> 청년 실업률 수치로는 7.3%," (1차 윤곽)

● 궁금하면 물어봐! 시청자 입장에서!

1차 윤곽은 이야기, 즉, 기사의 주제부다. 다음 윤곽은 어떤 것이 될까? 궁금하면 물어보면 된다. 자기 자신에게. 단, 시청자 입장에서. 기사 윤곽 세워가는 요령이다. 얼핏 드는 궁금증. "이 정도 규모 청년 실업, 이번이 처음일까? 아니라면, 얼마 만일까?" 추세 역시 궁금해진다. <표 5>의 숫자를 뒤져 보니, 답이 나온다. 이것으로 2차 윤곽을 만들었다.

"청년 실업률은 지난 7월에 7%대로 급등. 8, 9월 6%대로 주춤. 이번에 다시 오름세로."(2차 윤곽)

또 궁금한 걸 찾아보자. 청년만 실업자 수가 많이 늘고 있는 걸까? 다른 연령대는 어떤가? 마침 <표 5>에 있다. '실업자 수 증감'(주요 연령대 비교)이다. 살을 좀 붙였다. 연령대별 특성을 보여주는 수식어. '30대 정년' 세대, '사오정' 세대 등이다. 3차 윤곽이 나왔다.

"30대는, 이른바, '30대 정년' 세대. 40대는, '45세면 정년', 즉, '사오정' 세대로 불림. 20대가 이 세대 보다 실업자 수, 더 증가했음."(3차 윤곽)

가을엔, 대기업 공채 등으로, 실업률이 줄어드는 게 상례다. 깊은 가을 10월, 공채의 주 대상인 청년 실업이 왜 늘어난 걸까? 또 생기는 의문이다. 아쉽게도 자료에는 답이 없다.

● 취재원이 모르면, 전문가에게

이건 취재원에게 확인할 일이다. 통계청 담당자다. "죄송합니다. 저흰 통계만 내지, 원인까지는 소관이 아닙니다." 그의 답변이다. <표 3>을 보니, 다음은 전문가에게 취재해야 한다. 누가 좋을까? 시간도 벌써 많이 지났다. 답만 OOOO로 비워두고 급한 대로 써 본다.

> "통상 가을이면 대기업 공채 등으로 실업률 감소가 상례. 가을인 10월에, 공채 주 대상 청년들의 실업이 급증한 건 왜인지도 의문. 전문가들은 OOOO라고 함"(4차 윤곽)

■ '취재'의 열매, 장보기(섭외) 목록

네 덩어리(4차 윤곽)로 구성된 기사 윤곽이 드러났다.

<표 4>의 ①~④를 소환해보자. 기사 윤곽이 나오면, ① 리포트의 공간적 배경인 ▶ 현장이 정해진다고 했다. 이 리포트에선 취업시장이다. <표 7>의 1번처럼 나열해 봤다. 5곳, 10신(Scene: 장면)이다.

<표 7> 장보기(섭외) 목록(후보)

장보기(섭외) 목록(후보)
- - - - - - - - - - - - - - - - - - - -
• 야마: 청년 실업, 14명 중 1명

1. 현장: 취업 시장
대학(취업상담실, 게시판, 강의실),
기업체(인사부, 전형 상황실, 면접실), 취업 정보 업체, 학원
구직상담센터(접수창구, 상담실) 등 (5곳, 10 Scene)

2. 인터뷰

청년 취준생, 대학 취업 담당(교수 포함) 기업체 채용 담당,

취업학원·구직센터 관계자

취업 정보 분석가, 노동 관련 연구원, 교수, 통계청 담당관

3. 사례: 취준생, 취업 포기 청년

– 인터뷰, 그림 (자취방, 도서관, 구직 활동)

4. 스탠드업: 배경

- 취업 게시판, 취업 정보 업체·학원 외경, 학원 로비, 노량진 고시촌

● 장보기(섭외) 목록 후보

이어, ② 기사(이야기)에 등장해 직접 이야기를 해 줄 ▶ 인터뷰 대상 후보들이 가늠된다고 했다. 가늠된 인터뷰 후보들을 나열해 보니, <표 7>의 2번과 같다.

다음은, 옵션이다. 이야기(기사)를 ③ 사례로 시작할 경우에 적용된다. ▶ 사례 발굴을 해야 한다. ▷ 애쓰는 취준생의 삶이나, ▷ 고배만 마셔, 아예 취업을 포기한 청년 이야기도 좋다. ▷ 사례 관련 인터뷰, 그림도 필요하다. 취준생 자취방, 도서관에서 공부하는 모습, 구직 활동 등이다. <표 7>의 3에 정리된 내용이다.

④번은 스탠드업(stand up)이다. 리포트 야마가 이미 정해졌다. "청년 실업 14명 중 1명"이다, 이에 맞는 ▶ 스탠드업 현장을 찾아야 한다. <표 7>의 4번에 후보지를 정리해 봤다.

이렇게 정리해 놓은 <표 7>은 곧, '**취**재'(현장 취재)목록 후보다. 기사 윤곽이 드러나니, '**취**재'(현장 취재) 대상이 좀 보이기 시작하는 것이다.

이는 섭외 목록 후보이기도 하다. <표 4>에서 언급한 장보기(섭외) 목록에 다가선 것이다.

● 장보기(섭외) 목록 정리

위 <표 7>은 후보군들이다. 가장 적합한 걸 골라 정리해야 한다. 장보기(섭외) 목록 정리다. 다시 '취재'(기초 취재)에 들어간다. 전화로 취재해도 된다. 우선, 현장 후보군이다. 대학 취업상담실과 강의실은 한산하단다. 그림이 안 된다. 취업 게시판은, 각종 공고물로 복잡하다. 나쁘지 않다. 이런 식으로 하나하나 확인해 반영하니 <표 8>과 같이 정리됐다.

<표 8> 장보기(섭외) 목록 정리

장보기(섭외) 목록 정리
- - - - - - - - - - - - - - - - - - - -
• 야마: 청년 실업, 14명 중 1명

1. 현장(O): 대학 / 취업 게시판, 대학 취업상담실, 강의실
(4곳, 5 scene) 기업체 / 인사부, 전형 상황실(★) 기업 면접실,
　　　　　　취업정보업체, 학원 / 강의실(☆), 구직 센터 /
　　　　　　접수창구, 상담실

2. 인터뷰(O): 청년 / 취준생(...) 대학 취업 담당(교수 포함), 교수,
　　　　　　기업체 / 채용 담당(OK) 취업 학원·구직센터 관계자
　　　　　　전문가 / 취업 정보 분석가, 연구원(OK, ?)
　　　　　　통계청 담당관(예비: 필요시, 브리핑 녹취 사용)

3. 사례(X): 취준생, 취업 포기 청년 / 인터뷰,

　　　　　그림 (자취방, 도서관, 구직 활동)

4. 스탠드업(O): 배경 - 취업 게시판, 취업 정보 업체·학원 외경,

　　　　　학원 로비, 노량진 고시촌

줄이 그어진 건 선택되지 않은 것이다. 현장은 모두 4곳, 5신 (Scene: 장면)이 가능하다. <표 7>에 비해 1곳, 5신(Scene: 장면)이 줄었다. (★)표시가 된 곳도 있다. 그림이 기대된다는 뜻이다. ▶ 기업체 전형 상황실이다. ▶ 이곳에서 한창 서류심사가 진행 중이란다. 기업체 측 귀띔이다.

취업학원 강의실은 (☆)표했다. 그림이 좋다는 얘기다. 요즘 취준생들로 만석이란다. 섭외 확정은 리포트 구성 후에 하기로 했다.

● **시간 촉박해 남긴 공란, 기초 취재로 채우다**

다음은 인터뷰할 사람이다. 우선 취준생은 현장에서 섭외하기로 했다. (...)로 표시해뒀다.

　▶ 기업체 채용 담당은 흔쾌히 응했다. 섭외 완료, (OK) 표시다.

　▶ 전문가로는, 취업 정보 분석가와 연구원을 택했다. 전화 취재로 물었다. "취업 성수기 가을에 왜 청년 실업이 오히려 급증했느냐?" 이야기 4차 윤곽 때 공란으로 두고 넘어간 의문이었다.

　▷ 취업 정보 분석가는 **"공채 제도가 예전 같지 않다"**고 답했다. **"수시 채용으로 바뀌고 있다"**는 것이다. 해당 업체에서 집계한

데이터까지 제시했다.

▷ 연구원은, '전반적 산업구조 변화'라는 근본 문제에 초점을 맞췄다. **"대규모 인력을 필요로 하지 않는 산업구조로 변신 중"**이라는 것이다. **"대표적인 게, 반도체 등 우리 주력 산업"**이라 했다. **"비슷한 대학 교육을 받은 범재(凡才)의 대량 공급 시대는 갔다"**라고도 했다.

두 전문가의 의견이 모두 일리가 있고, 기사 가치가 있다. 또 둘 다 인터뷰에 응하겠다고 했다. 섭외까지 된 셈이다. 다만, 둘 다 할지, 누굴 택할지는 미정이다. (OK, ?) 표시를 했다. 리포트의 구성과 맥락에 따라 달라질 수 있어서다.

▷ 통계청 담당자는, 사무실이 대전이다. 오전 10시에 맞춰 브리핑하고 내려갔다. 필요하면 그 녹취 쓰면 된다. 예비용으로 해 뒀다. ('예비: 필요시, 브리핑 녹취 사용' 표시함)

▷ 사례 발굴은 쉽지 않았다. (×)다. 방송까지 시간적 여유도 없다. 빼고 가기로 했다. ▶ 스탠드업 장소는 취업 게시판 앞으로 정했다.

■ '**취재**'(기초 취재) 이후

기초 취재가 끝났다. 현장 취재('**취재**') 목록인 장보기 목록까지 나왔다. 섭외 목록이다. <표 2>를 보니, 섭외 시작이다. 구성안 완료 때까지는 대부분의 섭외가 마무리된다.

섭외와 별도로, 리포트 기획안도 쓴다. 통상 '리포트 개요'로 불린다. 길이는 5~10문장 사이다. 매우 짧다. 일반 제작처럼 문서 결재도 없다. 내부 기사망에 보고 형식으로 올린다.

왜 이렇게 간략하냐고? 리포트기 때문이다. 하루 만에 3단계 제작을 다 마쳐야 하는 장르다. 일반 제작과 다르다. 제작의 흐름은 따르되, 곳곳에서 지름길을 택한다. 리포트 제작의 특징이다. 앞으로 이런 대목을 계속 만나게 될 것이다.

이로써 리포트 제작 1단계의 두 고지 중 하나를 평정했다. 기획이다. 치열한 '취재'(기초 취재) 전선이 펼쳐진 거친 고지였다.

4. 필패(必敗), ○○○○○ 없는 '취재'

이제 의기탱천(意氣撑天)[4], 현장으로 곧장 달려 나가면 될까? 현장 취재, '취재' 말이다. 워~워워~ 상황 파악이 우선이다. 달려 나가려는 '취재'(현장 취재) 벌판의 상황은? 미로(迷路)다. 맞춤 지도가 필요하다. ○○○○○다. 이것 없이 달려 나간 '취재', 필패다.

■ ○○○○○, 구성 개요부터

○○○○○가 뭘까? '취재'(현장 취재) 벌판으로 달려 나가기 위한 것이다. 그러니 그 전(사전: 事前)에 만들어야 한다. 벌판이 미로라니, 미로 탈출용이다. 날줄·씨줄이 잘 짜인(구성: 構成) 지도(안: 案)라야 한다. 괄호 안 줄 친 말을 이어보자. 사·전·구·성·안事前構成案이다.

---

4   분기탱천(憤氣撑天: 분노가 하늘을 찌른다)이란 사자성어(四字成語)를 패러디해 봄. '분기'(憤氣) 자리에, '당당한 기세'란 뜻의 '의기'(意氣)를 바꿔 넣었다. "당당한 기세가 하늘을 찌를 듯하다"는 의미.

<표 2>를 보니, '구성'이 할 일이다. 리포트 제작 1단계, 사전 제작의 마지막 고지다. 그 고지 꼭대기에 열린 열매가 사전 구성안이다. 그래도 낯은 익다. 2장부터 줄곧 마주쳤다. 먼저 할 일이 뭐였던가? 구성 개요 세우기다. ▶ 몇 개의 작은 이야기 단위로 이뤄지는지를 본다. 소주제, 즉, 시퀀스 나누기다. ▶ 해당 시퀀스별로 맞는 그림들을 택한다. ▶ 그림의 적합도, 경중과 흐름에 따라 재배열한다.

● 이야기 중심 1차 구성 개요

<표 9>에서 보듯, 지금까지 나온 기사 윤곽은 1~4차까지다. 4차

<표 9> 이야기 중심 1차 구성 개요

시퀀스	이야기(메시지, 기사)	주제(소주제)	비고
1	지난달(10월) 15살~29살 사이 청년 실업자 수 35만 넘어. 일하려는 젊은이, 14명 중 1명 실업, 실업률 수치로는 7.3%. (1차 윤곽)	**"청년 실업 14명 중 1명"**	대표 주제 (야마)
2	청년 실업률 지난 7월 7%대로 급등. 8, 9월 6%로 하락, 잠시 주춤, 다시 오름세 (2차 윤곽)	**"청년 실업 다시 급등"**	
3	40대는, '45세 정년', 즉, '사오정' 세대, 30대는, 이른바, '30대 정년' 세대. 20대가 30·40대보다 실업자 수 더 급증 (3차 윤곽)	**"20대 청년 실업, 30·40대보다 심각"**	
4	가을이면 대기업 공채 등으로 실업률 감소 가을인 10월, 공채 대상 청년들의 실업 급증 왜? 전문가들, "채용 추이 변화. 공채 대신 수시 선호" 또, "우리 산업, 반도체처럼 대규모 인력 불필요한 구조로 점차 전환 중, 대응 시급" 분석 (4차 윤곽)	**"채용·산업 구조 변화. 대응 시급"**	추가 취재로 분량 증가

윤곽은 당초보다 부피가 커졌다. 최종 기초 취재를 통해 공란으로 뒀던 전문가 분석이 채워져서다.

4차까지 기사 윤곽이 모두 네 덩어리다. 이 네 덩어리들은 각자 메시지를 갖고 있다. 4개의 작은 이야기들이다. 이 리포트 견적이 나왔다. 소주제가 넷이란 얘기다. 그림 단위로 보면, 시퀀스 4개의 리포트다. 다음은 이들의 배열순서다.

시퀀스들의 경중과 논리의 흐름이 기준이라 했다. 이야기(기사) 중심으로만 보면 시퀀스들의 순서는 <표 9>가 맞다. 이야기 중심 1차 구성 개요다.

● 그림 중심 2차 구성 개요

시퀀스는 근본적으로 그림 단위다. 이야기(기사) 중심으로만 갈 순 없다. 그림으로 생각해야 한다. 그림 위주로 2차 구성 개요를 만들어보자. 그림은 별도의 문법이 있다. 경중과 논리의 흐름이 달라진다.

◁ 시퀀스는 그림 단위, 그림으로 생각해야

각 시퀀스들을 표현할 그림을 생각해야 한다. <표 8> '장바구니(섭외) 목록 정리'에 후보군들이 있다. 각 시퀀스에 분배해 본다. <표 10>과 같이 될 수 있다.

<표 10>처럼 분배할 때, 가장 먼저 생각한 건 첫 시퀀스의 그림이다. 즉, 첫 그림이다. 제작에서 가장 중요한 그림이다. 무조건 가장 좋은 그림이라야 한다.

이 리포트, 통계 리포트다. 태생적으로 그림이 안 된다. 이때는 '상대적으로' 좋은 걸 고르면 된다. 주어진 상황 속의 최선(最善)이다.

<표 10> 그림 중심 2차 구성 개요: 이야기 - 그림 적합도 진단[5]

시퀀스	Audio	Video(4곳, 5Scene)	적합도
1	* 지난달(10월) 15살~29살 사이 청년 실업자 수 35만 넘어. * 일하려는 젊은이, 14명 중 1명 실업, 실업률 수치로 7.3%,	▶ **기업체 / 전형 상황실(★)** - 서류 무더기, 긴장감, 대형 전형 탁자 전형 작업 등 - 개인 정보 가린 경력 사항들	X
2	* 청년 실업률 지난 7월 7%대로 급등. * 8, 9월 6%로 하락, 잠시 주춤, 다시 오름세로.	▶ **학원 / 강의실(☆)** - 강사, 학생들, 진지한 분위기 - 학원 교재, 칠판의 내용	△
3	* 40대: '45세 정년', 즉, '사오정' 세대 * 30대: '30대 정년' 세대. * 20대, 30·40대보다 실업 급증.	▶ **구직 상담 센터 / 접수창구, 상담실** - 구직 서류 작성 모습, 일부 내용 - 센터 내부 대기 구직자들, 상담 등	△
4	* 대기업 공채 등 가을엔 실업률 감소. * 가을인 10월, 공채 대상 청년들의 실업 급증 왜? * 전문가들, "채용 변화. 공채 대신 수시" "산업, 반도체처럼 대규모 인력 불필요 구조로 점차 전환, 대응 시급" 분석.	▶ **대학 / 취업 게시판** - 각 기업들의 채용 공고 - 게시판 앞에 서 있는 취준생들 - 메모하거나, 휴대전화로 찍는 모습 - 초조한 취준생들 표정 등	△

<표 8>엔 마침 그림 등급이 일부 매겨져 있다. (★)와 (☆)표다. '상대적으로' 가장 좋을 듯한 그림 후보다. <표 10>의 시퀀스 1, 2에 넣었다. 시퀀스 3, 4의 그림들은 기사와의 관련성을 생각해 배분했다.

◁ 그림 vs. 이야기 적합도는?

이제 그림과 해당 시퀀스의 이야기(기사)를 함께 생각해본다. 서로

---

5   <표 10>의 양식이 <표 9>와는 좀 달라졌다. 이야기(메시지, 기사)를 AUDIO로 표기했다. 정체성을 분명히 한 거다. 소리(Audio)로 방송되는 어엿한 리포트 기사라는 것이다. 이를 담아내는 그릇이 VIDEO, 즉, 그림이다.

맞아야 한다. 적합도 진단이다. 시퀀스 1의 이야기는, "일하려는 젊은이, 14명 중 1명 실업". 찬바람과 절박감이다. 시퀀스 1의 그림은? 기업체 전형 상황실이다. 그림 세부 내역을 보자. 조금 갸웃해진다. 이야기 주제와는 좀 겉도는 느낌? 그림 속 주인공부터 아귀가 잘 안 맞는다. 구직자가 아닌 채용자다. 찬바람과 절박감의 주체(主體)가 아니다. 적합도는, "글쎄"다.

◁ 팩트 텔링(Fact-telling)? No, 스토리텔링(Storytelling)? Yes!

보다 근본적인 이유가 있다. 시퀀스 1의 이야기 형식 때문이다. 이야기(메시지, 기사)라면, 이야기하듯 해야 한다. 스토리텔링(Storytelling)이다.

시퀀스 1의 이야기(메시지, 기사)엔 팩트 텔링(Fact-telling: 사실 진술)만 있다. '정확한 수치들'만 많다. 어려운 숫자들일 뿐이다. 그림이 들어갈 여지가 없다. Audio난을 읽으며 Video(이미지, 그림)를 보자. 서로 겉돈다. 자기 말만 하는 커플 같다. 양자 간 적합도는 '×'다.

시퀀스 2, 3, 4와 각각 맞춰진 그림들은 어떤가? 역시 Audio난과 Video(이미지, 그림)를 비교해보자. 시퀀스 1 정도는 아니지만, 매력적이지는 않다. 적합도는 '△' 정도다.

그렇다면? 바꿔야 한다. 모든 시퀀스를, 그리고, '그림 위주로'다. 그림 위주 구성 개요 수정이다. 본격 구성으로 연결된다. 구성은 그림을 짜는 것이기 때문이다.

■ 첫 그림이 절반

첫 그림이 중요하다 강조했다. 정확히는, '첫 그림이 들어간 첫 시퀀스'다. 다른 말로, '도입부(Intro)'다. 시작이 반이라 했다. 구성 시작 부분인 첫 그림이, 사전 구성의 절반이다.

● 첫 그림 구성의 절대 조건, '임팩트'

첫 그림 후보는 이미 선택돼 있다. 장바구니 목록에서 (★) 등급을 받았으니까. <표 10> Video난의 기업체 채용 전형(銓衡) 상황실이다. 호기심, 관심을 끄는 요소가 있다. 전형(銓衡) 상황은 막후(幕後)다. 공개되지 않고 쉽게 엿볼 수도 없는 곳이다. 훔쳐보는 기분? 게다가 사람을 뽑고 떨어뜨리는 현장이다. 일단 자격 있어 보인다.

다만, <표 10> Video난은 장보기 목록일 뿐이다. 섭외 대상 그림이다. 본격 구성엔 좀 더 진전돼야 한다. 섭외를 마친 확정 그림들이 필요하다. 섭외를 이젠 마무리해야 한다.

◁ 첫 그림 섭외 확정, 그림 삭제·추가

먼저 기업체부터 섭외 확정 작업에 들어갔다. 전형 상황실을 현장 취재('취재')하겠다고 제안했다. 조건부 수용이란 답이 왔다. 전형 관련 민감 정보를 노출하지 않는다는 조건이다. 이번 가을 전형의 특이점을 넌지시 물어봤다. **"200대 1이 넘었어요."**다. **"누군가는 떨어뜨려야 하는 입장이지만, 숙고에 숙고를 거듭할 수밖에 없어요. 너무 안쓰러워서..."**라고 덧붙인다.

"입사지원서 등 서류 뭉치가 쌓였겠네요?" 물었다. **"허허"** 웃는다. **"온라인으로 지원받는데, 무슨 서류 뭉치?"**란다. 이래서 섭외가 중요하다. <표 10>의 그림 후보에서 삭제한다. <표 11>처럼 정리된다 '서류 무더기', '대형 전형(銓衡) 탁자'엔 줄이 그어졌다.

예상 못했던 그림 거리가 하나 생기기도 했다. 대형 작업대다. 전형 위원 10여 명이 한꺼번에 일할 수 있는 규모다. 마치, 워룸 (War Room) 분위기란다. 아무리... 워룸씩이나... 다소 과장이다 싶지만, 나쁘지 않다. 오늘도 그런 분위기냐 했더니, 와 보시란다. <표 11>에 추가했다. '워룸 분위기, 대형 작업대'다. 다른 섭외도 순조로이 됐다고 가정하자. 물론 실전에선 섭외 쉽지 않다. 섭외 능력은 방송기자의 주요 취재('취'재) 덕목이다.

<표 11> '첫 그림' 섭외, 그림 만들기

시퀀스	Audio	Video

1	~~* 지난달(10월) 15살~29살 사이 청년 실업자 수 35만 넘어. * 일하려는 젊은이, 14명 중 1명 실업, 실업률 수치로 7.3%,~~ **결별**	**(★) 기업체 전형 상황실**
		
		▷ 섭외 결과 ◁
		- 서류 무더기, 긴장감, 대형 전형 탁자, 전형 작업 등
		- 개인정보 가린 경력 사항들
		- '워룸(War room) 분위기, 대형 작업대' (추가)
		
		▷ 그림 만들기 ◁
		☆ 임팩트 있는 그림 - 카메라 움직임
		   ① 트래킹(tracking)
		   ② 달리(dolly)
		   ③ +아크 샷(arching)
		☆ 임팩트(의미) 있는 소리(Effect)
		  - 녹취: 전형 위원들 간의 대화

◁ **임팩트=이펙트+팩트**

섭외가 얼추 되었으니 이 첫 그림, 따져봐야 한다. 실제로 기대에 부응할 능력이다. 이른바, 임팩트(Impact)다. 임팩트는 '이펙트(Effect)'+'팩트(Fact)'다. 팩트(Fact)는 영상적 사실(Visual Fact)이다. 눈에 확 띄는 그림 내용(Visual Substance)이다. 이펙트(Effect)는 귀에 확 와 닿는 청각 효과(Audio Effect), 즉, 소리다. 생생한 현장음(N.S.: Natural Sound) 같은 것이다.

따질 때는 '냉정과 솔직'이 필수다. 뒤에 낭패 볼 가능성을 줄여준다. 우선, 영상적 사실(Visual Fact), 즉, 그림 내용(Visual Substance)이 있는가? 움직임이 있어야, 기본은 한다. 좀 아쉽다. 전형 위원들의 업무 모습, 대화, 들고 나감 정도? 그냥 큰 방이다. 솔직히 평가하라면, '×'다.

이색적? 특별함? 아니면, 자극이나 충격적 요소는? 엄청나게 크거나? 그것도 잘 모르겠다. 다만, 방이 큰 건 확실하다. 기업체 측은, 천장도 엄청 높다고 했다. 워룸(War Room) 형태로 꾸며놓았다니 기대는 된다. '△' 정도?

다음은 힘 있는 소리, 이펙트다. 바로 답이 나온다. '×' 다. 총평하면, 임팩트(Impact) 수준이 실망스럽다. 은근히 걱정된다.

● **노력은 그림의 어머니... 그림 만들기**

그림이 태생적으로 좋은 리포트는 복 받은 거다. 시쳇말로, 그냥 먹고 들어간다. 현실에서는 그 반대가 더 많다. 이 통계 리포트가 그런 경우다. 그러면 어떡하나?

노력은 그림의 어머니다. 헐, '노오력'? 없는 말 하는 것 아니다. 1장에서 공·부·했·다. 카메라 움직임(camera movement)이다. 그림 대신, 카메라가 '노오력'해주는 것이다.

◁ 움직임 없으면, 움직이게 하면 된다

전형 상황실, 장점이 있다. 크다. 천장도 높다. 워룸(War Room) 같단다. 그냥 풀샷(Full Shot)으로 얌전하게 찍으면? 별 감흥 없다. "큰가 보네" 정도? 이번엔 카메라가 움직여 보자. 우선,

① 트래킹(tracking)이다. 기자가 전형 상황실 문을 열고 들어간다. 따라(tracking) 들어가자. 카메라를 손에 들고(hand-held), 트래킹하는 것이다. 트래킹 샷의 첫 프레임은, ▷ 닫혀 있는 전형 상황실 문이다. ⇨ 궁금증을 유발한다. ▷ 기자가 문을 연다. ⇨ 관심이 인다. ▷ 기자가 들어간다. ⇨ 현장에 동참하는 느낌, 관심이 고조된다. ▷ 갑자기 뻥 하니 넓은 공간이 뚫린다. ⇨ 시각적 자극이다. 이어, ▷ 대형 작업대다. 진짜 워룸(War Room)? 한가했던 전형 위원들 모습이 바쁘게 변한다. ⇨ 움직임과 힘이다.

② 달리(dolly) 기법을 응용할 수도 있다. 카메라기자만 상황실로 들어가는 것이다.(dolly-in, 사실상 walk-in) 트래킹 때처럼 문을 열며 들어갈 수도 있다. 앞에 걸어가는 사람이 없으니, 문이 저절로 열리나 싶다. 좀 인위적 느낌? 문을 조금 열어두자. 열린 문 틈새로 상황실 일부가 빼꼼히 보이게. 구도가 재미있다. '문 틈새'로 궁금증이 몰려온다. 이윽고 카메라기자가 들어간다. 이후 전개는 트래킹과 비슷하다.

③ 트래킹이나 달리(dolly)에 일부 아크(arc) 샷을 가미하는

방법도 있다. 시작은 트래킹이나 달리(dolly)다. 자칭 워룸(War Room) 같은 대형 작업대가 나오기까지다. 이후 몇 개의 고정 샷(fixed shot) 촬영 후, 아킹(arching)이다. 대형 작업대를 따라 원호를 그리며, 조금 돌아주는 것이다. 원호 주변으로 뭔가 스치듯 지나갈 것이다. 열심히 일하는 전형 위원들의 얼굴들이다. 매우 동적인 느낌이 추가된다. <표 11>과 같이 정리된다.

①~③에 조금 변화를 줄 수도 있다. 예를 들어, 기자가 들어가니, 기업체 채용 담당이 나온다. ⇨ 두 사람의 악수 ⇨ 함께 걸어간다. 이런 식으로 다양하게 추가할 수 있다.

카메라 움직임뿐 아니다. 카메라의 앵글도 우리는 배웠다. 전형 상황실 천장이 높다 했다. 부감(俯瞰, 하이 앵글: High Angle)을 적용해 보면 어떨까? 워룸 형태의 상황실 구조가 한눈에 보인다. 시원하다. 규모가 부각될 것이다. 워룸 사이사이에 앉아 있는 전형 위원 중 한 명을 잡아, 부감 앵글에서 팬(pan)을 할 수도 있다.

◁ 소리가 없으면, 소리를 찾아라

전형 상황실의 또 다른 고민은 이펙트(Effect)다. 힘이 있는 효과음이다. 임팩트의 한 축이다. 이게 없다. 곰곰 생각해 보자. 과연 상황실에 소리가 아예 없는가?

예를 들어 전형 위원들끼리의 대화 같은 거다. 논의도 할 수 있고, 우스개 같은 사담(私談)도 할 수 있다. 볼륨은 좀 작을 것이다. 시위 현장의 구호처럼 자극적이지는 않다. 그래도 있긴 있는 것이다. 정적(靜寂) 속에 분명히 존재하는 소리다.

구체적으로 한번 상상해보자. **"이 사람은 3년 연속 지원했네요."** **"아... 혹 그 사람? 제가 작년 처음 전형 심사 맡았을 때 봤던..."** 전형 위원 간에 이런 대화를 한다면?

'3년 연속 지원'이란, '2년 연속 고배(苦杯)'를 의미한다. 감성적 공감 요소다. 지금의 취업 상황이 절절하게 묻어난다. 강하다. 작고 낮은 소리지만, 힘이 세다. 이쯤 되면 이펙트 급이다. 이펙트는 의미에 있다. 정적(靜寂) 속에서 이런 의미 있는 소리를 골라내면 된다. 상황실 대화 녹취로 가능하다. 소리가 없으면 소리를 찾으면 된다.

이로써, 전형 상황실은 '첫 그림' 윤곽을 갖췄다. 도입부 그림 윤곽이다. 짝을 맞출 도입부(시퀀스 1)의 이야기가 문제다. <표 10>처럼 도입부 그림과 맞지 않아서다. 결국 <표 11>에서처럼 결별했다. 결별로 빈 이야기도 추후에 채워야 한다. 일단 숙제로 두고 넘어가자.

■ 첫 그림 구성[6]의 실제

첫 그림, 즉, 도입부 그림의 구성엔 앞서 3가지 옵션이 있었다.[7]

그중 ③번 달리(dolly)+아크(arc) 샷을 한번 적용해보자. <표 12>와 같이 도입부 사전 구성안을 만들 수 있다. 달리(dolly)가 먼저니까, 앞서

---

6   뒤에 나오지만, <표 16>의 사전 구성안 스토리보드를 지금부터 참조하는 게 도움이 될 것이다. 부족한 필자의 그림 실력이지만, 구체적인 샷을 이해하기가 좀 나을 듯하다. 이후 이어질 실전 구성안들도, <표 16>과 병행 참조하길 바란다.
7   '노력은 그림의 어머니... 그림 만들기'에 나와 있는 옵션 ①~③ 참조

<표 12> 도입부(첫 그림) 사전 구성안

시퀀스	Audio	Video ('#': 그림 덩어리 \<Block> 표시)	Sound(소리)	Video 길이 (#별)
1 도 입 부 기 起	"이 사람, 3년 연속이네요." "아... 혹 그 사람? 제가 작년 처음 전형 심사 맡았을 때 봤던..." 올해 합격의 문은 더욱 육중해져. 한창 서류 전형 중인 이 회사. 문 두드린 200명 중 겨우 1명에게만 열어 줄 예정. "누군가는 떨어뜨려야 하는 입장이지만, 숙고에 숙고를 거듭할 수밖에 없어요. 너무 안쓰러워서..."	#1. 전형 상황실 철제(鐵製) 출입문, '입사 전형 중' 푯말, 문 좀 열어둠 (F.S./ M.S.) #2. dolly in #3. L.S. 전형 상황실 #4. C.U. 위원장 #5. M.S. 작업대 오른쪽 (전형 위원 2~3명) #6. arc in 작업대 따라 (전형 위원 얼굴들 지나감) ~#7. arc 멈춤 (적정 지점) #8. 인터뷰: 전형 위원	전형 위원 대화 N.S. (Natural Sound) 대화 N.S., Ch.2로 전환돼 작게 한동안 계속 이어짐 인터뷰	3초 내외 4~6초 2~3초 2~3초 2~3초 4~6초 2초 내외 10초
2 기 존 시 퀀 스 1	실제로 지난달 청년 실업자 수 35만 넘어. 일하려는 젊은이, 14명 중 1명 실업, 실업률 수치는 7.3%임.	**?**	**?**	"청년 연령 기준" (15~ 29세) 자막 처리함

설명했듯, 문을 조금 열어둔 채 시작한다.

● 도입부의 그림

지금부터는 <표 16>의 스토리보드와 함께 봐야 알아보기 쉽다. 달리(dolly) 시작 전 첫 샷은 전형 상황실 문이다.(스토리보드 #1) 철제(鐵製)라서 육중하다. '입사 전형 중' 푯말도 붙어 있다. 사이즈는 풀 샷(F.S.), 미디엄 샷(M.S.) 뭐로 시작해도 좋다. 문은 빼꼼히 열려 있다. 3초 내외 충분히 잡았다가, 카메라기자만 들어간다(dolly-in). (#1~#2).

방에 들어가면, 워룸(War Room)식 대형 전형 작업대가 예상된다. 눈에 확 띄게 펼쳐져 있을 것이다. 계속 달리(dolly)하며 몇 걸음 걸어 들어간다. 달리(dolly)를 멈추고 선다. 롱 샷 사이즈일 것이다. 2~3초 더 촬영 후 끊는다.(<표 16>의 스토리보드 #3)

스토리보드 #3을 보자. 워룸식 타원형 작업대 왼쪽 끝이 전형 위원장이다. 전형 위원장을 정면에서 원 샷으로 잡는다. 샷 사이즈는 클로즈업(C.U.)이다.(#4) 2~3초 담고 끊는다. 작업대 오른쪽으로 가까이 간다. 전형 위원 2~3명 정도가 작업 중이다. 위원장 쪽을 보고 있다. 미디엄 샷(M.S.)으로 촬영을 시작한다.(#5) 2초 정도 후 오른쪽으로 아크인(arc-in)을 시작한다.(#6) 작업대 따라 완만한 원호(圓弧: arc) 형태다. 주변으로 뭔가 스쳐 지나간다. 작업대에서 일하는 전형 위원들 모습이다. 동적(動的)이다. 적절한 지점에서 멈춰 선다.(~#7)

그림의 호흡이 길다. 2초 단위 짧은 샷의 연속 전개와는 차별화된다. 그러면서도 동적이다. 달리(dolly)와 아크(arc) 샷이 적절히 들어가 있어서다.

● 도입부의 임팩트... 첫 그림과 이펙트(Effect)의 결합

도입부는 임팩트가 있어야 한다. 첫 그림과 첫 이펙트의 결합이 제대로 돼야 한다. 첫 이펙트(Effect)는 전형 위원들 간의 가상 대화로 정했다. 현장음(N.S. Natural-Sound) 형식이다.

첫 그림은 빼꼼히 열린 육중한 전형 상황실 문이다. '입사 전형 중'이라는 푯말까지. 첫 그림이 던져 주는 영상 팩트(Visual Fact)다. **"아, 이런 데였어? 괜히 내가 웬 긴장? 저 안에선 무슨 일이?"** 시청자들의 호기심이다. 이때, 열린 문틈으로, 이펙트가 흘러나온다.

"이 사람은 3년 연속 지원했네요." "아... 혹 그 사람? 제가 작년 처음 전형 심사 맡았을 때 봤던..." '저 안'에서 나는 현장음이다. 내밀(內密)하다. 호기심은 증폭될 것이다. 첫 이펙트가 첫 그림의 영상 팩트와 맞아떨어진다. 임팩트(Impact)가 된다.

첫 인터뷰 감도 확보돼 있다. 섭외 과정에서 내심 찜해둔 거다. **"누군가는 떨어뜨려야 하는 입장이지만, 숙고에 숙고를 거듭할 수밖에 없어요. 너무 안쓰러워서..."** 전화기 너머 들려 왔던, 채용 담당관의 솔직한 말이다. 도입부와 맥락이 맞다.

● 도입부의 스토리텔링 전개

이렇게 스토리텔링이 시작됐다. 결별로 비어있던 도입부(시퀀스1)의 이야기다. 기사가 아니라 그림과 이펙트로 시작한 것이다. 도입부의 목적지는 이 리포트의 야마다. <표 12>에선 편의상 시퀀스 2로 해뒀다. 알고 보니, 원래 도입부에 있다가 '결별'했던 그 이야기다.('기존 시퀀스 1'로 표기돼 있음) **"청년 실업 14명 중 1명, 7.3% 청년**

실업률, **청년 실업자 수 35만 명"** 온통 숫자다. 복잡하다. 쉽게 안내하는 게 스토리텔링의 역할이다. 이 숫자 죄다 잊자. 대신 의미만 기억하자.

이 복잡한 숫자들의 의미를 한 줄로 축약하면? **"청년 실업 엄청나다."** 그 정도면 충분하다. 도입부 스토리텔링은 이 '한 줄 의미'에 초점을 맞춘다. 첫 이펙트로 '한 줄 의미'를 소리로 풀어주며 시작했다. 전형 위원들의 대화다.(현 단계에선 가상 대화) 그 짝이 첫 그림이다. 육중한 철제문에, '입사 전형 중'이란 팻말까지. 왠지 움츠러든다. 겨우 빼꼼 열려 있다. **"이게 바로 취업 문이네."** 싶다. 상징성이 강하다.

첫 그림과 첫 이펙트가 끝나자, 이야기(기사)가 새로이 채워진다. <표 12>의 오디오난이다. 아직은 간단한 메모 형식이다. **"올해 합격의 문은 더욱 육중해져…"** 숫자 하나 없지만, 메시지가 명징하다. 이어 긴장감도 '툭' 던진다. **"한창 서류 전형 중인 이 회사."**

도입부 마지막 그림(#6~#7)은 구체적인 전형 광경이다. 아크인 등 화면도 동적이다. 이와 어울릴 이야기 한 줄 정도, 파괴력 있게 넣어보자. 마침 섭외 과정에서 취재된 팩트(Fact: 사실)가 하나 있었다. '경쟁률 200:1'이다. <표 12> 오디오난에 쓴다. **"문 두드린 200명 중 겨우 1명에게만 열어 줄 예정."** 금방 느껴진다. **"청년 실업 엄청나군"** 시퀀스 2에 있는 '야마'로 간결하게 이끈다. 리포트 도입(導入: Introduction) 메시지가 마무리된다.

이어 인터뷰다. 빨간 펜 역할이다. 도입부 메시지들을 '밑줄 짜~악' 쳐 준다. **"누군가는 떨어뜨려야 하는 입장이지만, 숙고에 숙고를 거듭할 수밖에 없어요. 너무 안쓰러워서…"**

■ 구성의 흐름... 기(起) - 승(承) - 전(轉) - 결(結)

다음 과제는 흐름이다. 2장에서 우리는 편의상 '기(起) - 승(承) - 전(轉) - 결(結)' 구도를 썼다. 호흡이 짧은 리포트구조에도 잘 맞다. 우선 리포트의 일반적인 구조부터 간단히 살펴보자.

● 리포트 구조: 구성 요소별 길이

1분 미만 리포트도 있다. 시청률 경쟁이 치열할 때 얘기다. 2분 넘게 제작할 수도 있다. 보통은 1분 20~30초 정도다. 일종의 표준화된 길이랄까?

리포트에서 가장 긴 부분은, 목소리로 낭독될(voice-over) 기사다. 문장으로 환산하면, 7문장~8문장 정도다. 스탠드업은 보통 10초 내외, 짧은 문장 2문장 정도다. 인터뷰는 보통 개당 10초다. 한 리포트에 2개 정도 들어간다.

짧은 의견 제시 인터뷰라면 개당 5초 정도도 있다. 2~3초짜리 초미니 인터뷰도 있다. 인터뷰라기보다는 이펙트(Effect) 성이다. 예를 들면, 주말 산행 스케치 리포트의 "야호" 소리 같은 거다. 산행팀별로, "야호" 소리를 따서 붙인다. 각자 느끼는 산행의 즐거움을 드러내는 수단이다.

순수 그림 구성도 삽입할 수 있다. 그림이 좋을 때다. 그림과 소리만으로, 메시지를 전달한다. 이 부분엔 기사가 필요 없다. <표 12> 첫머리 부분도 이에 해당한다. 그림은 #1~#3, 소리는 전형 위원 간의 대화 이펙트였다. 이펙트가 기사를 대신했다.

순수 그림 구성 비중은 리포트마다 다르다. 생생하다면, 다다익선

(多多益善)이다. 아예 그림 구성만으로 리포트 할 수도 있다. 비중이 높을수록 TV적(的)이다.

● 기(起): 도입(導入: Introduction)

이같은 구조를 만들어 나가는 게 구성이다. 기(起)가 첫 단계다. 한자의 뜻 그대로, '일어서는' 단계다. 일어서려면 힘이 필요하다. 힘 있는 그림이 들어가야 한다. '첫 그림'이다.

기(起)에선 스토리텔링도 일어선다. 시작 단계다. 사례다. 취준생 개인 사례는 섭외에 실패했다. 대신 기업체 전형 상황실을, 취업 시장 상황의 실사례로 택한 것이다. 이걸로 야마까지 안내(Introduction)를 시작한다. 다른 말로, 도입(導入: Introduction)이다. 기(起)는 도입부다.

<표 12>의 기(起)는 특징이 있다. 궁금증을 계속 이어간다. ① '첫 그림+첫 이펙트 구성'이 시작이다. ② 기사 - ③ 기사 - ④ 기사 - ⑤ 인터뷰로 넘어가며, 긴장을 유지시킨다.

● 승(承): 사례 강화, 이야기 본격 전개

승(承)도 한자어 뜻 그대로다. 기(起)를 '이어받아'(承) 이야기를 전개해 나간다. 기(起), 즉, 도입부의 목적지는 야마다. 기(起)를 '이어받아'(承), 곧바로 야마에 도달할 수도 있다. <표 12>까지는 그렇게 구성돼 있다. 이때 승이자 야마는 시퀀스 2다.

기(起)를 '이어받아'(承), 이야기를 더 전개할 수도 있다. <표 12>의 승을 아래 <표 13>과 같이 바꿔 봤다. 기(起)의 사례에 이어, 보다

<표 13> 승(承) 구성

시퀀스	Audio	Video ('#': 그림 덩어리 <Block> 표시)	Sound (소리)	Video 길이 (#별)
2 승 承	"올해 주요 기업체들 공채 패턴을 보면..."	#1. tilt down '취업 특강' 외부 팻말 (C.U.) ⇨	#N.S. 취업 특강 녹취	4~6초
	코로나로 좌석 줄인 취업학원도 전쟁 중. 경쟁률 높아져 그만큼 젊은이들 맘 초조.	#1-1 강의실 내부(M.S.)로	#Ch.2 전환 계속	2~3초
		#2. M.S. 수강생 그룹 샷		2~3초
	" .... "	대학생 1. 인터뷰		2~3초
	" ,,, ,,,,,,,,,,,,,,,,,,,,,,,, "	대학생 2. 인터뷰		5~6초
	" .... "	취준생. 인터뷰		4~5초
				총 19초 ~ 26초

포괄적인 사례로 받는다. 이야기의 영역을 넓혀, 일반화하는 것이다. 승에 있던 야마는 다음 시퀀스인 전(轉)으로 밀리게 될 것이다.

기(起)는 어느 기업체의 전형 상황실 사례였다. 승(承)에선 사례의 영역을 넓혔다. 취업 준비 학원이다. 일반 취준생들의 상황을 비춰준다. 보다 포괄적인 청년실업 현장이다. 섭외도 됐다. 그림도 (☆)표를 매겨 놨다.

◁ 청년 실업 진도(震度) 느낄, 그림 구성법은?

승에선 신(Scene: 장면)이 바뀐, 역시 <표 16>도 함께 보자. 이젠 취업학원 강의실이다. 플라스틱 팻말이 강의실 외부에 달려 있다. '20**년도 취업 특강' 클로즈업(C.U.)이다. 이 팻말을 보고 있는데, 소리(이펙트)가 들린다. **"올해 주요 기업체들 공채 패턴을 보면..."** 또, 궁금해진다. 이 소리를 찾아가 보자. 팻말에서 틸트 다운(tilt down)한다. 강의실 문이 열려 있다. 소리의 주인공은 취업 강사다. PPT용 스크린과 화이트보드를 바지런히 오간다. 에너지가 느껴진다. 그림 사이즈는 미디엄 샷(M.S.)으로 조절돼 있다.(<표 16> '승'의 스토리보드 #1)

다음은 강사를 바라보는 학원생들의 리액션 샷(Reaction Shot)이다. 같은 사이즈다. 에너지의 강도가 다르다. 절박함이다.(동시 참조: <표 16> '승'의 스토리보드 #2)

취업학원 강사의 강의 소리(이펙트)로부터 시작했다. 소리 따라 들어가 본 강의실 내부. 이 그림 위에 줄거리가 메모된다. <표 13>의 오디오난이다. "코로나로 좌석 줄인 취업학원도 전쟁 중. 학원 등록 경쟁률은 오히려 높아져" 청년 실업의 진도(震度)가 느껴진다.

◁ **화법(話法)은 짧게, 단도직입적으로**

승(承)의 이야기도 짧게 두 문장이다. 마지막 문장은 단도직입(單刀直入)이 좋겠다. **"그만큼 젊은이들 맘 초조."** 이렇게, 청년 실업은 '사회적 위기'가 된다. 일반화다.

여기서도 인터뷰가 '밑줄 쫘~악' 쳐 주면 좋겠다. 가능하면 현장의 소리를 많이 듣자. 세 개까지 잡아뒀다. 개당 길이는 짧게 가져간다. 앞서 설명한 2~5초 내외의 '미니 인터뷰'들이다. 젊은이들 말은 짧고, 신선하다. 체감어들이 나올 것이다. 승(承) 역시 그림·

이펙트 구성 - 기사 - 기사 - 기사 - 인터뷰 형태로 짜봤다.

● 전(轉): 사실적 언어로 전환... 객관화, 심화(深化)

전(轉)은, 전환(轉換), 반전(反轉), 다른 관점에서 보는 것이다. 지금까지 이 리포트를 풀어 나온 관점은 이야기였다. 이제는 사실적 언어로 전환(轉換)할 시점이 됐다. 통계의 사실적 언어는 숫자다. 이 리포트의 기둥이다. 지금까지 풀어온 이야기를 객관화한다. 딱딱함만 없다면, 오히려 깊이를 더한다. 이른바, 심화(深化)다. 리포트의 야마가 됐다. 반전(反轉)이다.

◁ 중요한 말은 쉽게, 스탠드업으로

"일하고자 하는 젊은이, 14명 가운데 1명은 실업자" 리포트의 야마다. 숫자지만 쉽다. 이런 중요한 말은 기자가 얼굴을 드러내며 전하면 힘이 있다. 스탠드업(stand up)이다.

<표 14>를 보자. **"이같은 노력에도, 지난달 15세에서 29세 사이 청년 실업자 수는 35만을 넘어섰다고 통계청이 밝혔습니다. 일하고자 하는 젊은이, 14명 가운데 1명은, 실업자라는 풀이입니다."** 완성된 문장으로 만들었다. 스탠드업은 현장에서 완성하고 와야 한다. 이 스탠드업은 승(承)까지의 내용을 전(轉) 이후와 연결해 준다. 다리(bridge) 역할이다. 이런 유형의 스탠드업을 '브릿지(bridge)'라고 한다. 스탠드업은 4장에 별도로 상세히 다룬다.

◁ 숫자의 마력(魔力): 객관화, 심화(深化)

"청년 실업률 7.3%" 앞의 스탠드업 내용을 받아, 숫자로 객관화했다. **"지난 8월과 9월 6%대로 떨어지며, 잠시 주춤했던 것이 다시**

오름세로 돌아선 겁니다." '청년 실업률 7.3%'의 의미를 심화(深化)

분석했다. 이 정도가 이번이 처음인지? 그동안 어땠는지? 더 들어

간 것이다.

<표 14> 전(轉) 구성

시퀀스	Audio	Video ('#': 그림 덩어리 <block> 표시)	Sound (소리)	Video 길이 (#별)
3 전 轉	이같은 노력에도, 지난달 15세에서 29세 사이 청년 실업자 수는 35만을 넘어섰다고 통계청이 밝혔습니다. 일하고자 하는 젊은이, 14명 가운데 1명은, 실업자라는 풀이입니다.	#1. 기자 스탠드업 - 첫 컷: 인서트 (게시판 C.U.) - 배경: M.S. 취업 게시판 - 기자: M.S. ⇨ B.S.(Z.I.) 첫 시선: 게시판 ⇨ 카메라로 전환	# 현장 핸드 마이크	11초
	(C.G.1), 청년 실업률 7.3%, 지난 8월과 9월 6%대로 떨어지며 잠시 주춤했던 것이 다시 오름세로 돌아선 겁니다. (C.G.1)	#2. 그래픽 1.	# 현장 핸드 마이크	10초
	(C.G.2), 특히 실업자 수 증가로 볼 때, 이른바, '사오정' 세대로 불리는 40대와 이른바, '30대 정년' 세대라는 30대를 능가하며, 20대가 가장 급격히 늘어났습니다. (C.G.2)	#3. 그래픽 2		10초 총 31초

심화(深化) 분석은 계속된다. **"특히 실업자 수 증가로 볼 때, 이른바, '사오정' 세대로 불리는 40대와 이른바, '30대 정년' 세대라는 30대를 능가하며, 20대가 가장 급격히 늘어났습니다."** '세대 간 비교'다. 딱딱했던 숫자가 친절해졌다.

◁ 스탠드업, 앞뒤 샷, 튀지 않게

다음은 이를 지탱할 그림이다. 전(轉)은 스탠드업으로 시작했다. 사이즈가 미디엄(M.S.)으로 시작한다. 바로 앞 인터뷰 샷과 크기가 비슷해진다. 둘 다 얼굴이고 원 샷(One-Shot)이다. 바로 붙이면 자칫 튄다. 해법은 인서트(insert) 샷이다. 스탠드업 첫머리에 삽입(insert)한다. 게시판 클로즈업(C.U.) 한 컷 정도? 이 컷은 취업 게시물을 보여준다. 뒤에 나올 취업 게시판 배경과 자연스레 연결(bridge)된다. (동시 참조: <표 16> '전'(轉) #1의 첫 컷)

◁ 스탠드업 구상은 창의의 영역

스탠드업은 <표 14>, <표 16>처럼 무난하게 구성했다. 기자가 게시판을 바라보며 말을 시작한다. 미디엄 샷(M.S.)이다. 자연스레 몸을 돌려 시청자를 본다. 이때 카메라가 줌 인(zoom in)한다. 버스트 샷(Bust Shot), 즉, 미디엄 클로즈업(M.C.U.)까지 들어간다. 주로 주제와 등장인물에 집중시키는 샷이다. 기자 사이즈가 커진다.(<표 16> '전'(轉) #1의 2, 3번째 컷)

◁ 숫자와의 승부는 그래픽으로

스탠드업을 끝내고 나니, 숫자와의 정면승부다. 이럴 때 쓰는 보도(寶刀)가 있다. 그래픽이다. 강점은 형상화(Imagery)다. 숫자 개념을 눈에 보여준다. 상징화(Symbolization)도 있다. 숫자의 의미를 상징적으로 보여준다. <표 14>에 그래픽 처리 표시를 해둔다.

◁ **현장에서 소리 읽어 오기, 소리도 튄다**

<표 14>에 보면 '현장 핸드 마이크'로 표기된 게 있다. 현장에서 핸드 마이크로 소리를 낭독해 온다는 것이다. 스탠드업은 물론, 전(轉)의 나머지 기사 모두까지다.

5장에서 다루겠지만, 방송 마이크는 여러 종류가 있다. 뉴스 현장에서는 핸드 마이크를 주로 쓴다. 소리가 깨끗하게 채취되고 안정적이다. 회사로 돌아가면 스튜디오 녹음이다. 마이크 종류가 달라진다. 당연히 음색과 음질에 차이가 생긴다. 현장에서 함께 다 읽어 오는 게 맞다. 스탠드업 뒤에 올 기사도 엠바고 자료 내용이다. 이미 확정된 것이다. 완성형으로 기사를 미리 쓸 수가 있다. 구체적으론, <표 14>의 그래픽 표시해 둔 기사들이다.

전(轉)은 ① 스탠드업 - ② 기사 - ③ 기사로 구성돼 있다. 내용도 사전에 확정됐다. 길이가 비교적 정확히 예상된다. 스탠드업 11초 정도, 나머지 두 문장은 합해서 20초 정도다. 31초다. 지금까지의 흐름 중 가장 길다. 야마가 포함된 핵심 기사기 때문이다. 객관화와 심화(深化)까지 거쳤다. 리포트의 기둥 부분이다. 강약 리듬 중 가장 강한 강세가 주어진 곳이다.

● **결(結): 최종 분석, 전망, 대책... 간결함과 여운**

결(結)은 최종 분석이다. 앞으로 어떻게 될지, 전망할 수도 있다. 대책도 제시할 수도 있다. 중요한 건, 간결해야 한다는 것이다.

'기 - 승 - 전'까지 정보와 메시지를 던졌다. 결에서 이를 한데 모아

<표 15> 결(結) 구성

시퀀스	Audio	Video ('#': 그림 덩어리 \<Block> 표시)	Sound (소리)	Video 길이 (#별)
4 결 結	"당장 채용 변화도 커요. 기업 들이 수시 모집을 선호하기 시작했거든요"	#1. 취업 정보 분석가 인터뷰	인터뷰	8~10초
	무엇보다, 반도체처럼 대규모 인력 불필요한 산업 구조로 변화 중.	#2. 반도체 공장 외경 (F.S.) ⇨ 내경(M.S.) ⇨ 반도체 웨이퍼 (C.U.)	자료 그림	5초
	대응 시급하다는 시각. *** 뉴스 OOO입니다.	#3. 걷는 다리들(M.S.) 노량진 학원가 배경 취준생 인파 실루엣 (F.S.)	자료 그림	5초
				총 18~20초

묶는다. 한 귀에 알아들을 수 있어야 한다. 여운도 필요하다. 감성만을 뜻하는 게 아니다. 여백이다. 리포트는 주의, 주장이 아니다. 분석과 전망 대안 제시 등을 하되, 유연하게 여백을 둘 필요가 있다.

◁ **결(結)로 남길 것은? 두 가지 질문**

이 리포트는 통계 리포트다. 여운 남길 만한 감성적 측면은 '0'이다. 그럼 뭘 남길 것인가? 전(轉)까지 나온 게 **"청년 실업 엄청나다"**였다. 당장 생각나는 질문은 두 가지다. **"왜 그런가?"**와 **"앞으로 이 상황이 계속 갈 것인가?"** 하는 것이다.

사실 이 두 질문만으로도 별도 리포트를 만들 수 있다. 그러나 리포트는 압축하는 것이다. 어떤 식으로든 소화해야 한다. 이때 쓸 수단 중 하나가 전문가 인터뷰다. 두 개나 확보해 뒀다. 하나는 채용시장 변화 분석이다. 단기적으로 매우 중요한 포인트다.

하나는 관련 연구원의 분석이다. 보다 근본적이다. 특히 마지막 말이 인상적이다. **"비슷한 대학 교육을 받은 범재(凡才)의 대량 공급 시대는 갔다"** 인터뷰로 딱 떨어진다.

◁ **의외의 선택? 기준은?**

하나는 인터뷰로, 하나는 기사로 소화하면 된다. 인터뷰는 채용 시장 변화 분석을 쓰기로 했다. 아니, 연구원의 인터뷰가 딱 떨어진다고 해놓고선? 왜?

너무 딱 떨어져서다. 역설이다. 인터뷰만으로 쓰기엔 아깝다. 신뢰도와 무게가 있다. 특히 장기적 관점이 있다. '대응책 마련'을 화두로 던졌다. 결어(結語)로 적합하다. 기사로 풀어쓰는 게 낫다. 채용 시장 변화 분석은 이 정도 무게감은 없다. 대신, 바로 앞까지 전개된 기사와 아귀가 맞다. 청년 실업의 단기적 원인이다. 취업시장 현장을 지켜보는 이의 목소리기도 하다. 결(結)의 구성은 <표 15>와 같이 정리됐다. 구조는 '인터뷰 - 기사 - 기사'다.

◁ **자료 그림, T.P.O. 맞으면 훌륭한 대안**

마지막 그림은 고민을 많이 했다. 원래는 구직상담센터 그림으로 마무리하려 했다. 이미 촬영 섭외까지 해뒀다. 문제는 시간이다. 촉박해졌다. 이동 동선(動線)이 길다. 그림 내용도 마지막 기사와 맞춤형은 아니다. 대안을 택했다. 자료 그림이다.

현장성만 지선(至善)이 아니다. 특정 주제와의 궁합도 중요하다. 자료 그림의 강점이다. 어중간한 현장 그림보다 낫다. 앞서 2장의 구성 수단 리스트에도 당당히 올라가 있다. 중요한 건 T.P.O.(Time, Place, Occasion: 시간, 장소, 경우)다. 이게 맞으면, 훌륭한 대안이 될 수 있다.

<표 15>와 같이 붙였다. 반도체 공장 내외경 ⇨ 노량진 취업학원가 스케치 순이다. 노량진 그림은, 불특정 다수의 '걸어가는 다리들'로 시작했다. 일종의 브릿지 컷 역할을 한다. 반도체 공장 그림에서 자연스레 넘어온다. 무엇보다 호기심과 여운이다. 이 다리들의 주인공들이 마지막 컷에 드러난다. 취준생 인파다. 나름 여운을 남긴다.

■ 나만의 사전 구성안, 작성 팁

리포트 사전 구성안은 정해진 양식이 없다. 각자의 손에 맞게 적절히 만든다. A4 용지나 메모지 한 장 정도? 자신만 아는 메모나 기호로 표시하는 정도다. 나만의 사전 구성안이다.

참고로, <표 12>~<표 15>를 되새겨 보자. '시퀀스 - 오디오(Audio: 기사 윤곽) - 비디오(Video: 그림) - Sound(소리) - 길이'로 구성돼 있다. 이 정도면 괜찮다. 사람마다 입맛이 다르다. '뭣이 중헌디?' 내게 물어보자. 버릴 건 버린다. 부족한 건 없나 본다.

나만의 사전 구성안, 나만의 창(槍)을 다듬어 가는 요령을 정리해 본다.

● 초년병 필수, 중견 선택 사안

◁ **시퀀스 표시:** 여러모로 유익하다. "호흡도 짧은 리포트에 나눌 시퀀스가 몇이나 된다고?" 싶을 수도 있다. 샷(Shot) - 신(Scene) - 시퀀스(Sequence)는 그림의 흐름과 뼈대를 잡아준다. 깁스(Gips) 같은 것이다. 깁스는 초기에 부착한다. 안정되면 제거한다. 방송 초년병에게 시퀀스 표시는 깁스다. 노련해지면 모르겠다. '초년병 필수, 중견 이상 선택'이다.

◁ **오디오**(기사 윤곽) **메모:** 그림이 먼저긴 하다. 메모로 짧게 적어두면 효율적이다. <표 15>까지 계속 적어왔다. 그림 논의할 때, 이해를 돕는다.

● 그림지도(地圖)는 상세해야

<표 12>~<표 15>의 공통점이 있다면? 그림 표시다. 구체적이다. '어떤 내용, 어느 장소'는 기본이다. 샷(Shot), 즉, 그림 크기와 카메라 움직임도 메모했다. <표 12>의 그림 덩어리(Block) #6엔 짧은 메모가 추가돼 있다. 카메라 움직임에 따른 피사체(전형 위원들)의 모습이다. <표 14>에선 스탠드업 기자의 시선 변화도 써넣었다. 실전에선 시간이 부족해 많이 생략될 수 있다. 또 숙달되면 메모를 줄일 것이다.

사전 구성안은 그림지도다. 촬영기자와 공유한다. 구체적이면 의사소통이 빨라진다.

● 그림은 소리로 보는 것... Ch.2, 신경 써야

'그림이 중요하다'고 할 때 그림의 개념은? '소리와 합쳐진 그림'이다.

음원(音源), 즉, 소리의 원천을 표시하면 좋다. '전형 위원들 간의 대화', '취업특강 녹취'하는 식이다.

리포트의 소리는 두 종류다. 그림에 소리가 녹음되는 통로(Channel)도 둘씩 있다. 두 종류의 소리는 통로별로 따로 녹음된다. 이른바, '채널 원'(Channel.1: 약칭 Ch.1)과 '채널 투'(Channel.2: 약칭 Ch.2)다. '채널 원'에는 기자의 기사 낭독(voice-over), 인터뷰 등 리포트의 주 메시지가 녹음된다. 주 음원(主音源)이다.

주 음원(主音源) 못지않게 중요한 게 배경음(背景音)과 현장음이다. '채널 투'(Ch.2)에 녹음된다. 그림에 생기를 준다. 없으면 죽은 그림이라 할 수 있다. 있더라도 균일하지 않으면, 튄다. 1장에서 예를 들었다. 백화점 그림을 잘라 붙이다 보니 배경음이 툭툭 튀는 경우다.

<표 12>를 보면, 배경음(Ch.2)에 대한 특별한 주문이 있다. 전형 위원들 간의 대화 내용이다. 처음엔 리포트를 여는 이펙트로 쓴다. 주 음원(Ch.1)이다. <표 12> 오디오난에 그 부분이 들어 있다. 주문의 요지는, 이 내용만 달랑 끊어 넣지 말라는 것이다. 이후 이어질 대화 내용을 뒤 그림에 계속 넣어 달라는 것이다. 배경음(Ch.2)으로 전환해서, 조금만 더.

뒤 그림과의 연결을 위해서다. <표 12>에서 주 음원(Ch.1)에 넣어 소화할 이펙트 길이는 10초 안쪽으로 가늠된다. 'Video 길이'난에서 보니, 그림 #2까지다. 전형 상황실 롱샷까지다. 여기서 끊어버리면, 뒤 그림 #3과 단절된다. 뒤 그림 #3 역시 전형 상황실의 일부다. 장소가 같다. 여기도 전형 위원들이 있다. 계속 말하고 있다. 뒤 그림부터 이들의 대화 소리가 갑자기 툭 끊긴다면? 부자연스럽다. 그림이 툭

튀는 느낌? 그림은 소리로 본다.

전형 위원 간 대화는 넉넉히 녹취해둬야 한다. 주 음원(Ch.1)에 넣어 소화할 이펙트 부분만 달랑 녹취해선 안 된다. 이런 것까지 챙기는 섬세함이 필요하다. <표 12>처럼 사전 구성안에 미리 표시해 두는 것이다. 촬영기자가 기억하기 쉽다. 배경음을 길게 확보할 것이다. 물론 촬영기자는 전문가다. 파악하겠지만, 만사 불여튼튼이다. 같은 주문이 <표 13>에도 있다.

● 스토리보드(Storyboard)는 어때요?

사전 구성안에 아예 그림을 넣어보면 어떨까? 진짜 그림(picture)이다. 만화건, 스케치 형식이건 실제로 그려(draw) 넣어보자는 거다. 이른바, 스토리보드(Storyboard)다.

◁ '이해 - 소통 - 사전 공유' 툴박스(Toolbox)

... Director Bong's '디테일'의 원천

원래는 애니메이션 업계에서 나온 것이다. 복잡한 전체 스토리를 공유하기 위한 수단이었다. 빈 벽면에 주요 장면별로 스케치를 전시했단다.[8] 그래서 스토리(Story)보드(Board)다. 제작 담당자들 간에 역할 분담이 가능해졌다. 이게 영화계로 이어졌다. 주요 장면을 사전에 간단한 그림으로 그리기 시작했다. 촬영 전에 제작진과 소통을 위해서다. 구체적 영상구상을 제시하는 것이다. 영상

---

8   위키백과, 『스토리보드』 https://ko.wikipedia.org/wiki/%EC%8A%A4%ED%86%A0%EB%A6%AC%EB%B3%B4%EB%93%9C(2022.4.7)

제작진 간 이해 - 소통 - 사전 공유의 툴박스(Toolbox)다.

영화 기생충으로 명장(名匠) 반열에 오른 봉준호 감독. 이 스토리보드에 철저하다. 직접 그리는 걸로 유명하다. 작은 소품부터 제목 위치까지,[9] 인물의 동작선부터 동선까지[10] 정확, 정밀하다는 평이다. '디테일의 천재'란 찬사엔 이유가 다 있었다. 그만큼 시간이 절약된다. 완성도는 물론이다. 스토리보드로 제작진들과 사전에 호흡을 맞춰놓았기 때문이다.

◁ 뜬금없이 왜?

방송사의 경우 스토리보드가 영화계만큼은 친숙하지 않아 보인다. PD라고 다 만드는 것도 아닌 것 같다. 기자는 거의 '0%대'라 장담할 수 있다. "그렇다면 뜬금없는 것 아닌가?" 싶을 것이다. 스토리보드 얘기를 꺼낸 데는 이유가 있다. 우선, 필자의 경험이다.

물론 본격 스토리보드는 아니었다. 그런 개념조차 없었으니까. 나만의 사전 구성안 옆에 끄적여 둔 낙서 정도? 그것도 가끔, 일부분에 불과했다. 어려워 뵈는 그림 구상 정도였다. 나름 정리해 보려 시작한 버릇이다. 제작진과 공유는 생각지도 않았다. 그런데 도움이 됐다. 스스로에게다. 정리가 되는 것이다.

실무를 하다 보면, 시간이 촉박하다. 필자의 경우, 그래도 '낙서 버릇'은 버리지 못했다. 습관은 중요하다. 기초 공사다. 다양한

---

9 정지민, 「'한밤' 봉준호 금의환향 집중 보도…영화사 기록된 거장의 스토리보드 소개」, 『스포티비뉴스』, 2020.02.19, http://www.spotvnews.co.kr/news/articleView.html?idxno=345425
10 위 기사

구성 훈련 차원이다.

◁ **낙서 수준이면 OK!**

스토리보드는 문해(文解: literacy), 즉, 글로 이해하는 게 아니다. 억지로 말을 만들자면, 화해(畵解: pictorial literacy)다. 그림으로 이해하는 것이다. 이게 강점이다. 손에 잡힌다. 만화가나 화가가 될 필요가 없다. 낙서꾼(doodler)이면 족하다. 개념 정리용 그림 낙서(pictorial doodling)다. 사전 구성안 극히 일부에만 적용한다. 복잡한 그림 덩어리나, 시퀀스 같은 것이다.

■ **스토리보드 적용, 사전 구성안 완성**

<표 12>~<표 15>를 이어 붙였다. <표 16>과 같다.[11]

사전 구성안이 완성됐다. 스토리보드를 시퀀스 1~3에 적용했다. 시퀀스 1에선, 대상 그림 덩어리(block)가 #1~#7이다. 시퀀스 2에서 스토리보드 #2는, 스토리보드 #1에 대한 리액션 샷이다. 수강생 정면 예상 샷이다. 시퀀스 3에서는 스탠드업을 3개의 컷으로 순서별로 그려놓았다. 기자의 시선 변경과 줌 인 표시, 줌 인 이후 바뀐 그림 구도를 알기 쉽게 정리해 보려는 것이다.

옆에는 그림 사이즈 변화(C.S. ⇨ M.S. ⇨ B.S.)도 부기했다. 이로써 **'취재'**(현장 취재)하러 달려 나갈 창(槍)이 준비됐다.

---

11   편의상 '시퀀스'와 '길이', 'Sound (소리)'난을 생략했다. 이 자리에 '스토리보드'난을 넣었다. 시퀀스 번호와 '기 - 승 - 전 - 결'은, 'Video'(소리)난 각 하단에 표시해뒀다. 길이는 'Video'난에 부기했다.

■ 선택형 세트 메뉴들

앞서 2장에서, 사전 구성안의 세트 메뉴가 있었다. 촬영 구성안이다. 구성안에서 그림 부분만 별도로 추려 정리하면 된다. 촬영할 그림의 샷과 앵글, 카메라 움직임 등을 표기한다. 리포트 제작에 적용할 수는 있다. <표 16>을 기준으로 보자, 'Video'와 '스토리보드'만 추려낸다. 이를 표로 재정리한다. 촬영 구성안이다. 다만, 실용성이 있느냐는 것이다.

뭣보다 리포트는 길이가 짧다. 사전 구성안이면 충분하다. 제작 시간도 촉박하다. 나만의 사전 구성안 만들기도 버겁다. 굳이 따지라면 선택형 세트 메뉴다.

다음은 취재 시간 관리다. 사전 구성안을 취재 시간 기준으로 짜볼 수 있을 것이다. 필자의 경우, 사전 구성안에 간단히 일정을 메모해 두는 방식을 썼다.

취재 장소도 관리해야 한다. 예를 들어, 내비게이션으로는 분명히 도착했다. 실제로 주소나 간판도 맞다. 그런데 그런 사람 없단다. 웬일? 그제야 전화해 본다. 만나야 할 취재원이 허탈한 듯 웃는다. "기자님도 그리로 가셨군요. 동명이소(同名異所)거든요. 거길 꼭 들렀다 오시더라고요." 자세히 보니, 주소가 맞는다고 '생각'(정확히는, 착각)했을 뿐이다. 간판만 같았다. 바쁜 김에 간판 이름만으로 구글링(Googling)을 한 대가다.

그 대가치곤 너무 세다. 갈 곳이 극점(極點)이다. 이 정도면 민폐다. 나 혼자 일하는 게 아니기 때문이다. 취재 장소 관리 중요하다. 취재 시간 관리까지 한 번에 무너질 수 있다. 참 이상하다. 방송은 사소한 데서

<표 16> 스토리보드 적용 사전 구성안

Audio	Video ('#': 그림 덩어리 <Bblock>)	스토리보드 (Storyboard)
"이 사람, 3년 연속 이네요."	#1. 전형 상황실 (3초 내외) 철제(鐵製) 출입문, '입사 전형 중' 팻말, 문 좀 열어둠 (F.S./M.S.)	
"아... 혹 그 사람? 제가 작년 처음 전형 심사 맡았을 때 봤던.." (10초)	#2. dolly in (4~6초)	
올해 합격의 문은 더욱 육중해져.	#3. L.S. 전형 상황실 (2~3초)	
한창 서류 전형 중인 이 회사. 문 두드린 200명 중 겨우 1명에 게만 열어 줄 예정.	#4. C.U. 위원장 (2~3초)	
	#5. M.S 작업대 오른쪽 (2~3초: 전형 위원 2~3명)	
	#6. arc in 작업대 따라 (4~6초: 위원들 얼 굴 지나감)	
	#7. arc 멈춤 (2초: 적정 지점)	
"누군가는 떨어뜨려 야 하는 입장이지만, 숙고에 숙고를 거듭 할 수밖에 없어요. 너무 안쓰러워서..."	#8. 인터뷰: 전형 위원 (10초)	
	시퀀스 1. 기(起)	

Audio	Video ('#': 그림 덩어리 <Bblock>)	스토리보드 (Storyboard)
"올해 주요 기업체들 공채 패턴을 보면…"	#1. tilt down (4~6초) '취업 특강' 외부 팻말(C.U.)	
코로나로 좌석 줄인 취업학원도 전쟁 중.	#1-1. ⇨ 강의실 내부 (M.S.)로	
경쟁률 높아져 그만큼 젊은이들 맘 초조.	#2. M.S. 수강생 그룹 샷 (2~3초)	
" …………… "	대학생 1. 인터뷰 (2~3초)	
"…………… …………… "	대학생 2. 인터뷰 (5~6초)	
" …………… ………………"	취준생. 인터뷰 (4~5초)	
	시퀀스 2. 승(承)	

Audio	Video ('#': 그림 덩어리 <Bblock>)	스토리보드 (Storyboard)
이같은 노력에도, 지난달 15살에서 29살 사이 청년 실업자 수는 35만을 넘어섰다고 통계청이 밝혔습니다. 일하고자 하는 젊은이, 14명 가운데 1명은, 실업자라는 풀이입니다. (cg.1), 청년 실업률 7.3%, 지난 8월과 9월 6%대로 떨어지며 잠시 주춤했던 것이 다시 오름세로 돌아선 겁니 다.(cg.1) (cg.2), 특히 실업자 수 증가로 볼 때, 이른바, '사오정' 세대로 불리는 40대와, 이른바, '30대 정년' 세대라는 30대를 능가하며, 20대가 가장 급격히 늘어났습니다.(cg.2)	#1. 기자 스탠드업 (11초) 　- 첫 컷: C.U.취업게시물 　- 배경: M.S. 취업 게시판 　- 기자: M.S. ⇨ B.S.(Z.I.) 　첫 시선: 게시판 　⇨ 카메라로 전환 #2. 그래픽 1 (10초) #3. 그래픽 2 (10초) **시퀀스 3. 전(轉)**	
"당장 채용 변화도 커요. 기업들이 수시 모집을 선호하기 시작했거든요." 무엇보다, 반도체처럼 대규모 인력 불필요한 산업 구조로 변화 중. 대응 시급하다는 시각. *** 뉴스 OOO...	#1. 취업 정보 분석가 　인터뷰 (8~10초) #2. 반도체 공장 (5초) 　외경(F.S.) ⇨ 내경(M.S.) 　⇨ 반도체 웨이퍼(C.U.) #3. 걷는 다리들(M.S.: 5초) 　노량진 학원가 배경 　취준생 인파 실루엣(F.S.) **시퀀스 4. 결(結)**	

낭패를 만난다. 사소한 걸 사소하게 볼 수가 없다.

■ 사족(蛇足)

처음엔 되도록 <표 16>처럼 정리된 양식이 좋을 것이다. 숙련되면, 나만의 양식이 나온다. 분량도 준다. A4 용지 한 장 정도? 중요한 건, 내가 정리되는 것이다. 그래야, 나와 함께 할 동료 제작진들도 이해할 것이다.

또 하나는, 사전(事前) 구성안일 뿐이라는 것이다. 사후(事後) 수정안의 개명(改名) 전(前) 이름이다. 언제든지 수정, 보완될 수 있다. 유연성과 대비가 필요하다.

사전 구성안은 현장 취재('취'재)를 위한 지도다. 이제 현장으로 달려나갈 준비가 된 것이다.

4장.
리포트
비기(祕技),
비기(祕器)

4장. 리포트 비기(祕技), 비기(祕器)

최전방 기초 취재('취재') 전선부터 승부처였다. 치열하게 돌파했다. 미로(迷路), 현장 취재('취재')에도 대비했다. 구성의 고지로 올라가, 맞춤지도를 얻은 것이다. 사전 구성안이다. 리포트 사전 제작(Pre-production)을 마쳤다.

1. 배반의 현장... 리포트 4부 능선

이제 겨우 4부 능선쯤 왔나? 리포트로 가는 이정표가 나온다. "여기서부터 (본) 제작(Production)"이란다. 그런데 낯이 익다. 현장 취재, **'취재'**다. 여태까지 준비해왔던 그거다.

낯이 익은 데 비하면 좀 서먹하다. 기초 취재('취재')와 성격이 완전 다르다. 잠시 잊었다. 쌍둥이지만 '이란성(二卵性)'이라는 걸. 난이도가 높다. 세 번째 승부처 시작이다.

■ 사전 구성안 vs. 현장, 그리고 배반

뭣보다 '**취**재'(현장 취재) 대상이 만만찮다. 현장이다. 예상했던 대로다. 미로(迷路)다. 살아 꿈틀거리기까지 한다. 물론 현장을 누빌 맞춤 지도는 갖췄다. 3장의 <표 16> 사전 구성안이다. 그러나 감안해야 할 게 있다. 이 지도의 독특한 씨줄과 날줄이다. 상(想)과 상(像), 상상(想像)이다. 확정된 게 아니란 얘기다.

이 씨줄과 날줄까지 만나니, 더욱 심히 움직이고 변할 수밖에 없다. 현장이, 사전 구성안에 완전 등을 돌리는 경우도 많다. 그쯤 되면, 배반(背叛)이다. 배반(背叛)의 현장(現場)이다.

● **워룸(War Room)의 배반**

이 리포트에서도 그랬다. 그것도 가장 비중이 큰 곳부터 '배반'이다. 전형 상황실이다. 리포트의 문을 여는 첫 그림이다. 흐름으로도 시퀀스 1, 기(起)다. 그림에 (★)표까지 매겨져 있었다. 기업체 측에선 워룸(War Room) 구조라고 귀띔까지 했었다.

일단 출입문은 맘에 들었다. 상상했던 대로, '육중' 그 자체다. 사내 방송 스튜디오다. 전형 기간만 빌린 듯하다. 스튜디오 문이니, 철제에다 방음까지. '입사 전형 중'이라는 두꺼운 플라스틱 팻말도 듬직했다. 흡족한 맘으로, 촬영기자와 함께 문을 열었다.

앗!!! 헐!!! 누가 먼저랄 것도 없었다. 허공(虛空)이다. 워룸(War Room)? 없었다. 천장만 '약속대로' 엄청 높았다. 더욱 허공(虛空)스러울 뿐이다.

멀리서 한 분이 걸어 나온다. '전형 위원' 신분증을 달고 있다. 기초 취재와 섭외 때 두 번 통화했었다. 그분 같다. 만면에 미소를

띠고. 여유롭다. 그래서 왠지 불안하다. **"저... '워룸(War Room)'은요? 워룸은... (안 보이는데요)..."** 웃음기 싹 가신 질문을 건넸다.

돌아온 답은 '듬뿍 미소'다. **"아, 예~ 맞아요. '워얼~래(원래)'는 여기가 사내 스튜디오죠."** '워룸(War Room)'을 '원래(原來)'로 알아듣는 이 허망함, 이건 뭐지?

워룸(War Room)이란 자기들끼리 부르는 말이었다. 작업대나 테이블 정도? 그나마 스튜디오 한편에 숨어있었다. 이쯤 되면 배반(背叛)이다. 워룸의 배반, 현장의 배반이다.

그래도 죄인은 방송기자다. 사전에 꼼꼼히 물어보지 않은 죄. 그림 좋다는 말, 그대로 믿어 버린 죄. 맘대로 (★)까지 준 죄. 리포트의 책임은 오롯이 방송기자 몫이다.

● 드러나는 배반의 현장

이곳뿐 아니었다. 현장이 심하게 흔들리고 있었다. 사전 구성안의 주요 내용들이다.

◁ **첫 그림에 이어 첫 이펙트까지 '흔들'**: 전형 상황실엔 워룸만 없는 게 아니었다. 위원들 간에 대화라곤 없었다. 모니터 보며 맡은 평가 부분 표시만 했다. 이를 취합해 종합 토의를 하지만 야밤이란다. 그나마 외부 공개가 안 된다. 한마디로 '절대 정숙' 분위기다. 사측에서도 이 분위기, 은근 선호하는 눈치다. 불필요한 오해를 막기 위해서다. 이거 낭패다.

첫 이펙트 후보가 전형 위원 간 대화였다. **"이 사람, 3년 연속이네요." "아... 혹 그 사람? 제가 작년 처음 전형 심사 맡았을 때 봤던..."**

이런 내용, 기대난망이다. 첫 그림 워룸에 이어, 첫 이펙트까지 엎어졌다. 첫 그림, 첫 이펙트는 리포트의 절반이라 했다. 심각하다.

◁ "그 인터뷰, 곤란한데요.": 전화로 통화할 때도 거리낌 없던 분이었다. 아까 마중 나온 전형 위원 말이다. 전형 위원 A라고 하자. 여유로운 목소리, 가벼운 웃음기. 게다가 진솔했다. **"누군가는 떨어뜨려야 하는 입장이지만, 숙고에 숙고를 거듭할 수밖에 없어요. 너무 안쓰러워서…"** 참 와닿는 말이었다. 인터뷰 후보로 찜해 뒀던 분이다.

예측하지 못한 데서 나타난다고 복병(伏兵)이다. 바로 이분이셨다. 막상 인터뷰를 요청하니, **"그 인터뷰 곤란한데요."** 긴장 모드로 돌변하신다. '떨어뜨리다'는 어감이 안 좋다는 것이다. 회사 이미지에 부정적이란다. 워룸 펑크에, 이젠 인터뷰까지. 웬 악연(惡緣)?

◁ "이거 찍으시는 거예여?": 취업 학원에 도착하니, 마침 쉬는 시간이다. 학원 관계자는, **"이미 다 말해 놓았으니, 촬영하시면 된다."**고 한다. 감사 인사 겸, 미리 강의실에 들어갔다. 강사님은 환영이란다. 방송 장비를 본 수강생들도 한두 마디씩 한다. **"이거 찍으시는 거예여?" "방송도 되나여?"** '카톡'체 어투들이다. 정겹다.

"네, 감사합니다. 협조해주셔서" 진심이었다. 그런데 돌아오는 말이, **"우리 협조한 적 없는데여?"**다. 알고 보니, 학원 관계자의 실수였다. 강사에게만 양해를 구한 것이다. 정작 수강생들은 모르는 상황이었다. 아까 쏟아진 질문들, 전혀 정겨운 뜻이 아니었던 것이다.

■ '배반의 미로' 탈출, 비기(祕器), 비기(祕技)

> "구성안은 끝없이 바뀐다. 현장 가서 확인한 결과(事後), 달라질 수 있다. 그래서 굳이 사전 구성안이라 부르기도 한다... 사전(事前) 구성안은, 사후(事後) 수정안의 개명(改名) 전(前) 이름이다."

예고됐던 일이다. 막상 맞닥뜨리면 패닉이다. 배반의 현장은 거대 미로다. 구성은 물론, 종국에는 리포트까지 실종된다. 탈출로를 찾아야 한다. 수정 구성안이다.

● 방송기자 머릿속엔 영상 편집기가 산다

비기(祕器), 즉, 비장의 무기가 필요하다. 방송기자 머릿속 영상 편집기. 쉽게 말해, '영상 대응능력'이다. 한 편의 리포트가 기획되는 순간부터, 자동 온(On)된다. 이후 제작의 매 단계마다, 열일을 한다. 그림을 붙이기도 자르기도 버리기도 한다. 즉각 대응능력이다.

'배반의 미로', 특징이 있다. 막판, 현장에서 정체를 드러낸다. 초읽기 상황이 된다. 손으로 수정 구성안 그리기란 언감생심이다. 머릿속 영상 편집기가 해야 한다. 그것도 즉각. 그래야 겨우 수정 구성안 퍼즐을 맞출 수 있다. 리포트 사활(死活)의 비기(祕器)다.

머릿속 영상 편집기는 취재 차 안에서 쉬지 않는다. 전체 구성 흐름을 수시로 점검한다. 구멍이 생겼다면 대안을 찾는다. 인터뷰 때도 돌아간다. **"음... 바로 여기서부터야... 여기까지... 컷... 딱 10초네"** 상대방은 모른다. 내 머릿속에선 이미 끝냈다. 머릿속 구성안에 고스란히 붙였다. 장황한 말이 계속되면, 다 잘라낸다. 추가 질문까지 준비한다. 이러니 비기(祕器)다. 이 비기(祕器), 다룰 줄 아는 게 비기(祕技)다. 비장의 기술이다.

● 비기(祕器)·비기(祕技)는 '축적(蓄積)의 시간'이 만든다

우리는 그림부터 배웠다. 제법 안다. 이를 토대로 제작이란 골조도 공부했다. 구성도 이젠 좀 이해가 된다. 리포트는 원론부터 여기까지 차근차근 쌓아 왔다. 그럼 비기(祕器)·비기(祕技) 장착은 시간문제다. 축적(蓄積)의 시간이 필요할 뿐이다. 응용과 적용, 반복 훈련이다.

BTS의 "Permission To Dance", 가끔 반복되는 아래 가사[1] 내용이 인상적이다.

...(앞부분 생략)...	
We don't need to worry	걱정할 필요 없어
'Cause when we fall we know how to land	떨어져도 착지법은 아니까
Don't need to talk the talk,	말, 말보다는,
just walk the walk tonight	뚜벅뚜벅 이젠 해보는 거야
'Cause we don't need permission to dance	춤추는 데 허락은 필요 없으니까.

---

1 출처: BTS 노래 "Permission To Dance"의 영어 가사 일부분. 본서에선 필자가 해당 부분을 번역해 봄. 한국음악저작권협회 홈페이지(https://www.komca.or.kr/srch2/srch_01.jsp)에는 ED SHEERAN, JOHNNY MCDAID, MAC STEVE, ANDREWS JENNA LAUREN A E 등이 작사·작곡(CA)에 참여한 것으로 나와 있음.(검색일: 2022.04.14. 검색어: permission to dance)

'야마'는 뭘까? 마지막 줄 아닐까? 이 노래의 제목(Permission To Dance)이 들어 있다. 춤춘다는 게 뭘까? 말 그대로 춤추는 것? 나름의 인생을 사는 것? 주어진 인생을 누리는 것? 천, 만 가지 해석이 가능하다. 공통점이 있다. 이 마지막 줄이 답한다. **"허락이 필요 없다 (We don't need permission to)"**는 것이다. 자유다. 춤도, 인생도 그 무엇도.

먼저 툭 한 마디 던진다. **"We don't need to worry"**다. 이거 도입 (導入, Introduction)이다. 기 - 승 - 전 - 결 중 기(起)다. 호기심과 궁금증이 생긴다. We don't need to worry? 뭘?

이 궁금증에 즉답하지 않는다. 다만, 한마디 툭 더 던진다. "떨어져도 착지법(how to land: 着地法)은 아니까"다. 넘어져도 다시 일어날 수 있다는 뜻? 곰곰 생각해야 겨우 알 듯 말 듯. 당장은 생뚱맞다. 기(起)에 이어(承), 궁금증이 한 줌 더해졌다. 승(承)이다.

"말, 말보다는(Don't need to talk the talk)..."에 이어 본론이 나온다. **"just walk the walk tonight"** 'walk the walk'가 참 오묘하다. "실제로 해 보다"는 뜻도 담겨있다. 의역하면, **"뚜벅뚜벅 이젠 해보는 거야"** 정도?[2] 제안처럼 들린다. "넘어져도 다시 일어날 수 있으니, 이젠 한번 해 보라" 스토리의 전환, 즉, 전(轉)이다.

마지막 줄은 이미 앞에서 다뤘다. 야마이자, 결론, 즉, 결(結)이다.

---

2   이 노래의 전후 맥락상, "오늘 밤은 그냥 춤추며 즐겨" 정도로 해석할 수도 있다. 자연스럽기도 하다. 그러나, 'walk the walk'는 중의(重意)적이다. "뚜벅뚜벅 이젠 그냥 해보는 거야"로 의역해봤다. '뚜벅뚜벅'은 'walk the walk'의 소리 맛을 살리기 위해 넣었다. 같은 맥락에서 "Don't need to talk the talk"의 해석도 "말, 말보다는..."으로 풀이했다.

전체 가사 중 겨우 일부분, 짧은 몇 줄에도 기 - 승 - 전 - 결이 다 보인다. 구성이다.

살펴보자. 이 구성을 파악해낸 도구 말이다. 2, 3장에서 만나지 않는 게 있는지? 할 일은, 응용과 적용, 반복 훈련이다. 축적(蓄積)의 시간이다. 비기(祕器), 즉, 머릿속 영상 편집기도 이 시간이 필요하다. 그걸 다룰 비기(祕技)도 마찬가지다. **"걱정할 필요 없어. 말, 말이 아니라, 이젠 뚜벅뚜벅 해보는 거야."** "Permission To Dance"는 아래와 같이 이어진다.[3]

... (앞부분 생략) ...

There's always something
that's standing in the way   언제나, 장애물은 있기 마련
But if you don't let it faze ya   거기에 겁먹지만 않는다면
You'll know just how to break   어떻게 헤쳐 나갈지 넌 알게 될걸
... (후략) ...

■ 비기(祕器)·비기(祕技) 가동... 수정 구성안

자, 이젠 '배반의 미로' 탈출이다. 머릿속 영상 편집기, 비기(祕器)를 이용해서다. 결과는, <표 1>이다. 왼쪽은 사전 구성안, 오른쪽이 탈출로

---

3   위 각주 1과 동일

<표 1> 사전 구성안 vs. 수정 구성안

사전 구성안		수정 구성안	
Audio	Video	Audio	Video
"이 사람, 3년 연속이네요." *"아... 흑 그 사람? 제가 작년 처음 전형 심사 맡았을 때 봤던..."*	#1. 전형 상황실 철제(鐵製) 출입문, '입사 전형 중' 팻말, 문 좀 ~~열어둠~~ (F.S/M.S.: 3초 내외) #2. ~~dolly in (4~6초)~~	이 육중한 문처럼 이 회사의 올해 취업문은 200명 중 겨우 1명에게만 열어줄 예정.	#1. 전형 상황실 철제(鐵製) 출입문 '입사 전형 중' 팻말 (M.S.: 2초) ⇨ 기자+전형 위원 A 문 열고 W.I. ⇨ tracking(3~4초)
올해 합격의 문은 더욱 육중해져. 한창 서류 전형 중인 ~~이 회사.~~ 문 두드린 200명 중 겨우 1명에게만 열어 줄 예정.	#3. L.S. 전형 상황실 ~~(2~3초)~~ #4. C.U. 위원장(2~3초) #5. M.S. 작업대 오른쪽 ~~(2~3초: 전형 위원 2~3명)~~ #6. ~~arc in 작업대 따라 (4~6초: 위원들 얼굴 지나감)~~ #7. ~~arc 멈춤 (2초: 적정 지점)~~	*"개그콘서트, 대학가요제, 전국 노래자랑 입상자에다, 웅변대회 장원까지 끼가 많은 이색 경력자들이..."*	*(전형 위원 A 말 시작: 이펙트성)* ⇨ *작업대 F.S.으로 pan (4초)* #2. 작업대 배경 *기자+전형 위원 투 샷 모니터 앞에 서서 숙어봄 (C.U.)*
"누군가는 떨어뜨려야 하는 입장이지만, 숙고에 숙고를 거듭할 수밖에 없어요. 너무 안쓰러워서..."	#8. 인터뷰: 전형 위원 (10초)	가려진 입사지원서 사이로도 튀어 보이는 특이 경력들. 좁은 문 열어보려는 청년들의 안간힘. *"전쟁이란 말로 부족하죠. 참 안쓰러워요. 이 정도면 다 한몫씩 할 텐데.. 선발 인원은 유한하고..."*	#3. 특이 경력 C.U. (flash cut 편집): 개그맨 입상, 대학가요제 입상, 전국 노래자랑 입상, 웅변대회 장원 *인터뷰: 전형 위원 B (모니터 너머 앉아서)*
	시퀀스 1(기: 起)		시퀀스 1(기: 起)
"올해 주요 기업체들 공채 패턴을 보면.." 코로나로 좌석 줄인 취업 학원도 전쟁 중. 경쟁률 높아져 그만큼 젊은이들 맘 초조. "............" "............ ...." "............ ...."	#1. tilt down(4~6초) '취업 특강' 외부 팻말 (C.U.) ⇨ 강의실 내부(M.S.)로 강단 칠판 강사 #2. ~~M.S. 수강생 그룹 샷 정면 (2~3초)~~ 대학생 1. 인터뷰 (2~3초) 대학생 2. 인터뷰 (5~6초) 취준생 인터뷰 (4~5초)	*"올해 주요 기업체들 공채 패턴을 보면.."* 코로나로 좌석 줄인 취업 학원도 전쟁 중. 경쟁률 높아져 그만큼 젊은이들 맘 초조. *"1당 4락이라잖아요?"* *"1학년 때부터 준비하면 되고, 4학년부터 하면 떨어진다는..."* *"한 번 붙으려면 4번 떨어져야 한다는..."*	#1. tilt down(4~6초) '취업 특강' 외부 팻말 (C.U.) ⇨ 강의실 내부(M.S.)로 강단 칠판 강사 #2. F.S. 강단 배경 수강생 그룹 뒷모습(2~3초) *대학생 1. 인터뷰(2~3초)* *대학생 2. 인터뷰(5~6초)* *취준생 인터뷰(4~5초)*
	시퀀스 2(승: 承)		시퀀스 2(승: 承)

(脫出路), 즉, 수정 구성안이다.[4]

● '워룸의 배반' 탈출: 우회로 뚫어, '첫 그림' 부분 복원

'워룸(War Room)의 배반'이 가져온 가장 큰 낭패는 첫 그림의 훼손이다. 육중한 철문 ⇨ 광대한 워룸 ⇨ 워룸 중심 원호형 동선 촬영 등이다. 동적이고 주목을 끄는 구성이었다. 달리(dolly)와 아킹(arching) 등 카메라 움직임도 계획해 뒀다. 다 무너졌다. <표 1> 사전 구성안의 Video난에 보면 시퀀스 1의 #1~#7까지 그림 구성이 다 취소됐다.

원인은 왜소한 작업대다. 워룸이라는 자칭(自稱)에 맞지 않다. 게다가 숨어있다. 사내 방송 스튜디오의 구석이다. 문을 열고 달리 인(dolly in)하며 들어가 봤자, 보이지 않는다.

수정해야 한다. 머릿속 영상 편집기를 가동했다. 나온 답은 우회로(迂廻路) 뚫기다. 트래킹(tracking)이다. <표 1> 수정 구성안 시퀀스 1의 Video난을 보자. 기자와 마중 나온 전형 위원 A 등 두 명을 트래킹한다. 이들이 철문을 열고 들어간다(W.I.: Walk In). 카메라기자가 따라간다(tracking). 들어가는 만큼 구석의 전형 작업대가 점점 가까워진다. 가볍게 작업대로 팬(pan) 한다. 팬 이후, 고정 샷(fixed shot)[5]까지 4초 정도? 다음 샷 #2는, 컷(cut)으로 붙인다. 기자와 전형 위원 A 투 샷(2 Shot)이다. 서서 작업대의 모니터를 본다. 클로즈업(C.U.) 정도?

---

4 Audio, Video난으로 구성했다. 시퀀스 구분, 주요 소리(Sound/Effect)는 Video난에 부기(附記) 했다.
5 1장 팬 샷 설명 <그림 7>에서 D 부분이다. A에서 시작해 D로 팬 한 후 적어도 2초 이상 D를 촬영한다. 그래야 그림이 안정된다. 움직임이 없는 고정 샷(fixed shot)이다.

● '첫 이펙트의 배반' 탈출: 새 사실 발굴, 이펙트 대체

또 다른 문제는 사전 구성안의 첫머리 핵심 이펙트다. <표 1> 사전 구성안 오디오난에서 다 지워버렸다. 예상과 달라서다. 전형 위원들 간 대화가 없다. 전문 위원 A에게 대안을 물었다. 이분, 참 독특하다. 대뜸 **"연예인요!"**다. 멍하니 있으니, 설명이 이어진다.

"요즘 지원자들 연예인 못지않다"는 것이다. **"개그콘서트, 대학가요제, 전국 노래자랑 입상자에다, 웅변대회 장원까지 끼가 많은 이색 경력자들이 줄을 섰다"**고 말한다. 귀가 번쩍 뜨인다. 새로운 사실이다. 기사다. 뭣보다 관심을 집중시키는 '이펙트' 성 발언이었다.

마침 전형 상황실 문을 열고 들어가는 #1을 촬영 중이었다. 전형 위원 A의 이 말이 고스란히 카메라에 녹취됐다. <표 1> 수정 구성안에 그대로 들어갔다. 첫 문장 뒤 이펙트다.

● '인터뷰의 배반' 탈출: 유연 대응

전형 위원 A가 퇴짜를 놓았던 인터뷰가 있었다. <표 1> 사전 구성안에 있던 첫 인터뷰다. 줄이 그어져 있다. 탈출법은 유연 대응이다. 머릿속 영상 편집기를 돌려 봤다.

우선 대안을 제시할 수 있겠다. 일부를 빼주면 어떤가? 부담스러워하는, '떨어뜨리다'는 부분이다. **"누군가는 떨어뜨려야 하는 입장이지만, 숙고에 숙고를 거듭할 수밖에 없어요. 너무 안쓰러워서..."**로 바뀐다. 문제없다. 이렇게 머릿속 영상편집까지 마쳤던 터였다.

세상일 참 재미있다. 의외의 상황이 벌어진다. 우선 전형 위원 C다. **"취업이 워낙 어려우니, 눈에 띄려고..."** 전형 위원 A의 '연예인

같은 지원자들' 발언에, 한마디 거든 것이다. 전형 위원 B는 한술 더 뜬다. **"요즘 입사 시험, 전쟁이란 말로는 부족하죠. 참 안쓰러워요. 이 정도면 다 한몫씩 할 텐데... 선발 인원은 유한하고..."**

전형 상황실의 '절대 정숙'이 일순 깨졌다. 대~박. 내용이 긴 전형 위원 B 말을 골랐다. 인터뷰 공란을 채웠다. <표 1>의 수정 구성안에 있다.

현장 취재('취재')란 이런 것이다. 생물이다. 될 것 같던 게 안 되고, 안 될 것 같더니 또 된다. '배반'과 '대박'이 수시로 교차한다. 유연해야 하고 대비해야 한다.

● '탈 난 장소 섭외' 탈출: 공감으로 대안을

"이거 찍으시는 거예여?" ⇨ **"방송도 되나여?"** ⇨ **"우리 협조한 적 없는데여?"** 자세히 보면 점층법(漸層法)이다. 불안과 불만이다. 이걸 '정겨움'으로 읽은 건, 참 부족한 일이다.

불만부터 공감해야 한다. 강의실의 주인은 수강생이다. 학원 관계자 실수만 곱씹을 때가 아니다. 취재진이 바로 잡아야 한다. 겸손히 부탁하는 일밖에 없다. 불안 문제도 공감해야 한다. 초상권(肖像權)이 가장 크다. 침해돼선 안 되는 개인의 권리다. 대안을 제시해야 한다. 이것 역시, 머릿속 영상 편집기 몫이다.

<표 1>의 사전 구성안 시퀀스 2의 #2를 보자. 수강생 그룹을 정면 샷으로 잡게 돼 있다. 얼굴 안 보이게 이걸 바꾸자. <표 1> 수정 구성안 시퀀스 2의 #2처럼 뒷모습으로 한다. 수강생들 뒤에서 촬영한다. 그림 사이즈도 미디엄 샷(M.S.)에서 풀 샷(F.S.)으로 바꿨다. 뒷모습

크기까지 작아진다.

● 추가된 그림, 현장성 넘치는 현장 인터뷰

시퀀스 1의 그림이 대거 바뀌었다. 없던 얘기가 새로 추가됐다. 입사 지원서 특이 경력들이다. <표 1> 수정 구성안의 시퀀스 1의 #3이다. 그림 사이즈는 클로즈업, 편집할 각 컷(cut)의 길이는 1초. 마치 사진 플래시(flash)가 터지듯. '개그콘서트', '대학가요제', '전국 노래자랑', '웅변대회', '입상', '장원' 하는 식이다. 플래시 컷(flash cut) 편집이라고도 한다. 시각적 자극이다. 다양한 특이 경력을 부각시킨다. 단, 성명 등 민감 정보가 섞이지 않게 주의한다.

시퀀스 2에는 미니 인터뷰가 있다. 플래시 컷이 시각적 자극을 준다면, 미니 인터뷰는 시청각적 자극을 준다. 매우 동적인 느낌과, 현장성, 짧은 메시지다. 짧아서 오히려 강하다.

오해가 풀리고 난 후 수강생들은 달라진다. 자연스러움, 진솔 그 자체다. 4자성어(四字成語)부터 튀어나온다. **"1당 4락**(一當四落)**이라잖아요?"** 다소 흔한 조어법(造語法)이다. 속으로 풀어본다. 1시간 자면 붙고, 4시간 자면 떨어진다? 납득이 좀 안 된다.

표정을 봤는지 답이 돌아온다. **"1학년 때부터 준비하면 되고, 4학년부터 준비하면 떨어진다는...ㅎㅎ"** 누가 한 마디 또 덧붙인다. **"한 번 붙으려면 4번은 떨어져야 한다는...ㅋㅋㅋ"** 붕어빵엔 붕어가 없다던데. 현장 인터뷰에 현장성이 차고 넘친다. 머릿속 영상 편집기는 연신 쾌재(快哉)다. 현장 인터뷰 만세다. **"이거 방송에 내도 되나여?"** 이젠 취재진이 묻는다. **"그럴려는 거 아니었어염?"** 명쾌하다. **"얼굴 나와도여?"**

맘이 안 놓여 또 묻는다. **"그럼 뭘 내시려구여?"** 우문현답(愚問賢答)이
이어진다. 소통이 되고 나니, 만사형통이다.

2. 방송기자의 무기 스탠드업

다행히 전(轉)과 결(結)은 아무 일 없다. 남은 건 하나다. 전(轉)에 있는
기자 스탠드업(Stand up)이다. 스탠드업, 그냥 하면 되는 게 아니다. 잘하
면 방송기자의 무기(武器). 못 하면? 방송기자 포기(抛棄)다.

■ 감자와 와빠

방송기자 수습 기간 동안 못 알아듣는 말이 꽤 있었다. 그중 하나
가, **"감자는?"** 이었다. 데스크가 원고 보다가 툭 던지곤 했다. **"오늘 시
간이 없어서..."** 원고 쓴 선배의 답이다.

수습 끝난 지 한참 후, 내 원고를 보던 한 선배가 묻는다. **"와빠는?"**
외계어다. **"??"** 가만있으니, 귀 익은 단어 하나가 날아온다. **"감자 말
야. 감자 안 잡았어?"**

감자=와빠란 얘기? 그랬다. 감자는 '얼굴'을 낮춰 부르는 말이었다.
그게 스탠드업(stand up)을 뜻하는 말이 됐다. 보도 부문에선 의미 없
는 스탠드업에 대해 거부감이 강하다. 이 거부감이 이런 비어(卑語)를
낳은 것 아닐까? 얼굴(감자)만 내밀지 말라고.

와빠는 속어(俗語)다. 한국방송카메라기자협회가 2009년 펴낸 "HD
뉴스 제작을 위한 보도영상 현장매뉴얼"(저자 양용철)[6]의 설명이 상세하
다. 일본어 와빠(わっぱ)에서 온 것이란다. わっぱ는 공장에서 기계를

돌리는 가죽 벨트를 뜻한다. 동시 녹음이 안 되던 필름 시대, 감아둔 필름 뭉치를 이에 빗댄 것이다. 그게 인터뷰나 기자 얼굴을 촬영하는 걸로 확대된 걸로 보인다고 한다. 현재는 일본에서조차 이 말 안 쓴다고.

이젠 업계 고어(古語)들이다. 방송기자라도 모르는 이가 많다.

■ 방송기자 전용 무기, 용도는?

"제가 이 기사의 ▶ 이 현장에 ▶ 이 시간에 ▶ 이렇게 참여했답니다. ▶ 보이시죠?" 입체적 - 객관적 '인증(認證: Authentication)'이다. 스탠드업이다. 시청자들은 기자 이름뿐 아니라 얼굴까지 기억하게 된다. 신뢰가 생성된다. 방송사의 신뢰로 연결된다. 이건 무기다.

● 취재원 - 제보자 비대면 무기

되도록 많은 취재원을, 자주 만나는 게 기자다. 방송기자는 바쁘다. 제작까지 겸업이다. 그만큼 시간적 제약이 많다. 이때 스탠드업이 무기다. 취재원도 시청자기 때문이다. 만나지 않았어도 기자를 알게 된다. 이름만 아니라 얼굴, 친근감으로 이어진다. 기시감(旣視感) 때문이다. 기자의 취재 영역도 알게 된다. 입체적 신뢰감이 형성된다.

이는 제보자도 마찬가지다. 제보를 앞두고, 평소 봐 왔던 방송기자가 먼저 생각난다. 스탠드업 자막에는 기자 이메일, SNS까지도 나온다. 이쯤 되면 비대면 무기다.

---

6 해당 서적 pp.148~149

● 사적 교감(Personal Intercommunication)

리포트에서 눈 맞춤이 일어나는 유일한 창구가 스탠드업이다. 마치 내게 직접 개인적으로 말해주는 느낌이다. 해당 리포트가 남의 일이 아니게 되는 것이다. 사적 교감(Personal Intercommunication)이다. 리포트의 소구력이 커진다.

● 구성의 별동대(別動隊)

별동대(別動隊)는 따로 움직이는 부대다. 스탠드업이 그렇다. 기 - 승 - 전 - 결 이란 구성에 구애받지 않는다. 기존의 구성 속에 '변화를 가져오는' 별동대다.

<표 1>의 수정 구성안을 보자. 승(承)까지는 사례들이다. 부분 사례(기업체 전형현장) ⇨ 포괄적 사례(취업난 현장: 취업 학원)다. 이런 구성에 변화가 온다. 3장 <표 16>의 스탠드업부터다. 이젠 핵심 메시지를 전달한다. **"심각한 청년 실업"**의 수치다. 리포트의 야마다.

그림이 뒷받침되지 않는 리포트에선 그림 역할도 한다. 스탠드업 길이만큼이다. 이처럼 열일하는 별동대다. 리포트의 꽃, 묘미 등 특별한 찬사를 받는다. 물론 잘했을 때 얘기다.

■ 2 Tool Player는 돼야

스탠드업은 원래 무대 위에 홀로 서서(stand up) 15분 정도 말로 웃기는 것이다. 코미디계에서는 이 능력을 최고로 친다. 잔인한 장르라 평하기도 한다. 왜 그럴까?

웃겨야 할 나는 홀로다. 바로 코앞엔 잔뜩 앉아 있다. 계속 빵빵

터뜨려 달라고.

'2 Tool Player'[7]가 돼야 한다. ▶ 구성력이다. 이야기를 잘 짜야 한다. 다음은, ▶ 연기다. 안 짠 것처럼 보이게 해야 한다. 즉흥 연기인 애드립 능력까지 포함한다. 크게 구성과 연기다. TV 뉴스 스탠드업도 맥락이 같다.

● 스탠드업은 10초 내외, 두 줄 스토리

리포트의 스탠드업은 짧다. 길이로는 10초 내외, 두 줄 정도 이야기다. 1분 20초 리포트라면, 반 시퀀스 길이다. 너무 길면, 리포트 구성의 균형이 깨진다. 스탠드업 자체도 지루해진다. 그 메시지는 하찮게 들릴 수 있다. 단, 짧은 스탠드업도 7초는 넘겨야 한다. 기자 이름 자막 넣고 빼는데 보통 5초다. 기자 얼굴까지 인지하려면 거기서 2초는 더 걸린다.

스탠드업을 걷거나 움직이며 한다면, 시간이 더 필요하다. 움직임에 맞춰, 말하는 속도도 좀 느려진다. 이 경우, 12~14초까지는 괜찮다. 경험칙(經驗則)이다. 움직임 없는, 그야말로, 스탠드업(stand up)이면, 7초도 족하다.

● 위치는 머리, 허리, 꼬리

스탠드업을 리포트의 어느 자리에 넣을까도 중요하다. 우선 오프닝

---

7   야구의 '5 Tool Player'를 차용해, 필자가 만들어 본 말이다. '5 Tool Player'란, 한마디로 만능선수다. 5가지 주요 능력을 갖췄다는 뜻이다. 장타력, 주루 스피드, 타격 정확도, 수비력, 송구 능력 등이다. 스카우트가 찾는 이상적인 야구선수다.

(Opening)이 있다. 리포트 첫머리다. 말 그대로, 문 열자마자(Opening) 기자 얼굴이 튀어나온다. 장소가 특종인 경우다. 예를 들면, 대규모 전장, 기자 출입 자체가 금지된 금단(禁斷)의 땅에서 리포트 할 경우다. 그곳에 기자가 있다는 사실만으로도 뉴스다.

◁ 오프닝? 흠... 장소가 특종이라면

다음 장에 나오겠지만, 중계차 연결의 경우도 오프닝으로 한다. 생방이기 때문에 현장, 즉, 장소가 중요하다. 특별한 계기성(occasional) 방송일 때도 쓴다. 신년 기획, 통일 기획 등이다. 백두산이나, 남·북극 같은 곳에서 생방송 하는 경우다.

오프닝은 이제 리포트에선 흔적 기관에 속한다. 필자가 방송사에 갓 입사했을 때만 해도 적지 않았다. 정치부 리포트가 대표적이었다. 당시 정치부 리포트는 스트레이트성이 많았다. 구성 고민, 곧, '첫 그림'에 대한 걱정이 없어서일까? 맨 앞 한두 줄을 그냥 오프닝으로 하곤 했다. '감자'란 말이 나올 만한 대목이다. 이제 리포트 오프닝은 99.9% 없다.

리포트 시작 전 그림이 뭔가? 앵커 얼굴이다. 오프닝을 하면? 또 기자 얼굴이다. 얼굴 이어 얼굴이다. 얼굴들 구도도 같다. 원 샷이다. 원 샷 이어 원 샷. 그림 문법 위반이다. 튀는(jump shot) 각이다. 오프닝의 그림 사이즈가 클로즈업에 가깝다면, 실제로 튄다.

스토리텔링 구성의 원칙에서 보면 더욱 난감하다. 알다시피, 리포트의 첫머리는 가장 강력해야 한다. 도입부(導入部: Intro)이기 때문이다. 그런데, 기자 얼굴이 가장 강력한가?

◁ 브리지(bridge), 부담 적어 인기 만점

리포트 허리에 나온다. 그림과 그림, 크게는 시퀀스와 시퀀스를 연결하는 느낌이다. 그래서 브리지(bridge)다. 전환이나, 단락 짓기 기능이 탁월하다. 부분적인 것으로, 앞뒤를 부드럽게 연결한다. 부분적이니 사후 구성 수정에도 영향을 덜 받는다. 스탠드업을 다시 해야 할 위험부담이 적다. 그래서 브리지가 애용된다.

이 리포트도 브리지를 썼다. 승(承)과 전(轉)이 부드럽게 연결됐다. 승(承)까지는 사례(case)였다. 전(轉) 이후는 사실(fact)이다. 사례에서 사실로의 전환이다. 브리지 내용은 확정된 통계 결과다. 부분적인 내용이다. 전체 구성이 사후에 수정되더라도 영향을 덜 받는다.

◁ **클로징(closing), 힘은 센 데...**

리포트의 꼬리, 맨 마지막에 나온다고 클로징(closing)이다. 리포트 꼬리는 힘이 세다. 싱싱한 생선의 꼬리처럼. 기 - 승 - 전 - 결 구조로 보면 결(結)이다. 결(結)은 리포트를 마무리하는 메시지다. 최종 분석, 전망, 대책 등이다. 무게 많이 나가는 얘기다. 그만큼 힘이 세다. 클로징 섣불리 해왔다가는 낭패 만난다. 수정해야 할 수 있다. 스탠드업 다시 잡으러 나갈 시간 별로 없다. 최악의 경우, 쓸 수 없다.

■ 주소는 '현장'

공채로 방송에 입문하니, 수습도 다시 했다. 경찰 출입이다. 신문에서 해봤으니, **"뭐 별거 있겠어?"** 싶었다. 수습 일주일 정도 지났나? 어느 날 새벽, 생각이 완전히 바뀌었다.

영하 10도가 넘는 강추위, 불이 참 자주 났다. 문제는, 고의로 불을 지르는, 방화(放火)였다. 그것도 연쇄방화(連鎖放火)다. 모방형 범죄 양상을 띠며, 폭증했다. TV 아침 종합 뉴스의 주요 아이템이 될 수밖에. 그날도 엄청난 규모의 연쇄 방화가 일어났다. 운 나쁘게도 관내였다. 수습기자니, 리포트 할 수 없었다.[8] 바로 야근하던 선배가 와서 리포트를 한다.

TV 아침 뉴스 마감 시간도 임박했다. 현장 취재만 하기에도 빠듯했다. 잘해야 뉴스 말미에나 들어갈 수 있을까? 기초 취재를 마치고, 맘 졸이며 기다렸다. KBS 로고가 선명한 취재 차량이 왔다. 급히 기초 취재 결과를 전달했다. 선배는 덤덤했다. 영상 취재 기자와 곧장 현장 취재다. 내게 몇 가지 묻는다. 전화도 한두 통 했다. 취재 차량 보닛(bonnet) 위에 뭘 놓는다. 꼬깃꼬깃 메모지다. 끄적끄적 뭘 쓴다. 한두 번 웅얼거린다. 곧장 마이크를 잡고, 카메라 앞에 선다. 저게 말로만 듣던 스탠드업? 시간 없는데도... 그런데 뭘 갖고? 만 가지 궁금증이 올라왔다. 차마 묻지도 못하고 멍하니 보기만 했다.

◁ "이 리포트의 현장은 어디지?"

선배는 원 샷 원 킬(One Shot, One Kill)이었다. 실수 한번 없이 스탠드업 마치고는, 촬영기자 일손까지 돕는다. 부리나케 방송 장비를 챙기더니, 쌩하니, 가 버린다.

---

8   수습 훈련은 보통 6개월이다. 훈련생이니, 리포트를 못 하는 게 관행이다. 수습 후에도 6개월 정도 더 실무 훈련을 시킨 다음에야 간단한 리포트를 시키기도 한다. 9시 뉴스 같은 비중 높은 리포트는 그보다 더 시간이 지나야 한다. 언론사와 언론사 사정에 따라 다를 수는 있다.

리포트도 뉴스 말미가 아니었다. 조금 늦게, 그러나 주요 뉴스였다. 스탠드업 내용은 기억에 없다. 취재 차량 보닛 위의 꼬깃꼬깃 메모지. 끄적끄적 두 줄 메모. 전광석화 같은 스탠드업. 세 컷이 내 맘속 그림으로 남아있다. 아직도. 충격이었던 것이다.

스탠드업은 방송기자 전용 무기다. 안 하는 게 이상한 것이다. 무기를 안 쓰는 것이니까. 그 무기의 대표적 능력이 인증(認證: Authentication)이다. 사건 사고 뉴스에선 필수다. 현장 리포트이기 때문이다. 촉박한데도 그 선배가 스탠드업을 한 건, 다 뜻이 있었던 것이다.

인증의 첫째 조건은 현장성이다. 스탠드업 하는 첫 이유다. **"이 리포트의 현장은 어딘가?"** 스탠드업을 구상할 때, 첫 번째 질문이다.

◁ "Save the Best for Last"

현장성 있는 스탠드업은 세 가지로 요약된다. ▶ 현장을 배경으로, ▶ 현장과 관련된 이야기로, ▶ 현장성 있는 동작을 가미해서다. 그러나 이 질문도 해야 한다. **"이 현장이 이 리포트에서 혹 가장 좋은 그림인 건 아닌가?"** 영어로 **"Save the Best for Last"**라 했던가? 가장 좋은 건 맨 나중을 위해 아껴두라는 것이다. 현장 중 가장 좋은 그림은 아껴둬야 한다. **"for Last"** 맨 나중을 위해. 즉, 첫 그림 거리를 위해서다. 구성에서 배웠다. 가장 좋은 그림은 첫 그림으로 써야 한다. **"the Best"**인 현장 그림, 덜컥 스탠드업에 낭비하지 마라. 구성안이 수정돼 그 그림 절실해질 수 있다. 애써 해온 스탠드업, 날아갈 수 있다.

■ 소도구 1. 노량진 컵밥

그럼, 현장 없는 리포트는 어떡할 것인가? 추상적(抽象的)이라는 얘기다. 정치 경제, 지금 이 통계 리포트가 그렇다. 스탠드업 역할이 그래서 중요하다. 구상화(具象畵)로 바꿔주는 거다. 화학적 변화다. 소도구(小道具: prop)를 통해서다. 그 상징성에 의미를 부여한다.

이 리포트의 스탠드업은 브리지였다. 취업 게시판을 소도구로 썼다. 새로 스탠드업을 더 만들어 보자. 아래 <표 2>의 왼쪽 원안 메모는 리포트의 결(結) 부분이다. 스탠드업으로 바꾸면 클로징이 된다.

원안 메모의 골자는, '우리 산업 구조 변화 - 대규모 인력 불필요해져 - 대응 시급'이다. 추상적이다. 스탠드업으로 바꾸려면 구상화(具象化)할 소도구가 필요하다.

<표 2> 스탠드업, 클로징으로 수정(예)

원안(메모)	Video	수정(클로징)	Video
"당장 채용 변화도 커요. 기업들이 수시 모집을 선호하기 시작했거든요"	#1. 취업 정보 분석가 인터뷰(10초)	"당장 채용 변화도 커요. 기업들이 수시 모집을 선호하기 시작했거든요"	#1. 취업 정보 분석가 인터뷰(10초)
무엇보다, 반도체처럼 대규모 인력 불필요한 산업구조로 변화 중.	#2. 반도체 공장 (5초) 외경(F.S.) ⇨ 내경 (M.S) ⇨ 반도체 웨이퍼(C.U.) #3. 걷는 다리들 (M.S.: 5초)	*이 컵밥 판매대에서 보듯, 취준생 수는 증가 일로입니다. 반면, 우리 산업은 대규모 인력이 불필요한 구조로 변화 중입니다. 대응이 시급합니다.*	*#2. 기자 손의 컵밥 (C.U.) ⇨ 노량진 컵밥 판매대에서 기자, 컵밥 들고 돌아섬 (Z.O., W.S.)*
대응 시급하다는 시각. *** 뉴스 OOO입니다	노량진 학원가 배경 취준생 인파 실루엣 (F.S)	*** 뉴스 OOO입니다.	*배경: 노량진 학원가 컵밥 판매대 앞 줄+인파*

여긴 노량진이다. 얼핏 떠오르는 게 있다. 컵밥이다. 넉넉잖은 취준생들의 애용식이다. 컵밥 판매대는 취준생들의 애환(哀歡)이 만나는 장소다. 상징적이다. 취준생, 나아가 청년 실업까지 품는다. 스탠드업은 이 상징적 소도구(symbolic prop) 컵밥으로 시작한다.

<표 2>의 수정(클로징) 부분, Video난을 보자. 기자의 손에 들려 클로즈업된 컵밥으로 시작한다. 그것 하나로도 이목을 끈다. 기자가 컵밥을 든 채 판매대에서 시청자 쪽으로 돌아선다. 돌아서기 전, 카메라는 줌 아웃(Z.O.) 한다. 기자 손안의 컵밥에서, 컵밥을 든 기자로. 웨이스트 샷(W.S.: Waist Shot) 크기에서 멈춘다. 판매대 앞 청춘의 줄과 인파. 생생한 현장이 뒤로 엿보인다. 돌아선 기자는 그곳에 동행 중이다. 증언자다. 스탠드업이 쏘아대는 이미지다.

"이 컵밥 판매대에서 보듯, 취준생 수는 증가 일로입니다." 스탠드업의 메시지는 소도구인 컵밥에 의미를 부여한다. 이어, **"반면, 우리 산업은 대규모 인력이 불필요한 구조로 변화 중입니다. 대응이 시급합니다."**

추상적이던 이야기가 쉬워졌다. 와 닿아서다. 컵밥 덕분이다. 상징적 소도구로서 시각화(視覺化)를 해냈다. 구상화(具象畵) 한 편이 시청자 머릿속에 그려졌다.

■ 소도구 2. 인간형 로봇 vs. 인간 계측기

소도구는 눈길을 끌수록 효과가 있을 것이다. 예를 들어, AI 로봇은 어떨까? 인공 지능(AI) 시대니까. 로봇이면 움직여야 한다. AI이니까, 말도 해야 할 것이다. 스탠드업은 어떻게 하느냐고? '그렇게' 하면 된다. 같이 움직이고, 같이 말한다. 스탠드업은 서 있는 게 아니다.

<사진 1>   <사진 2>

　궁금하면, <사진 1>과 <사진 2>를 보라. 로봇이 걸어가고 있다. 이름은 아시모(ASIMO)다. 최초로 사람처럼 두 발로 걸었다. 말(話)은 물론, 수화(手話)까지 가능했다. 이른바, 인간형(Humanoid) 로봇이다.

　일본 자동차 회사 혼다가 출시했다. 세계적 주목 대상이었다. 마침 신년 특집 미니 다큐 겸 9시 뉴스 시리즈 취재가 있었다. 아시모를 빼놓을 이유가 없었다. 아시모 자체가 스탠드업 소도구(prop)로 딱 이었다. 인간형, 즉, 사람 같은 로봇이 아시모의 정체성이다. 사람처럼 걷는 최초의 로봇이다. 실제로 걸리고, 같이 걸어주는 것이다. 구상화(具象化)다. <사진 1>, <사진 2>다. 스탠드업(stand up)이 아니라 walking-on 이다.

　여기에 하나가 더 필요했다. **"말을 제대로 하는 로봇"**이었다. 아시모는 걸으면서도 연신 말을 할 수 있었다. 그냥 나란히 걷는 것으론 부족했다. <사진 1>을 보라. 기자가 스탠드업 메시지를 시청자에게 전하면서도, 로봇과 눈을 맞춘다. 손을 들어 가리킨다. 마치 대화하듯이. <사진 2>에선 다시 시청자에게 눈길을 돌린다. 그 대화를 시청자에게 전하듯이.

로봇뿐이랴. 코끼리, 전투기, 슈퍼카 등 뭐든 소도구가 될 수 있다. 자기 자신을 소도구로 쓰는 이도 있다. 예를 들어, 수해 현장이다. 물 웅덩이에 기자가 걸어 들어간다. **"제 키가 170cm인데, 물이 이렇게 제 가슴까지 차올랐습니다. 이 웅덩이의 중앙까지는 아직 멉니다."** 하는 식이다. 이쯤 되면 인간 계측기다. 실제 모 방송기자가 이런 류(類)의 과감한 시도를 했다. 반향이 컸다. 이후 비슷한 응용 버전들이 이어졌다.

스탠드업은 자유다. 언제나 자문(自問)은 해 봐야 한다. 주제를 오버하고 있진 않은가? 상식은 지키고 있는지?

■ 동적으로… '창의'의 문을 두드려라

스탠드업이야말로 답이 없다. 창의(創意)의 영역만 있을 뿐이다. 새로움? 색다름? 구별됨? 그 어디쯤 될 것이다. 튈 필요까지는 없다. 구태의연(舊態依然)은 피하자.

● No, No, 증명사진 각

대표적인 구태의연 스탠드업이 있다. 이른바, '증명사진 각'이다. 기자가 배경 앞에 뻣뻣이 서 있다. **"나 여기 왔어요"** 한 번 하고는, 내 할 말만 하는 식이다. 답답하다. 아시모 옆에 그냥 서서 스탠드업 했다 생각해보라. 기자도, 아시모도 갑자기 답답해 보일 것이다.

물론 그냥 서서 스탠드업해야 할 때도 있다. 진지함이 오히려 장점이 될 때다. 그것만 알아선 곤란하다. 창의의 첫걸음은 '걸음'(step)이다. 좀 걸어 보라. 움직여 보라.

아시모 스탠드업, 컵밥 스탠드업, 공통점이 있다. 동적이다. 역동성

(力動性, dynamism)과 소구력(訴求力, appealing power)이다.

● 걷자, 걸어 보자, 의미 있게

아시모를 움직이게 한다. 말도 하게 한다. 엔지니어에게 말해, 내 뒤만 오가게 한다. 동적이지 않은가? 대신 나는 가만히 서서, 스탠드 업 한다. 이 정도는? 2% 이상 부족하다.

움직인다는 건 부담스러운 일이다. 움직이며 말하기도 쉽지 않다. NG 때 민폐는 더 크다. 그러나 얻을 게 더 많다. 스탠드업에 생기를 준다. 뭣보다, 걸음으로써 의미가 부여된다.

■ 부가가치형(value-added) 스탠드업

스탠드업에는 몇 가지 금기가 있다. 그중 하나가 복잡한 숫자다. 그 래도 꼭 넣어야 할 때가 있다. 중요한 의미를 가질 때다. 이럴 땐 공을 들여 알기 쉽게 해야 한다.

이른바 부가가치형(value-added) 스탠드업이다. 한 예가 그래픽 접목 이다. 상당히 일반화됐다. 예를 들어, 아파트값 급등으로 이사 수요가 줄었다. 이 내용을 부가가치형으로 스탠드업 한다면?

#1. 중·고층 아파트가 어우러진 단지 앞. 중·고층 아파트의 동별 '층고 격차'가 뚜렷하다.
▶ 이를 배경으로 스탠드업부터 한다. 배경인 아파트 층고 격차를 따라 그래픽이 입혀질 예정이다. 이를 감안해 손으로 해당 지점을 가리키며 스탠드업을 해둔다. ▶ 회사로 들어 가, 그래픽을 의뢰한다. '층고 격차'를 따라 점선 그래프를 만든다. 제목은 '이사 수요의 증감'이다. 실사(實寫) 스탠드업 그림에 합성한다.

#2. 층고 격차가 별것 아니면? 그냥 아파트 단지 전체를 그래프의 배경 판 삼아 스탠드업 해 온다. 그래픽 의뢰 등 이후 절차는 같다. 다만, 점선 그래프는 층고와 무관하게 그린다.

#3. 아파트의 계단을 오르내리며 할 수도 있다. 오르내리는 계단 하나하나가 점선 그래프의 좌표다, 이를 그래픽실에 맡기고 제작한다.

#4. 시간이 없으면, 그래픽으로 그래프부터 그린다. 아파트 자료 그림을 그래픽 배경으로 한다. 크로마키(Chroma Key)[9]에 그래픽을 띄워 스탠드업 한다. 스튜디오 녹화다.

그냥 생각해본 것만도 이 정도다. 그래픽 접목은 클래식 범주에 속한다. 최근에는 편집과 특수 효과까지 스탠드업에 동원한다. 신출귀몰(神出鬼沒)형 스탠드업이다. 국내에서도 일부 이런 경향이 보인다. 따라 할 필요는 없다. 창의적 감각(inspiration)만 참고하자.

■ 2 Tool Play의 완성, 연기(演技: Acting)

지금까지 스탠드업 '2 Tool' 중 구성을 알아봤다. 구성은 연출을 위한 것이다. 스탠드업 연출(演出: Directing)엔 연기(演技)가 따른다. 2번째 Tool이다.

---

9   크로마키(Chroma Key): 피사체 배경에 그림이나 그래픽 등을 합성해 사실적으로 보여주는 기법이다. 대표적인 예는 일기예보다. 기상캐스터 배경에 각종 기상 그래픽이나 그림이 펼쳐진다. 실제 기상 캐스터 뒤에는 아무것도 없다. 다만 온통 파란색, 또는 녹색인 스크린만 있을 뿐이다. 특수 장비로 그림과 그래픽을 합성해 이 스크린에 맞춰 펼쳐 놓은 것이다. 이 스크린 이름이 크로마키다.

● '연기의 관문' 표정, '표정의 관문' 눈

연기하려면 도구부터 제대로 알아야 한다. 딱 세 가지다. 표정, 음성, 행위다.

표정은 특히 중요하다. 앞서, '증명사진 각'을 피하라고 했다. 여러 이유가 즐비하지만, 표정 때문이다. 굳어진다. 표정에서 실패하면, 얼굴은 '감자'가 된다. 웃는 얼굴을 하라는 얘기는 아니다. 여유 있는 표정이다. 당당하면 더욱 좋다. 자신감이다.

눈은 표정의 관문이다. 스탠드업 하는 기자의 눈은 그 자체가 메시지다. 초점 없는 눈, 움직이는 동공? 신뢰감이 없다. 카메라는 점점 냉정해지고 있다. UHD를 넘어섰다. 다 잡아낸다. 배우(Actor)들이 공들이는 연기도 눈빛 연기다. 다 이유가 있는 것이다.

● 동적 스탠드업의 이유, '시선' 메시지

표정은 시선에서도 나온다. 어디를 보느냐다. 크게 두 방향일 것이다. 하나는 시청자 방향이다. 시청자와 눈 맞춤이다. 두 번째는 그 밖의 다른 방향이다. 거기를 바라보라는 신체 언어(body language)가 된다. 이 리포트의 스탠드업을 갖고 얘기해보자.

3장 <표 16>의 브리지 스탠드업이다. 기자의 시선에서 시작한다. 시선 방향은 취업 게시판이다. 시청자들도 취업 게시판을 자연스레 보게 된다. 짧지만, 취업 게시판이 갖고 있는 상징 언어와 만난다. 취업난이다.

기자가 또 시선을 돌린다. 시청자 쪽이다. 눈 맞춤이 시작된다. 이때 카메라가 줌 인(zoom in)한다. 기자가 더욱 가까워진다. 사적 교감이 강화된다. 미디엄 클로즈업(M.C.U.)까지 들어간다. 기자와 주제를 부각시키는 전통적 사이즈다.

<표 2>에 새로 만든 클로징 스탠드업도 보자. 컵밥을 든 기자가 판매대에서 시청자 쪽으로 돌아선다. 시청자와의 눈 맞춤, 교감으로 이어진다. 아시모 스탠드업에서도 시선은 중요했다. 눈 맞춤으로서든, 신체 언어로서든, 시선은 메시지를 갖는다. '시선' 메시지다.

시선은 눈만으론 못 바꾼다. 몸이 움직여줘야 한다. 작게는 얼굴을 돌린다. 허리를 돌리면, 눈길 전환 폭이 더 커진다. 다리까지 움직이면 말할 필요가 없다. 눈길 메시지의 주인공은 몸인 것이다. 다른 말로는 움직임이다. 움직이는 동적 스탠드업이 중요한 이유다.

■ Tip: 스탠드업 연기의 기본자세

태권도에 품새가 있듯, 스탠드업 연기에도 기본자세가 있다. 우선, 서는 위치다.

● 스탠드업 품새 1. 서기

TV 화면을 기준으로 좌우 어디든, 1/3~1/4쯤에 선다. 물론, 이건 촬영기자가 구도를 잡아준다. 그 구도에서 몸만 TV 화면의 중앙 쪽으로 조금 틀어 준다. 굳이 말하자면 15도 정도다. 몸을 틀지 않으면, 정면을 보게 된다. 굳어진다. 차렷 자세 되기 쉽다. 표정도 따라간다. 증명사진 또는 동상 각(statue-like) 기본자세가 나온다.

● 스탠드업 품새 2. 마이크 잡은 손 처리

다음은 손이다. 기억하라. '좌 - 우, 우 - 좌'다. 화면에서 기자 위치와 핸드마이크를 쥐는 손의 관계다. 화면 왼편에 섰으면, 오른손으로 잡는다. 오른편이면, 왼손이다. 화면의 세로축과 마이크 잡은 손 - 어깨의 선이 가지런해져 보기 좋아진다. 마이크 쥔 손은 턱과 배꼽을 잇는 선상에 둔다. 두는 것이지 붙이면 안 된다. 자칫 '사진관'이나, '동상' 각 다시 나온다. 붙여야 할 건 팔이다. 가볍게 갈비뼈에 붙인다. (가볍게 하지 않으면, 또 '그 각'이 나오려 할 것이다) 마이크가 움직이는 걸 막아준다.

● 스탠드업 품새 3. 마이크와 턱 사이 거리

마이크 끝은 턱에서 5~10센티미터 정도 떨어지게 한다, 각 사람의 신체 조건에 따라 조금씩 다를 수 있다. 너무 떨어지면, 소리가 잘 안 잡힐 수 있다. 너무 가깝게 붙이면, 목이 가려지거나, 답답해 보인다. 프로스럽게 보이지 않는다.

● 스탠드업 품새 4. 마이크 - Free, 손 연기는?

마이크를 쥐지 않는 손 하나가 있다. 이 손은 어떻게 하나? 사람마다, 무의식적인 버릇이 있다. 어떤 이는 말을 하며, 팔을 건들거린다. 손을 움직일 수도 있다. 불필요하다. 방송용 큐 카드[10]나, 취재 수첩, 휴대전화, 메모지 같은 걸 들면, 자연스럽다. 그런 게 싫으면? 가만히

---

10 방송의 MC나 출연자들이 출연 개요나 대본 요점 등을 써서 들고 참조하는 종이. 두꺼운 마분지 재질로 바깥쪽은 방송사 로고나, 해당 프로그램 상징 등이 그려져 있는 경우가 많다. 실제 내용을 적지 않아도, 손동작 처리를 위해, 자연스레 들고 있기도 한다. 스탠드업에서도 이렇게 쓸 수 있다.

내려놓으면 된다. 차렷 아니다.

■ 'All 스탠드업' 리포트, <데스크 분석> 사례

KBS 9시 뉴스가 한창 '초격차(超隔差) 시청률 1위'를 달릴 때다. 2013 년쯤 9시 뉴스에서 특이한 리포트 장르를 하나 론칭했다. '데스크 분석'이다. 여러 면에서 화제였다.

우선, 리포터(reporter)가 평기자(field reporter)가 아니다. 뉴스 각 분야 책임자들, 부장(editor)들이다. 내용도 상식을 깨는 것이었다. 논평(論評) 리포트다. 초 단위로 시청률을 다투는 메인 뉴스로선 가장 경쟁력 없는 콘텐츠다. 현장이 없다. 그림이 없다는 얘기다. 논평이니 내용도 형이상학적이다. 통계 리포트도 이 정도는 아니다. 이해도 어렵고 재미도 없다. 구성이 제대로 안 되면 죽음이다.

이런 중증의 핸디캡에도 불구하고, 이 리포트는 주목받았다. 반응도 좋았다. 경쟁사들이 한때 급히 따라 할 정도였다. '초격차 1등 뉴스'였기에 가능했던 일이라고 본다.

이 리포트를 거론하는 이유가 있다. 거의 '올(All) 스탠드업' 리포트다. 사실상 스탠드업들로만 구성된 리포트다. 스탠드업 스킬들이 알뜰하게 관찰된다. 그중 필자의 방송분 하나를 사례로 든다. 2013년 5월 23일 자다. 해당 동영상은 당일 KBS 9시 뉴스 홈페이지에 있다.

꼭 동영상을(주소: https://news.kbs.co.kr/news/view.do?ncd=2663806/) 보며 공부해 보자. 방송된 원고를 대본 형태로 다시 만들어 봤다. <표 3>이다. 스탠드업을 '2 Tool Play'별로 분석해 뒀다. Video가 구성, Action이 연기(Action)다. 동영상과 한 컷 한 컷 비교해 보라.

<표 3> 2013.5.23. KBS 9시 뉴스 데스크 분석 (제목: 역외 탈세 반드시 근절해야)

시퀀스	Audio	Video	Action	길이
1	이만큼이면, 천 달러 정도 되겠죠? 예를 들어 이 돈을 해외에서 벌어 국내에 가져오면 이만큼은 세금일 겁니다.	<달러 계수기+이펙트>(C.U.) * Z.O.: 기자 손 ⇨ 버스트 샷 * 기자 움직임 따라 右 pan 잠시 Pan 멈춤 고정 샷 * 기자 frame-out ▶ 배경 신: 밀폐 작업실	* 손으로 달러 집음 - 시선: 달러 뭉치 보며 * 달러 들고 오른쪽(右) 이동 - 시선 전환: 시청자 쪽 - 이후 시선: 자연스레 달러 - 시청자 반복 * 이동 멈춤 * '이만큼'에서. 달러 뭉치 중 일부 빼서 보여준 후 오른쪽 이동(frame-out)	12초
2	그런데, 이 돈을 세금 없는 해외의 이같은 비밀 금고나 유령회사에 숨기는 이들이 있습니다. 바로 조세 피난처를 이용한 탈셉니다. 문제는 이것이 더 이상 지켜만 볼 단계를 지났다는 겁니다.	<닫힌 은행 금고 철문> (M.C.U.) *Z.O.: 철문 열리면서 - 기자 frame-in (B.S.) <금고 안 진입> * 기자 따라 track in (K.S.: Knee Shot) * 개별 금고 진열대 앞에서 기자 멈추자, 저속 Z. I. K.S. ⇨ B.S.으로 ▶ 배경 신: 은행 금고 철문 ⇨ 금고 내부, 개별 금고 <디졸브: 크로마키>	* 금고 문 앞 입장(frame-in) - 시선: 시청자 보며 입장 후 자연스레 문 쪽으로 전환 * 금고 안으로(walk-in) - 손짓: '이같은 비밀 금고나'에서 금고 안을 팔로 가리키며 - 뒷모습 보여주며 걸어감, 개별 금고 진열대 앞에서 시청자 쪽으로 전환	16초
3	실제로 한국인들이 1970년 이후 40년간 조세 피난처에 숨긴 돈이 우리 돈 약 860조 원으로 중국 러시아에 이어 세계 3위라는 추산이 나올 정돕니다.	<디졸브: 크로마키> <크로마키 C.G.> * 크로마키 C.G. 기자 F.I. - 우측 끝, W.S. <크로마키 C.G. 끝>	* 크로마키 C.G.로 frame-in - 손과 시선 크로마키 판으로 수시로 자연스레 가리킴 - 얼굴도 적절히 움직임	14초

	특히 어제 한 인터넷 언론의 공개에서 보듯 이제 개인까지 역외 탈세 의혹을 받을 정도가 됐습니다. 따라서 역외 탈세는 이제 세원 확보 차원 정도가 아닌 조세 정의 차원에서 다뤄져야 합니다. 철저한 조사는 물론 근본 대책이 필요한 이유입니다.	<크로마키 관련 그림 시작> Shot 동일 유지 <크로마키 관련 그림 끝> <크로마키 C.G. 시작> Shot 동일 유지 <크로마키 C.G. 끝> =(큐빅형 와이프<wipe>)=	- 표정도 적절히 소구력 있게 - 한쪽 손에는 큐 카드 자연스레 들고 만짐 화면전환 효과 =(큐빅형 와이프<wipe>)=	7초 11초
4	또 조세 피난처 20곳 중 정보 교환 협정이 가동되는 곳은 2곳뿐입니다. 국제공조망의 확충과 국내외 역량의 집중이 필요한 대목입니다. 조세 정의는 곧 국가 존립의 근간입니다. 데스크 분석이었습니다.	* 기자 W.S. 앵커 샷(중앙) - 저속 Z.I. ⇨ B.S. - 하단 애니메이션 C.G. - 하단 애니메이션 C.G.끝 - 저속 Z.O. ⇨ W.S. ▶ 배경 신: 여의도 금융가 (KBS 옥상에서)	* 기자, C.G. 움직임에 따라 왼손과 오른손으로 가리키며, 동작 - 이어 두 손을 모았다 양쪽으로 내렸다 변화 줌 * C.G. 빠진 후 잠시 두 손을 앞에 모았다가 편안하게 양쪽으로 내림	14초

■ 스탠드업, 몇 가지 금기(禁忌)

"여기는 ***입니다.""제가 서 있는 이곳은 ###가 일어난 ***입니다."

자막형 스탠드업, 참 없어 보인다. 현장 인증이 무기인 건 맞다. 그래도 이건 아니다. 시간 낭비다.

● 자막형 스탠드업

　　장소는 스탠드업 배경 그림이 말해주고 있다. 스탠드업 앞뒤 그림도 말해준다. 자막이면 충분하다. 그리 중요하면 스탠드업 자막에 장소를 부기해 주면 될 일이다. 이렇게 시작하면, 시청자는 짜증 난다. 기사를 이렇게 쓰면, '중계방송형', '캡션형'이라 했다.

● 난입형 스탠드업

세미나실, 강의실, 회의실... 그리고 공연장까지? 이런 곳에서 해맑게 웃으며 스탠드업 한다? 스스로 점검해보라 했다. 상식적인지. 내가 회의하는데, 공연 보는데 누가 난입한다. 소리 지르며 방송까지 한다? 상식적인가. '난입형 스탠드업'이다.

● '그림 찢기' 스탠드업

휴먼 스토리, 미담은 '진짜 이야기'이다. 잘 구성돼 있고 흐름도 타고 있다. 이런 데서 스탠드업 하는 건 강심장이다. 연결이 깨진다. 이물질이다. 뜬금없다. 잘 완성된 그림을 찢고, 내 사진 한 장 덧붙이는 격이다. '그림 찢기 스탠드업'이다.

◁ **대안은?:** 스탠드업 대신, 그림에 녹아드는 것이다. 현장 그림에 기자가 나와 주면 된다. 미 상원의 주한대사 인준 청문회. 주요한 현장이다. 스탠드업 한다고? 당장 의회 경비 요원(Security Guard)이 달려 올 것이다. 그냥 청문회장에 앉아 있으면 된다. 노련한 촬영기자가 취재 모습을 반드시 담는다. 그 한 컷으로 정리된다. 모든 걸 증명한다.

휴먼 스토리나, 미담도 마찬가지다. 해당 인물, 또는 장소에 동행하라. 대화도 하고 같이 둘러보기도 하라. 스토리의 일부다. 그 한 컷으로 스토리의 동반자가 된다. 자연스럽다.

3. 사후 제작의 비기(祕器)·비기(祕技) 그래픽

방송에선 그림이 세다. 대신 약점이 있다. 수치에 약하다. 뉴스는 수치를 피해 갈 수 없다. 구원투수가 나서야 한다. 그래픽이다. 수치까지 쉽게 안내한다. 수치가 뜻하는 야마를 잘 전달한다. 추상적 개념, 거대 담론(談論)의 전담 구원투수도 그래픽이다. 장황함을 걷고, 핵심만 뽑아준다. 시간도 에너지도 절약된다. 그래픽 제작은 사후 제작 단계에 한다. 그림이 어느 정도 결정되고 나서다. 이것만 봐도 구원투수다.

구원투수를 낼 때쯤, 감독 맘은? 새카맣다. 관중은? 공 하나에 울고 웃는다. 모두 구원투수만 바라본다. 주연(主演)이다. 뉴스의 구원투수 그래픽도? 마땅히 주연(主演)이라야 한다. 그런데 눈여겨보는 이가 의외로 적다. 주연 대우는 고사하고, 활용법도 잘 모른다.

비기(祕器)의 기본 조건은? 사람들이 별로 눈여겨보지 않는 거다. 나만 알면 결정적이다. 비기(祕技)가 된다. 그래픽은 사후 제작 단계의 비기(祕器)·비기(祕技)다.

■ 스탠드업과 닮은꼴, 그래픽

그래픽은 공교롭게도 스탠드업과 닮은 꼴이 심하다. 거의 같다. 그래픽도 구성을 한다. 제작 요령도 같다. '추상화(抽象畫)에서 구상화(具象畫)로'다. 추상적 개념을 구체적으로 보여주라는 것이다. 소도구(小道具: prop)도 챙긴다. 구체적인 형상이나 상징물이다. 동적(動的)인 것을 추구하라는 것도 같다. 무엇보다 그래픽은, '창의(創意: creativity)의 영역'이다.

● 스토리보드는 필수

그림은 전문가와 협업한다. 촬영기자다. 그래픽도 전문가와 협업한다. 그래픽 디자이너다. 기본 소통 툴(tool)이 있다. 스토리보드(storyboard)다. 리포트 사전 구성안에는 스토리보드가 선택사항이었다. 그래픽 구성안은 그 자체가 스토리보드다. 필수다.

예쁘게 그릴 필요는 없다. 개념을 분명히 전달해야 한다. 그래픽 스토리보드도 양식은 없다. A4 용지 정도에 적절히 그리면 된다.

■ 실전으로 확인하는 그래픽 문법(출제)

실전에 바로 들어간다. 아래 세 가지 타입의 기사가 있다. 그래픽을 구성해 보라.

● 실전 그래픽 예제 1. 추상적 기사

인플레이션 압박은 가시화되고 있습니다. 우선 국내외 할 것 없이 국채 금리가 오르기 시작했습니다. 체감 물가인 소비자 물가 상승에다, 경제 살리자는 명분의 돈 풀기까지 겹치면서 인플레 압박이 점증 중입니다. 코로나로 주춤했던 수요까지 백신 접종 이후 크게 늘기 시작했습니다. 시간이 갈수록 인플레이션 위험은 도처에서 급증하고 있습니다.

＊ 힌트: 코로나 백신 접종 개시 이후 경제 상황이다. 어려운 경제 용어가 많다. 추상적이다. 야마를 찾아보자. 조여오는 인플레이션 압박이다. 이게 구상화(具象化) 대상이다. 구체적으로 보여줘야 한다. 소도구(小道具:

prop)는 뭐로 할까? 그 상징물부터 생각해 보자.

● 실전 그래픽 예제 2. 거대 담론(談論)형 기사

"곳곳에 균열이 일고 있습니다. 세계 경제 말입니다. 코로나 충격 때문입니다. 특정 수요가 몰리면서, 부품 소재와 원자재는 물론, 이를 운송하기 위한 물류마저 과부하가 걸렸습니다. 이 때문에 자산 거품까지 급격히 생겨나고 있는 상황입니다."

＊힌트: 세계 경제와 코로나 충격이다. 주제의 덩치가 크다. 단어의 무게 하나하나가 중량급이다. 이른바, 거대 담론(談論)이다. 예제 1과 같은 절차로 생각해 보자. 구상화~소도구 장착까지 고민한다.

● 실전 그래픽 예제 3. 숫자형 기사

(C.G.1) 청년 실업률 7.3%, 지난 8월과 9월 6%대로 떨어지며 잠시 주춤했던 것이 다시 오름세로 돌아선 겁니다. (C.G.1)

(C.G.2) 특히 실업자 수 증가로 볼 때, 이른바, '사오정' 세대로 불리는 40대와 이른바, '30대 정년' 세대라는 30대를 능가하며, 20대가 가장 급격히 늘어났습니다. (C.G.2)

＊힌트: 3장의 <표 16> 사전 구성안의 전(轉) 부분이다. 숫자형 기사다. 그래픽 처리가 예정돼 있다. (C.G.1), (C.G.2)로 2종류의 그래픽 표시도 돼 있다.

그래픽은 창의의 영역이다. 답이 없다. 누가 더 멋진 상상으로 더 소구력 있게 푸느냐의 문제다. 시청자는 알아본다. 그 판단은 냉정하다. 필자는 아래와 같이 풀어 봤다.

■ 해제 1. 상징 소도구 시침(時針)의 압박

①

②

③

<그래픽 1: 출처: KBS>

<예제 1>의 기사 야마는 조여 오는 인플레이션 압박이다. 추상적 개념이다. 구상화(具象化)에 들어간다. 소도구(小道具)로 시계를 썼다. '인플레' 시계다.

● 구상화 소도구
'인플레' 시계, 그 상징 구조
시간은 압박을 상징한다. 시침(時針)은 그 압박 정도를 냉정하게 재서 보여준다. 계량화(計量化)다. 시침(時針)이 인플레이션을 압박하며 조여 온다. 시계 숫자판의 '12'는 그래서 암시다. 압박의 임계점(臨界點: tipping point)이다. 인플레이션 데드라인(deadline)이다.

● 그래픽 구성 전개 구조:

시간⇧ 압박 요소⇧ ⇨ 경보

시간이 갈수록 인플레이션 압박 요소가 늘게 했다. <그래픽 1>의 첫 컷(Cut)인 ①에선 국내외 국채 금리 상승 하나다. 그것만으로도 이미 시침은 8시를 가리키고 있다. 이어 ②에선 소비자 물가 상승과 돈 풀기가 더해진다. 시침은 9시로 달려간다. ③이 되면, 백신 이후 수요 증가가 압박 무게를 더하는 모양새다. 시침은 어느새 10시로 넘어갔고, 시계 위엔 경보가 뜬다.『인플레이션 "위험 도처에"』다.

■ 해제 2. 금 간 '자동차 앞 유리창'의 스토리텔링

● 거대 담론도 손에 잡히게... 자동차 앞 유리의 상징 구조

<예제 2>는 거대 담론이다. 세계 경제를 다룬다. 세계 경제는 추상화(抽象畫)다. 손에 잡히게, 보여줘야 한다. 이른바, 즉물적(卽物的: ostensive) 구상화(具象化)다. 역시 소도구가 필요하다. 자동차 앞 유리창을 빌려와 봤다. 영어로 Windshield 아니던가? 바람막이다. 방패(Shield)다. 세계라는 자동차를 달릴 수 있게 보호하는 방패가 세계 경제다. 그 방패가 지금 상태가 좋지 않다. 기사는 **"곳곳에 균열이 일고 있습니다."**로 시작한다. <그래픽 2>의 첫 컷(Cut) ①이다. 금이 간 앞 유리창이다. 그래픽 구성도 스토리텔링(storytelling)이다. 구체적으로는 이미지 스토리텔링(storytelling with image)이다.

● 스토리텔링 구조: 금 간 방패에 비친 세계 경제

그 방패에 날아온 엄청난 충격의 돌은 코로나다. 금이 간 채 세계를

①

②

③

<그래픽 2: 출처: KBS>

어설프게 막고 있는 방패. **"세계 경제 말입니다. 코로나 충격이 심각합니다."** 2번째 문장이다. 코로나 충격 속 세계 경제가 비친다. <그래픽 2>의 ②번 컷(Cut)이다.

"특정 수요가 몰리면서, 부품 소재와 원자재는 물론, 이를 운송하기 위한 물류마저 과부하가 걸렸습니다. 이 때문에 자산 거품까지 급격히 생겨나고 있는 상황입니다." 내상(內傷)이 적나라하게 드러난다. 금이 간 유리창 조각조각이 내상 조각이다. 내상의 내용이 적나라하게 씌어 진다. "특정수요⇧, 물류운송 과부하⇧... 자산 거품⇧" 한 때 든든한 방패였던 유리창에 비친 세계 경제의 현주소다. <그래픽 2>의 최종 컷 ③이다.

■ **해제 3-1. '공' 하나의 변화**

<예제 3>의 첫 그래픽 그룹(C.G.1)부터 보자. 초점은, 청년실업률 월별 변화 추이다. 이럴 때 흔히 쓰는 게 막대그래프다. 너무 평범하다. 좀 더 시각적인 소도구라야 맞다. 시간이 문제다. 촉박하다. 일단 막대

<그래픽 3: 출처: KBS>

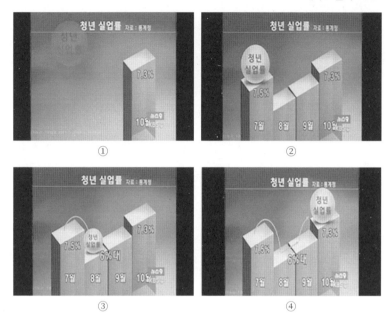

그래프로 가기로 했다.

"청년 실업률 7.3%," 첫 구절이다. <그래픽 3>의 ①이다. 10월 청년실업률이다. 막대 하나가 멋쩍게 올라간다. 두 번째는, **"지난 8월과 9월 6%대로 떨어지며 잠시 주춤했던 것이..."**다. 여기엔 7, 8, 9월 막대가 한꺼번에 들어온다. 변화를 볼 수 있도록. 7월은 7.5%다. 높았다. 8, 9월은 막대 높이가 낮아진다. 뭔가 빠진 느낌이다. 뭘까?

이 그래픽이 보여주려는 건 '추이(推移)'다. 영어로 trend, 즉, 방향성을 가진 움직임이다. 그게 그래픽에 없다. 정물적(靜物的) 막대그래프로는 잡기 힘들다. 움직임을 가미(加味)해줘야 한다. 고민 끝에 '공(ball)' 하나를 만들어 봤다. 청년실업률 추이를 상징하는 소도구다.

청년 실업률은 막대그래프다. 공을 막대그래프의 높이 변화에 맞춰 튀게 했다.

두 번째 문장부터 적용했다. <그래픽 3>의 ②, ③이다. ②~③~④ 로의 전개를 이어보자.

이제 보인다. 공이 튀는 궤적이다. 청년실업률 변화 추이(推移: trend) 다. 공 하나로 그래픽이 달라졌다. 정물(靜物)이 생물(生物)이 됐다. 움 직이는 그래픽의 존재 이유다. 공 하나 더하는 간단한 구성, 움직이는 그래픽의 기초다.

■ 해제 3-2. 캐리커처(caricature)로 아이콘 化(iconize)

<예제 3>의 두 번째 그래픽 그룹(C.G.2)은 타 연령대와의 비교다. 이 것도 그냥 막대그래프로 그릴 수는 있다. 방송 그래픽으로는 '폭망' 각 이다. 표(tablet)지, 그래픽이라 할 수 없다. 신문과 다를 바 없다. 소구 력이 떨어지는 것이다.

캐리커처(caricature)는 어떨까? 각 연령대의 특징을 약간 과장해 만 화 형식으로 그린다. 아이콘 化(iconize) 한 소도구다. <그래픽 4>와 같 이 그려 봤다. **"특히 실업자 수 증가로 볼 때, 이른바, '사오정' 세대로 불리 는 40대와..."** 첫 문장은 40대에 대한 것이다. 고단한 와이셔츠 차림의 중년이 나온다. ①번 컷(Cut)이다. 옆 모습(profile)으로 그리니 화룡점 정(畵龍點睛)이다. '45세면 정년(사오정)'이란 고민을 엿보는 느낌?

"이른바, '30대 정년' 세대라는 30대를 능가하며..." 두 번째 문장은 정 장 차림의 중견 사원이 나온다. 표정이 마뜩잖다. **"30대 정년이라고?"** 당황하는 모습이다. 클로즈업 정면 샷이다. 그 표정을 잘 읽어 준다.

<그래픽 4: 출처: KBS>

①

②

③

<그래픽 4>의 ②다.

마지막 문장은 결론이다. **"20 대가 가장 급격히 늘어났습니다."** 와이셔츠에 넥타이가 아직은 어색해 보이는 초년병, 청년 세대의 핵인 20대. 우는 듯하다. 취업 등용문(登龍門)이 좁아 힘들다는 것이다. 30·40대보다 크게 그렸다. 샷으로는 니 샷(Knee Shot)에 가깝다. '제일 많이' 힘들다는 것이다.

그러고 보니, 캐리커처의 크기가 각기 다르다. 각 캐리커처에 쓰인 실업자 수와 비례한다.

■ 그래픽 제작 Tips

① 기사는 그래픽에 맞춰야 **"곳곳에 균열이 일고 있습니다. 세계 경제 말입니다. 코로나 충격 때문입니다."** <그래픽 2>의 기사다. 짧게 끊어 가니 이해하기 좋다. 그러나 엄밀히 보면, 통상적이지는 않다. 기사의 모형(母型)이라 할 스트레이트 기사 형식에 볼 때, 더욱 그렇다.

"코로나 충격으로 세계 경제 곳곳에 균열이 생기고 있습니다." 이게 통상적일 것이다. 굳이 문장을 나눠야 한다면? **"세계 경제 곳곳에 균열이 일고 있습니다. 코로나 충격 때문입니다."** 정도? 그러면 왜 이렇게 기사를 썼을까? 그래픽과의 궁합을 생각해서다.

그림에 맞게 기사를 쓰는 것과 같은 이치다. 그래픽의 구성 내용에 맞춰 기사를 쓰는 것이다. 그래픽의 움직임이나 전개가 기사와 따로국밥이 되면 사고다.

일반적인 형태로 썼다 치자. **"코로나 충격으로 세계 경제 곳곳에 균열이 생기고 있습니다."** 그래픽이 복잡해진다. ②번 컷이, 첫 컷이 돼야 한다. 금 간 유리창에다, '코로나 충격'과 '세계 경제'라는 활자까지. 그림 변화와 많은 메시지가 한 번에 터져 나온다. 인지할 수가 없다.

② 그래픽 변화, 메시지: 한 컷에 하나

그래픽은 최대한 단순해야 한다. 디자인이나 변화가 과하면, 역효과 난다. 변화도, 메시지도 '한 컷에 하나'라야 한다. <그래픽 2>에 적용하면, 첫 컷은 자동차 유리창에 금만 가 있는 것으로 끝이다. 이 컷에 맞추려, "곳곳에 균열이 일고 있습니다."로 기사를 썼다. 이후 기사들도 그래픽의 각 컷에 맞춰져 있다.

③ 수치와 정보 과감히 쳐내라

<그래픽 3> ③~④까지, 8, 9월 청년 실업률을 뭉뚱그려, '6%대'로만 표현했다 중요한 건 '추이'기 때문이다. "8, 9월 들어 청년 실업률이 떨어졌다."는 것만 드러나면 된다. 그 폭이 6%대라는 정도만 제시해도 알 수 있다. 만약 8, 9월별로, 시시콜콜 수치(8월: 6.01%, 9월: 6.03%)로 다 표시했다면? '추이'가 가려진다. 숫자에 정신을 빼앗겨서다. 주객전도다. 수치나 정보는 과감히 쳐낸다.

■ 실습: 그래픽 스토리보드

그러면 여기서 그래픽 스토리보드는 어떻게 그리는지 간단하게 다뤄보자. 다 그려볼 수 없으니, 바로 위 캐리커처형 <그래픽 4>를 예로 들어 보자. 아래 <표 4>와 같다.

첫 컷 ①의 스토리보드를 보자. 그림 수준이 어떤가? 사람 모습이라는 것만 알 정도? 그거면 된다. 중요한 건 따로 있다. 설명이다. 그림에 동그라미를 치고 연결해 놓은 깨알 메모들이다. 각 스토리보드 컷 오른쪽에 연필로 써 놓았다. 암호 해독한다 치고, 보시길.

● '깨알 메모'가 중요

"40대 남자 옆모습, 넥타이에 와이셔츠"에다, **"고민, 우울"**이라 써 놓았다. <그래픽 4> 40대 중년 캐리커처의 느낌 아닌가? 그래픽 디자이너가 이 깨알 메모 존중해 준 덕이다. 깨알 메모는 소통 수단이다. 물론 그래픽 디자이너와 사전에 면대면 협의는 한다. 문제는 디자이너가 급격히 바빠진다는 것이다. 다른 그래픽 의뢰가 몰려와서다. 기자에게 뭘 다시 물어볼 여유가 없다. 이 메모가 사실상 작업 나침반이 되는 셈이다.

글씨 색깔도 깨알 메모한다. ①번 컷의 메모를 보라. 실업자 수는 **'흰색'**, 연령대는 **'노란색'**이라고 적어 놨다. ②번 컷의 메모에는 **'글씨 색은 통일'**이라고만 했다. ②번 컷 이후에도 ①번 컷의 방식으로 글씨 색 구분을 통일되게 해달라는 거다.

● 한 컷 한 컷 그려줘야

장면	기사	스토리 보드
①	특히 실업자 수 증가로 볼 때 이른바, '사오정' 세대로 불리는 40대와	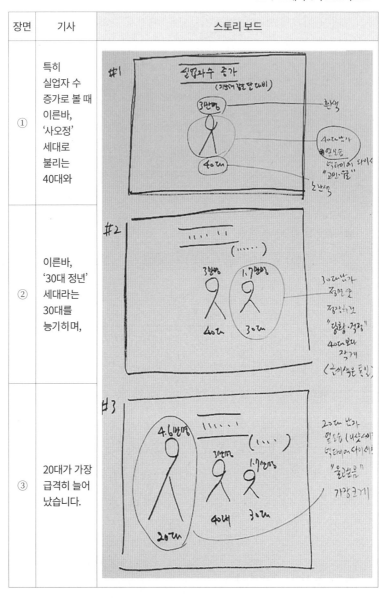
②	이른바, '30대 정년' 세대라는 30대를 능가하며,	
③	20대가 가장 급격히 늘어 났습니다.	

②, ③번 컷 메모에는 각 캐리커처의 크기도 주문해뒀다. **"40대 보다 작게"**, **"가장 크게"** 등의 메모가 그것이다. 반면, ②번 컷 이후부터 과감하게 생략한 것도 있다. '실업자 수 증가(지난해 같은 달 대비)'라는 제목의 경우다. '...'으로 표시만 해뒀다. ③번까지 같은 내용이라서다. 디자이너와 사전 소통이 됐고, 대세에 지장이 없으면 괜찮다. 오해 소지가 있다면 안 된다. '...' 표시가 별도의 그래픽으로 보일 경우다, 이때는 꼬박꼬박 다 써줘야 한다.

그래픽 스토리보드는 한 컷(Cut) 한 컷(Cut) 단위로 그려줘야 한다. 그래픽의 그림과 움직임 등의 변화가 이뤄지는 단위다. 한 땀 한 땀씩 이어 가야 바느질이 되듯이.

이 그래픽은 매우 단순하다. 5등급 난이도로 따지면, 제일 쉬운 5등급 정도? 그래픽 ①~③의 스토리보드도 그려 보라. 좀 더 세밀하게 그려야 한다. 그래도 4등급은 넘지 않는다.

충분히 도전해 볼 만한 수준이다.

● **많이 보는 게 짱... 소화제는 셀프 첨삭(添削) 지도(指導)**

잘 만든 그래픽이 리포트를 살린다. 남의 걸 많이 봐 두는 게 비결이다. 공짜 아닌가? 남의 리포트가 나갈 때, 스탠드업이나 그래픽을 유심히 보라. 스스로 첨삭(添削) 지도(指導)를 해 보자. **"나라면 어떻게 할 것인가?"**다. 남의 것을 섭취한 만큼 내 아이디어도 는다. 셀프 첨삭 지도로, 내 몸에 맞게 섭취하는 것이다.

● **The Sooner, The Better!**

그래픽 종류별로 제작 시간이 다르다. 문서에서 글씨를 확대해 뽑아내는 간단한 그래픽도 30분 정도 걸린다. 일반 그래픽도 40분 이상이다. 삽화(Illustration)형 그래픽은 까다롭다.

앞서 <그래픽 4>의 캐리커처도 부분 삽화에 해당한다. 이 정도는 데이터베이스에 저장된 것들도 있을 것이다. 그렇다 해도 손이 간다. 새로 삽화를 만든다면 3~4시간이다. VR 그래픽은 4시간 이상, 3차원 그래픽 시뮬레이션 영상은 5~6시간 걸린다. 시간과의 싸움이다.

순수 제작 시간만 그렇다는 얘기다. 협의와 준비, 수정 시간, 그래픽 간의 제작 우선순위 등도 감안해야 한다. 메인 뉴스는 한 번에 많은 양의 그래픽이 몰린다. 메인 뉴스 그래픽의 80%가 방송 2시간 전부터 몰려든다는 일부 조사가 있을 정도다.[11] 여유 있게 의뢰해야 한다. 중고등학교 영어 시간에 이미 배웠다. The Sooner, The Better!

4. 끝내기는 제작 PD로서

현장 취재('**취재**')를 시작하며, 돋보기 하나를 걸쳤다. 제작자의 돋보기다. 현장 PD까지 겸직이었다. 현장 취재 마치고 마지막 관문 앞에 섰다. 사후 제작(Post-production)이다. 이젠 제작 PD다. 겸업(兼業) 아니고 전업(專業)이다. 제작 최종 책임자다. 제작물(Product)로 판단 받는다. 이게, 방송기자(Broadcasting Journalist)다.

---

11 임장원, 『TV 뉴스 취재 보도 실무』, 한국언론재단, 2009. p.140

■ 제작 PD로서 장악해야 할 사후 제작 흐름

회사에 들어오지 않고 제작하는 경우도 있다. 회사에서 제작한다면, 9시 뉴스 리포트의 경우, 오후 4~5시쯤에는 들어와야 한다. 제작 PD로서 장악해야 할 루틴(routine)이 기다리고 있다. 사후 제작의 흐름이다. 각 단계별로, 전문 인력들과의 협업이 있다. 부서도 일의 성격도 각각 다르다. 하나로 잘 조정해, 제작을 끌어가야 한다.

● 확인이 반... 사후 제작 체크 포인트

사후 제작 시작은 확인 작업이다. ▶ 프리뷰(Preview)가 대표적이다. 그림 확인이다. 수정 구성안대로 현장 취재('**취재**')가 됐는지다. <표 1>에서 수정된 부분은 전형 상황실과 작업대다. 촬영된 그림과 대조한다. 시퀀스 2에서는 수강생 그룹 샷을 뒷모습으로 잡기로 했다. 모자이크 처리[12] 필요성도 따져본다. 초상권은 뒷모습이라고 해도 안전하지 않다.

▶ 인터뷰들도 하나하나 확인한다. 현장에서 확인한 내용대로 촬영돼 있는지다. 음질과 길이, 구체적인 내용도 확인한다. 기사를 쓸 때 시간을 조정하기 위함이다. 주요 인터뷰와 그림의 타임 코드(T.C.: Time Code)[13]는 메모해 둔다. 편집 때는, 초 단위가 급하다. 그림 찾느라 허비하는 시간이 의외로 많다.

3장의 <표 16>을 보면, 시퀀스 3에 ▶ 스탠드업이 있다. 구상대로

---

12 화면을 가리는 특수 효과. 부분, 전체 차단 등 다양한 방법이 있다.
13 화면이 동영상 파일 시작 후 얼마 지나 나오는지 보여주는 기록이다. 초 단위 이하까지 나온다.

됐는지, 당연히 체크한다. 현장 목소리 톤(tone)까지 기억해 두면 편리하다. 스탠드업 앞뒤 문장 때문이다. 회사 녹음실에서 읽어야 한다. 현장 스탠드업 톤(tone)에 맞춰 읽어야 튀지 않는다. 이 리포트엔 해당하지 않는다. 현장에서 스탠드업 앞뒤 문장을 다 읽어 왔다. ▶그래픽 두 개(C.G.1, 2)의 제작법은 앞서 설명했다. 일찌감치 의뢰한다. 시퀀스 4에서는 ▶자료 그림을 쓰기로 했다. 미리 찾아뒀지만, 한 번 더 확인한다.

● 협업자들의 업무 일정도 확인

확인할 건 또 있다. 협업할 이들의 업무 일정이다. 우선 ▶그래픽 디자이너들의 교대, 식사 시간이다. 이를 감안해 담당 디자이너와 약속을 정한다. 다음은 ▶스튜디오 엔지니어들이다. 이 리포트에는 없지만, 스튜디오 작업을 해야 할 때가 많다. 예를 들어, 스탠드업을 스튜디오의 크로마키 앞에서 해야 할 경우다. 특수 자막을 미리 녹화해야 할 수도 있다. 엔지니어 팀의 일정을 확인하지 않으면, 낭패다. ▶전문 영상 편집자와 일정도 확인한다. 내 리포트 말고도 편집이 많을 것이다. 오후 4시 이후엔 TV 뉴스가 많다. 언제 마무리가 되는지와, 식사 시간까지 확인한다. 리포트 기사 완성 시간에 맞춰 약속을 잡아야 한다.

이처럼 사후 제작은 확인부터 시작이다. 레일이 깔려야 열차가 달리는 것과 같다. 그래도 시작은 반이라 했다. 사후 제작도 그렇다. 확인이 반이다. 그만큼 중요하다.

■ 리포트 기사, 집필·완성의 맥(脈)

리포트 기사 집필 방식은 일반 제작과는 좀 다르다. 다큐나 시사물 등 일반 제작에선 그림 편집부터 먼저 한다. 해설(narration), 즉, 기사는 그 후에 쓴다. 그림 가편집본을 보며 그림에 맞춰 써나가는 것이다. 그림이 절대 우위다.

● 기사 먼저 - 편집 나중, 왜?

리포트는 기사를 먼저 쓴다. 기사를 보고 그림을 최종 편집한다. 리포트에서도 그림이 중요하다. 제작이니까. 다만, 절대 우위는 아니다. 사실(事實: fact)이 우위일 때도 많다. 리포트의 본질은 뉴스기 때문이다. 사실이 너무나 중요하면, 그림 없이 나갈 수도 있다. 특보나, 속보의 경우다. 이뿐이랴? 스트레이트 기사를 줄줄 읽은 리포트. 그림도 변변찮고, 구성도 없다. 그런데도 9시 뉴스하고도 톱이다. 반응도 대단하다. 왜? 특종이니까.

사실(事實: fact)만으로도 힘이 있는 것이다. 그림보다 우위에 있는 경우다. 사실(事實: fact)은 방송 직전까지 바뀔 수 있다. 생물이다. 그림이 기사의 틀이 돼선 금방 바꾸기 힘들다. 그 반대면, 훨씬 낫다. 리포트 제작에서 기사를 먼저 쓰는 배경일 것이다.

● 확인된 사전 구성안의 위력

그럼에도 리포트에선 그림이 중요하다. 기사를 먼저 쓰지만 그림을 보고 쓴다. 이때 그림은 편집하지 않은 원본 그림이다. 그림에 맞춰 쓰는 건 같다. 물론 그림이 없는 돌발형 사안은 예외다. 여기서 리포트로 돌아가 보자.

사전 구성안 수정까지 마쳤다. <표 1>과 같이 수정 폭은 기와 승, 즉, 1, 2 시퀀스뿐이다. 현장 취재 과정에서 민첩하게 마무리했다. 머릿속 영상 편집기 덕이다.

이 리포트의 전과 결, 즉, 시퀀스 3, 4는 수정된 게 없다. 특히 시퀀스 3부분은 스탠드업과 그래픽이다. 보도 자료와 기초 취재로 일찍 확정됐다. 현장 취재 나오기 전에 완성된 기사로 썼다. 3장의 <표 16>에 있는 대로다. 스탠드업도 했고, 그래픽 부분 기사까지 아예 현장에서 읽어 왔다. 남은 부분은 앞서 말한 수정 부분이다.

그나마도 조금만 손대면 완성된다. 시퀀스 1, 2는 <표 1> 수정 구성안에서 보듯, 줄거리가 메모돼 있다. 해당 부분을 "~했습니다" 체로만 바꾸면 된다. 3장 <표 16> 시퀀스 3, 4의 완성본 기사와 합친다. 리포트 전체 기사가 완성된다. 곧바로 데스크에 올려 검토와 수정(이른바 '기사 데스킹')을 기다릴 수 있다. 이 모두가 사전 구성안의 위력이다.

■ 종착역으로... 편집, 편집, 편집

기사 데스킹이 끝나면, <사진 3>, <사진 4>와 같은 녹음실에서 읽는다. <사진 5>와 같은 편집실로 들어와, 소리 편집부터 한다. 기자의 목소리(voice-over), 인터뷰, 이펙트, 스탠드업 등을 기사 내용 그대로 붙이는 것이다. 끝나면, 복병이 나타나곤 한다. 길이다. 예를 들어, 다 붙였더니 1분 40초라 하자. 큐시트 상의 시간은 1분 30초다. 10초 오버다.

1분 30초 리포트에서는 통상, 기자의 목소리 녹음(voice-over) 부분이 1분 이내다. 스탠드업 포함이다. 인터뷰는 개당 10초를 기준으로 2개

<사진 3> KBS 보도 본부 기사 녹음실(더빙 룸)　<사진 4> 더빙 룸 내부: 모니터, 마이크, 헤드폰

<사진 5> KBS 보도 본부 편집실 내외부

이내다. 이 리포트는 이 기준을 넘는다. 인터뷰만 해도 길고 짧은 것을
합해 5개다. 또 리포트 시퀀스 1에는 10초 정도의 이펙트가 따로 있
다. 스탠드업도 12초 정도다.

● 덜어내는 것도 편집

　뭘 덜어낼 수 있을까? 물론, 이 작업은 기사 작성 때 이미 됐어야
한다. 초년병 땐 어렵다. 의욕이 앞서서다. 물론 데스크는 금방 파악
했겠지만, 초년병의 사기를 고려하곤 한다.

　데스킹 과정에서 모질게 잘라내지 않는 경우가 있다. 몇 가지 포
인트만 짚고 넘어가자.

◁ 덜어내는 몇 가지 포인트

시퀀스 3, 4의 경우, 사실 자르기가 힘들다. 시퀀스 3은 이 리포트의 핵심 팩트들이다. 시퀀스 4는 이 리포트의 결론인데, 분량 자체가 적다. 인터뷰와 기사 모두 알맹이다. 잘라내면 구조가 무너진다. 결국 덜어낼 곳으론 시퀀스 1, 2만 남는다.

잘라내는 건 인터뷰가 우선이다. 통상 인터뷰는 첨가(添加), 보족(補足)이다. 뼈나 근육이 아닌 살이다. 어디가 좋을지 확인해 보라. 다음은 기사다. 손댈 기사가 어딜까? 사실(fact)관계가 아닌 묘사 부분이 우선 대상이다. 다른 표현으로 바꿔 줄이면 된다. 다만, 너무 줄이다 보면 그림의 호흡과 틀어질 수 있다.

◁ 편집 원론 뭐였더라? 1장 강추!

이렇게 잘라내고 나면, 그림을 입힌다. 우리는 1장을 통해 그림 알기, 나아가 그림 문법까지 들여다봤다. 편집 원론인 셈이다. 아리송하다면, 1장을 한번 다시 보는 게 방법이다.

이 리포트는 편집 고민할 게 별로 없다. 사전 구성안 덕이다. 촬영부터 아귀에 맞게 다 돼 있다. 그림과 샷 단위까지 정해져 있다. 조금 덜어내는 부분만 손보면 된다.

● '시시콜콜' 편집 실무 요령

다만, 몇 가지만 요약해 본다. 시시콜콜한 편집 실무요령이다. 실전을 위해서다. 기억해두면, 전문 편집자와 협업할 때 유익하다. 다음과 같다.

① 기사 따라 그림 붙이지 마라.

바둑 격언에 "손 따라 두지 마라" 했다. 이 격언을 편집에 적용하면? "기사 따라 그림 붙이지 말라."다. "오늘 제주에는 상고대가 피었고, 부산에선 도로가 결빙됐으며, 서울에는 10년 만의 폭설이 내렸습니다... <후략>..." 세 가지 상황의 그림은 다 있다. 이 문장의 해당 부분 길이에 맞춰 다 붙일 것인가? 생각만 해도 어지럽다.

중요한 건 리포트 기사 전체를 보는 눈이다. 큰 흐름과 맥락이다. 어느 그림이 중요한가 따져보라. 그 그림 위주로 편집한다. 제주 얘기로 시작했지만, 제주는 빼고 할 수도 있다. 반대로 제주 그림으로만 다 쓸 수도 있다. 호흡을 길게 해서 이 문장 다음 기사들, 즉, <후략> 부분까지 세 그림을 골고루 쓸 수도 있다. 편집은 기사가 아니라 흐름과 맥락이다. 뭣보다 리포트 기사 이렇게 쓰면 안 된다. 그림과 편집에 대한 고려 없이 썼다.

② 필요하면 특수효과가 있다.

1장에서 우린 와이프(wipe)효과를 알게 됐다. 정확하게는 DVE(Digital Video Effect), 즉, 디지털 영상 효과다. 와이프는 이 특수 효과 중 하나다. DVE는 다양하다. 2차원 효과 중엔 화면 분할이 자주 쓰인다. 화면을 둘로 나눠, 각각의 그림을 담는다. 두 그림의 대조, 비교 등에 좋다. 다음은 화면을 줄이는 축소다. 남는 배경 공간에는 그래픽이나 자막을 넣을 수 있다. 이동, 회전 등도 있다. 3차원 효과도 있다. 편집의 양념이다. 잘 쓰면 감칠맛을 낸다. 예전에는 스튜디오 부조정실까지 가야 가능했다. 지금은 편집실에서 가볍게 한다. 단, 과유불급이다.

③ 이펙트는 달랑 끊지 말고, 다음 그림까지 배경음으로 흘려줘라.

3장 나만의 사전 구성안, 작성 팁 "그림은 소리로 보는 것... Ch.2, 신경 써야"에 있다.

④ 같은 신(Scene)이면, 배경음이 튀지 않게.

위 ③의 연장선이다. 앞서 백화점 실내의 배경 음악을 예로 들었다.

⑤ 음악도 '소리'인데, 어떡하나?

음악은 감성적 수단이다. 뉴스의 사실성에 영향을 줄 수 있다. 이해관계와 갈등 구조가 있는 리포트라면, 더욱 그렇다. 예외는 있다. 미담이나 스케치, 휴먼 스토리 등이다. 절제해서 사용할 수 있다. 현장음도 문제없다. 예를 들어 공연장의 음악 같은 경우다.

⑥ 들락날락? 안 돼!

이어 붙일 그림들의 장소적 배경이 실내 - 외로 들락날락하는 건 좋지 않다. 예를 들어, A - B - C라는 세 그림을 이어 편집하려 한다. 각 그림의 장소적 배경이 실내 - 실외 - 실내라 하자. 실내외를 들락날락하는 것이다. 혼란스럽다.

＊ 실내 - 실내 - 실외, 실외 - 실내 - 실내로 일관성 있게 이어져야 한다.

＊ 시간적 배경도 그렇다. A - B - C가 낮 ⇨ 밤 ⇨ 낮이 되선 곤란하다.

＊ 낮 - 낮 - 밤, 또는 밤 - 낮 - 낮으로 흐름이 일정해야 한다.

⑦ 좌 - 우 - 좌 - 우 or 우 - 좌 - 우 - 좌

인터뷰를 하나 붙였다. 시선이 오른쪽을 쳐다보고 있다. 바로 뒤 인터뷰에선 시선이 어딜 봐야 할까? 왼쪽이다. 그래야 튀지 않는다. 인터뷰가 바뀔 때마다 시선도 좌 - 우로 번갈아 바뀌는 게 자연스럽다. 이는 현장 취재 때부터 유의해야 한다.

방송기자는 편집을 직접 하지 않는다. 편집 구성안도 만들지 않는다. 다만 기사로 말한다. 리포트 기사를 써서, 전문 편집자와 협업한다. 편집은 제작의 종착역이다. 종착역을 앞두고 핸들을 맡긴 채 팔짱만 낄 기관사는 없다. 편집을 직접 하지 않더라도 참여해야 한다. 편집의 '감(感)' 정도는 알아야 가능하다.

■ 천만 가지 리포트... '유형(類型)'보다 '유연(柔軟)'으로

실전 리포트는 천만 가지다. 지금 다룬 리포트는 그중 하나에 불과하다. 같은 주제, 같은 현장이라도 리포트가 다르다. 크게 리포트 유형을 나눠 볼 수는 있다. 윤곽이라도 한번 잡아보자. 단, '유형(類型)'보다는 '유연(柔軟)'이 열쇠다.

● 스트레이트형 = 연역(演繹: Deductive)형 = 역(逆) 피라미드형

리포트는 스토리텔링이라 했다. 그 대척점에 있는 유형도 있다. 스트레이트형이다. 사실 위주('Fact Only' Oriented) 리포트다. 스트레이트 기사와 닮은꼴이다. 사실(fact) 자체가 강력한 경우다. 인터뷰는 있을 수 있다. 스토리나 그림, 구성은 논할 게 없을 수도 있다.

▶특종, ▶핵심 정책 발표, ▶급박한 속보 등이다. 사실 전달에 주력하기도 버겁다. 제일 앞에 야마가 나온다. 이후는 이를 뒷받침하는 원인과 배경 등이다. 중요도 순이다. 연역법(演繹法: Deductive Method)이다. 이걸 그림으로 그리면? 앞이 제일 무겁고 크다. 뒤로 갈수록 가볍고 작아진다. 이른바, 역(逆)피라미드형이다. 신문 기사와 다를 바 없다.

● 스토리텔링형 = 귀납형(歸納形: Inductive) ① 피라미드형

스토리텔링형 리포트들은 주로 도입으로 시작한다. 먼저 뭘 보여주는 것이다. 사례(Case)나 현상(Phenomenon), 또는 상황(Situation)이다. 개별 사실들이다. 일부분이다. 이걸 좀 더 확장시켜 일반화한다. 명제까지 이끌어낸다. 이른바, 야마다. 귀납법(歸納法: Inductive Method)이다. 지금까지 다룬 통계 리포트와 같은 유형이다.

구조는 맨 앞이 도입부다. 작은 개별 사례다. 가볍고 작다. 이를 근거로 일반화에 들어간다. 원인, 문제점을 진단한다. 조금 무겁고 커졌다. 서서히 야마로 들어간다. 대안과 전망을 제시하며 마무리한다. 갈수록 무겁고 커진다. 이른바, 피라미드형 구조다.

1분 20초~2분 이하 리포트에서는 대체로 피라미드형이 많다. 9시 뉴스 등 메인 뉴스 리포트가 대표적이다.

● 스토리텔링형 ② 자유형

스토리텔링형이라고 다 피라미드형인 건 아니다. 핵심 야마를 중간쯤에 몰아두는 수도 있다. 모양이 배불뚝이다. 마름모형? 아니면, 병렬형도 있을 수 있다. 각 시퀀스별로 주요 야마를 하나씩 내놓는다. 통칭해 자유형이라 할 수 있다. 호흡, 즉, 길이가 긴 리포트에 많다. 현장 르포나 기획, 고발성의 경우다.

● 도입 형태 ① 묘사형

도입의 형태를 기준으로 나눠볼 수도 있다. 가장 기초적 형태가 '묘사형(描寫形: Descriptive) 도입'이다. 기초형이라 부를 수도 있겠다.

초년병 방송기자들이 현장에서 처음 터득할 리포트 유형이다. 사건 사고, 재난 재해 리포트에 흔히 쓰인다.

> 기숙사가 이렇게 마구 흔들립니다. 잠에서 깬 학생들이 간신히 현관까지 달려 나옵니다. 이번엔 건물 외벽이 문제입니다. 외벽 타일이 비가 오듯 학생들 머리 위로 쏟아져 내립니다. ＊＊＊시에 강도(强度) ＊.＊의 지진이 난 건, 오늘 오후 ＊＊시 ＊＊분이었습니다…

가장 강한 현장 상황을 묘사하며 시작한다. 경주나 포항 지진 같은 경우다. 수법 묘사형도 있다. 피싱이나 다단계 등 범죄 피해나 고발 리포트에서 흔히 쓰인다. 실험도 한다.

● 도입 형태 ② 특정 사실 제기형(사례형)

앞서 귀납형 스토리텔링 리포트에서 설명한 바 있다. 사례형이다. 대표적 유형이다.

● 도입 형태 ③ 시·공간 지렛대형

사건 사고라 해도 그림이 언제나 좋은 게 아니다. 이럴 때 대안이다. 어느 특정 시간이나 장소에 의미를 부여하는 것이다. 이런 시공간을 지렛대로 이야기를 시작한다.

> ＊ 시간 지렛대형: "만취한 B씨가 호텔에 들어간 건, 새벽 ＊시였습니다. 직장 동료 A씨가 반강제적으로 데려간 겁니다. A씨는 준비해 간 노끈으로 B씨의 온몸을 묶고, 현금과 수표 등 ＊억 원을 탈취한 혐의를 받고 있습니다…"

> * 공간 지렛대형: "****동의 이 아파트 놀이터는** 오늘 오후까지도 어린이들로 붐볐습니다. 불과 사흘 전 이곳에서 *명이 살해됐다는 사실을 아는 이는 아직 많지 않습니다."

● 흐름 ① 그림 주도 리포트

리포트 흐름을 주도하는 소재별로도 나눌 수도 있다. 대표적 유형이 그림 주도 리포트다. 일반 TV 리포트의 속성이다. 스케치 리포트 같은 경우 방송 특유의 장르다.

● 흐름 ② 시간 주도 리포트

흐름을 주도하는 소재가 시간인 경우다. 사건 사고에 많이 쓴다. 자초지종을 설명하는 데 간편하다. 복잡한 사건은 발생 시점이 뒤섞여 있다. 시간대별로 정리해 주는 효과가 있다.

통상 과거 ⇨ 현재 순이 많다. 속보는 반대도 가능하다. 과거 사건과 관련해 현재 발생한 뉴스기 때문이다. 현재 발생 내용을 먼저 알려주고, 과거의 일을 배경으로 설명한다.

시간순으로 해선 결코 안 되는 경우도 있다. 현장성이 강한 경우다. 인질 구출 현장 리포트 같은 경우다. 인질 구출 순간부터 바로 가는 게 정석이다. 가장 관심사다. 가장 그림도 좋다. 그림 중심 리포트로 가야 한다.

● 취재 계기: 돌발, 예정, 기획 리포트

뉴스는 크게 발생과 기획이 있다고 했다. 발생은 둘로 나눌 수 있다.

사건 사고 같은 경우다. 돌발적이다. 사전 준비는 불가능하다. 다음은 예정된 발생이다. 정부 부처의 정책 발표나 자료 배포 같은 경우다. 내용은 알 수 없다. 발생 시점은 안다. 사전 기초 취재가 가능하다. 기획은 아예 사전에 준비한 뉴스다. 종합하면, 돌발, 예정, 기획 리포트다.

■ 끝내기 이후... 정석(定石)을 버려라

리포트 제작의 초반 포석은 기초 취재다. 중반 수 싸움은 현장 취재다. 여기까진 좀 실수할 수도 있다. 막판 끝내기 싸움이 결정적이다. 사후 제작이다. 어그러지면 낭패다.

사후 제작, 반 집짜리 끝내기다. 실무에선 더 익숙한 말이 있다. 시아게(仕上: しあげ)다. 일본어로, 마무리란 뜻이다. 최고급과의 격차는 '시아게'만큼 난다. 리포트 제작이 그렇다.

이즈음 생각할 게 하나 있다. 바둑 격언이다. "정석(定石)을 배우라. 배웠으면 버려라." 정석은 '정해져 있는 돌(定石)'이다. 모범 틀이다. 정석 안 배우면, '동네 바둑'이 된다.

반면, 틀은 가둔다. 좋게 말하면 담는다. 모든 실전(實戰)을 다 담을 틀은 없다. 정석(定石)은, 정석(正石)이 아니기 때문이다. 모든 경우에 다 옳은(正) 답이 아니다. 틀(정석)에 얽매이다가는 당한다. 실전은 천변만화(千變萬化)다.

그러면 어쩌라고? 정석은 일단 탄탄하게 익히자. 모든 상황을 정석에 꿰맞추려 하지는 말자. 오히려 실전에 정석을 맞추자. 대입(代入: Substitution) ⇨ 차용(借用: Appropriation) ⇨ 적용(適用: Adaptation) ⇨

응용(應用: Application)의 순이다. 오른쪽으로 갈수록 고급단계다. 그냥 억지로 꿰맞추려 드는가? 아직 대입 단계다. 넘어서야 한다. 실전 상황에 유연하게 맞춘다. 응용을 넘어, 변용(變用: Adaptation & Application)한다. 궁극적으로는 변용(變容: Transfiguration)한다. 고정된 틀에서 벗어나라. "정석을 버리라"는 말의 참뜻이다.

■ 정석 버리기란? '준비된' 임기응변

리포트의 바다는 광활하다. 리포트 유형은, 바닷물 한 컵 분석에 불과하다. 정석 버리기란 광활한 바다라는 환경에 유연하게 맞추는 것이다. 이게 변용(變用: Adaptation & Application)이고 변용(變容: Transfiguration)이다.

● 사전 구성안 '일발 장전' 못할 때도 있다

사전 구성안은 리포트의 나침반이자 맞춤지도다. 여기까지 다뤄온 리포트는 이 정석에 충실하다. 유리한 리포트 유형 덕이다. 예정 리포트다. 엠바고가 있지만, 자료는 미리 나왔다. 촉박하지만 방송하기 급급한 정도는 아니다. 차분히 사전 구성안 생각할 겨를이 있다. 만약 돌발형 리포트라면 사전 구성안 가능할까?

1990년대 초였다. 하늘과 바다, 강, 지상에서 잇달아 초대형 참사가 났다. 아시아나기 추락, 서해 훼리선 침몰, 성수대교·삼풍백화점 붕괴 등이다. 이렇게 대형 사건이 나면, 방송사는 총력전을 벌인다. 부서에 관계없이 취재력을 총동원한다. 당시 필자는 사건·사고와는 무관했다. 정치부 기자였다. 두 번 연속 특별 취재팀에 편성돼 현장에 급파됐다.

● 정석 버리기의 '역설'... 임기응변은 준비된 역량

이런 상황이 정석을 버리는 시점이다. 고정된 틀을 변용해야 했다. 앞서 3장에서, 현장 취재(取材) 나가서 기초 취재(取材)하려 들지 말라고 설파했다. 자칫 리포트가 엎어질 수 있다고 했다. 이 정석 버렸다. 기초 취재를 현장 취재 가서야 했다. 섭외 포함이다. 어쩔 수 없는 돌발 상황 탓이다. 변용은 통했다. 리포트는 다행히 엎어지지 않았다.

대신, '머릿속 영상 편집기'를 풀 가동했다. 취재 차 안에서 머릿속으로 아예 사전 구성안 한 판을 짰다. 막상 현장을 가면, 상황이 또 변하기도 했다. 취재 아이템조차 바뀌기도 했다. 머릿속 영상 편집기는 바삐 돌아갔다.

이러한 변용 능력, 한마디로 임기응변(臨機應變) 역량이다. 그냥 생기는 게 아니다. 준비된 것이다. '축적의 시간'이 잉태한 옥동자다. 정석을 익혀 체화(體化)한 시간이다. 앞서 누누이 강조한 말이기도 하다. 결국 정석이 토대란 얘기다. 정석 버리기의 역설(逆說: Paradox)이다.

5장.
'링 밖의
생방송',
그 스킬

5장. '링 밖의 생방송', 그 스킬

2003년 영화 '살인의 추억'. 자장면 신(Scene)이 인상적이다. 형사들(송강호 氏)과 어리숙해 뵈는 용의자의 자장면 식사. 때마침 TV에서 주제곡 하나가 흘러나온다. 묘한 중독성이 있다. 송강호도 소리친다. "이 노래가 좋아. 이 노래가..." 이 주제곡의 주인공은 '수사반장'. 국내 최초 TV 수사극이다. 국민 드라마였다.

절묘한 장치들이다. '봉테일'(봉준호+디테일: '디테일의 봉준호')답다. "수사반장 알지? 이 영화('살인의 추억'), 그 시절 얘기야" 감독은 이 말을 하고 있다. 수사반장 종방 20여 년이 지난 시점이었다. 그때까지도 수사반장의 위력이 남아 있었던 것이다.

이 대단했던 수사반장도 한때는 생방이었단다.[1] 물론, 초기 얘기다.[2] 그래도 햇수로 따지면 몇 년씩 된단다.[3] 국민 드라마마저 생방을 한 적이 있다는 얘기다.

---

1   이동규,『TV 생방송 이론과 실제』, 한국학술정보, 2021, p.20
2   위의 책.
3   위의 책.

이처럼 TV와 생방송은 참 인연이 깊다. 초창기엔 편집 기술 부족 때문이었다. 기술이 극복되고도, 생방송을 고수하는 장르도 많다. 날것(生: Live)의 힘 때문이다. 현장성이 있다. 신속하다. 가공되지 않은, 진실의 느낌이다. 대표적 장르가 TV 뉴스다. TV 생방의 뿌리다.

날것은 거칠다. TV 뉴스 생방송 출연이 그렇다. '링 밖' 싸움이 많다. 사전 구성이 없는 경우다. 이럴 땐 링 세컨드[4]도 없다. 제작진, 데스크 없이, 필마단기(匹馬單騎)다. Do or Die. 살거나 죽거나. 리포트와는 참 다르다.

생방송 출연(이후 '생방', 또는 '생방송')은 그래서 TV 뉴스 방송의 꽃이다. 감(感)이 필요하다. 어떤 형태의 생방에도 적응할 능력이다. 생방은 프로그램 성격과 매체별로 다르기 때문이다. 생방 스킬, 감(感)에서 시작한다.

1. 날것의 느낌 생방송, 각각 다르다

여: 우리가 1년 반 만에 딱 만나는 거잖아요?

남: 참, 그러네요. 11월의 남자라고나 할까요? 11월에 다시 시작하게 되니...

여: 하하하...

남: 그러고 보니, 우리가 처음 만난 것도 11월이었어요. 2년 전 11월 12일.

여: 정말 그러네요. 중간에 잠시 떠나셔서 안타까웠는데,

　　이렇게 인연이 있으니까 또 만나게 되네요.

4　second, 링 주변의 조력자를 뜻한다. 권투 시합 중 경기를 조언하고 선수를 치료한다. 아마추어 경기에선 두 명, 프로에서는 세 명까지 가능하다.

이게 뭐지? Q&A로 풀어 보자. Q는 독자, A는 팩트 체크다.

Q. 이건 뭥미? 핑크빛 대화?　　　　　A. 핑크 아님!! 극히 사무적 대화임.

Q. 무슨 사무?　　　　　　　　　　A. 방송임다. 그것도 생방송임다.

Q. 헐? 프로그램 이름이?　　　　　A. 좀 쑥스럽지만 물으시니깐...

　　　　　　　　　　　　　　　　기억하실지...

　　　　　　　　　　　　　　　'이현주의 간추린 모닝 뉴스' 라고...

■ FM 다르고, 보도 다르다

KBS 2FM에 레전드급 아침 음악 생방송이 하나 있다. "FM 대행진"이다. 지난 2017년까지는, 황정민 아나운서가 19년간이나 맡았다. 출근길 인기 극강(極強)이었다. 이 프로그램의 뉴스 코너가 '간추린 모닝 뉴스'였다. 출연 기자 이름을 앞에 붙여줬다. 사기 진작 차원쯤?

필자는 이 코너에 오랜 기간 출연했다. 이른바, '고정'이었다. 잠시 떠났다가 다시 맡기도 했다. 앞에 나온 두 남녀의(?) 대화. 마침 다시 맡게 된 그날 방송 내용이다. 그런 전후 사정이 방송 대화 중에 일부 녹아들어 있다.

● FM의 감은, 친밀, 공감, 상호 교감

이 코너의 컨셉은 '딱딱하지 않은 뉴스'다. **"우리가 처음 만난 것도..."**라는 표현도, 그 컨셉의 연장선이다. **'우리'**는 청취자와 기자다. 가족적 친밀감이랄까. 실제 이 프로그램이 자주 쓰는 말이 '가족'이다. '모닝 뉴스 애청자'가 아니라, '모닝 뉴스 가족' 하는 식이다.

이 친밀감이 공감, 그리고, 상호 교감으로 이어진다. **'11월의 남자'**라는 표현도 마찬가지다. 애청자들과의 친밀감이 밑바탕이다.

이게 FM 생방의 '감'이다. 이 '감', 보도 부문에 가면, 확 깬다. 전혀 다르다. 같은 뉴스 소재, 같은 생방송이라도, FM 다르고, 보도 다르다. 프로그램 특성 따라 변신할 줄 알아야 한다. 이렇게 작은 단어, 표현에서부터. FM 생방의 감으로 좀 더 엿들어 보자.[5]

(황) 네헤... 하하하 '이현주 앵커'[6]와 함께 하는 간추린 모닝 뉴스',

　　오늘의 첫 뉴스는요?

(이) 이 11월, 지금 공항에는 포도주 전세기가 떴다 내렸다 한답니다.

(황) 아하?

(이) 보졸레 누보란 말 많이 들어보셨죠? 프랑스의 햇와인인데요,

(황) 네~~

(이) 11월 11일이 출시일입니다... <중략>... 곧 11월 20일입니다.

　　5년 전 우리가 IMF에 구제 신청했던 날이죠,

(황) 그 혹독했던 겨울의 시작이었죠.

(이) ... <중략>... 그 상황과 이 보졸레 누보의 수입 상황 오버랩 되네요...

　　<후략>...

5　　우리나라에 한창 보졸레 누보가 인기였을 때였다.
6　　필자는 KBS1TV 주간 경제 매거진 '경제전망대'의 앵커를 맡고 있었다. MC가 '기자' 대신 '앵커'라고 표현해준 이유다.

● 질문은 있는 듯 없는 듯하게

지극히 생활 대화체다. FM 등 비(非)보도 부문 뉴스 생방송의 특징이다. 황정민 아나운서, 유명 뉴스 앵커이기도 했다. 그런데도 격식 갖춘 질문 거의 없다. 짧은 추임새가 좋다. **"네헤.. 하하하" "아하?"**, **"네~~"** 공감 리액션이다. 이렇게 질문도 FM 맞춤형이다. '대화 속에 있는 듯 없는 듯'이다. 뉴스 하듯 정색하고 묻는 건 당황스럽다.

"2 혹독했던 겨울의 시작이었죠" 기자의 설명에 대한 첨가(添加) 보족(補足)이다. 이게 질문 역할을 한다. 단락을 지어주고, 호흡을 쉬게 한다. 완숙한 FM적 감(感), 휠(feel)~이다. FM, 자연스러움이 지선(至善)이다. 날것의 느낌이다.

● 화제 전환 기법들

다음은 화제 전환 기법이다. 밑줄 친 곳들을 보라. ①은 예상과 다른 답이다. 순간 당황. 하지만, 호기심이 생긴다. 이게 지렛대다. 화제가 전환된다. 보졸레 누보(Beaujolais Nouveau) 마케팅 뒤에 숨겨진 얘기다. '세일 반납 ⇨ 사은행사 대체' 등 백화점 속사정이다.

②에서, 출연자는 사적 영역(야근 사실)을 살짝 노출한다. 이게 다리를 놓는다. 밤새 사건·사고 기사로 건너간다. 또 다른 화제 전환 장치다. TV 리포트로 치면, 현장에 기자가 잠시 나오는 느낌? 현장성, 곧, 날것의 생생함도 있다. 취재 인증도 되니, 신뢰가 간다. 기자의 야근에 잠시 함께 한 듯 친밀한 기분? 그럴 수도 있겠다. 일석다조(一石多鳥)다.

(황) 보졸레 누보가 이렇게 잘 팔릴 정도면, 백화점 장사가 괜찮은가 봐요, 요즘?

(이) 근데, 거꾸로 볼 수도 있습니다. ①

(황) 네?

(이) 백화점 매출이 좋지 않아서 보졸레 누보를 미는 마케팅 하는 것 아닌가 생각할 수도 있는 거죠... (중략)... 빅3로 불리는 주요 백화점들이 12월 세일, 반납했습니다. 상황이 좋지 않다는 얘기죠... 세일하게 되면 물건값 깎아 주니 이익은 적잖아요? 안 깎아 주고 많이 팔 수 있는 게 바로 사은행사죠. 이걸 많이 한답니다.

(황) 그러니까 10만 원 사면, 만원 상품권 주는 식으로 말이죠?

(이) 네, 그렇죠. 제가 어젯밤 야근을 했잖아요? ② 눈에 띄는 뉴스가 있어요. 부산에 이런 사은행사 갔다가 30분 만에 30여 명이 소매치기를 당했다고 합니다... <후략>...

● 사회자에게 역질문도

8분~12분 길이의 생방송 말미에 꼭 들어간다. 한 줄 날씨 정보다. 출퇴근 직장인이 애청 층이라서다. 이익선 씨 만난 얘기로 시작했다.(①) 스타 기상 캐스터였다. 날씨 정보 신뢰도가 올라간다. 만난 것도, '오다가' 였다. 즉, 생방송 직전이다. 최신 정보란 얘기다.

날씨 정보는 화제 전환 지렛대로도 썼다. 줄 친 ②번이다. 기타 발생 기사들로 넘어가려는 것이다. 그런데 이거 질문이다. 그것도 기자가 사회자에게. 이례적이다. 보도 부문에서는 거의 없는 일이다. 여긴 FM이다. 오히려 자연스럽다. 황정민 아나운서와 짧은 질문 답변이 더 이어진다. 줄 친 ③번 부분이다. 애청자들도 함께 궁금해진다.

끝인사가 ④번이다. 좀 오글? '오글'아니고, '정감(情感)'이다. '모닝 뉴스 가족' 아닌가? '1년 반만의 재회' 인사다. 사회자가 한 마디 '지적질'한다.(⑤) **"우린, '시청자' 아니거든"**이란 말이다. **"앗, 네 '청취자' 여러분 네"** 출연자가 급히 꼬리 내린다. '웃음기' 한 모금씩 베어 물었다. 뉴스에선 어림없는 리액션들이다. FM 뉴스 생방의 묘미다.

(황) 날씨가 많이 추워졌어요?

(이) 체감온도는 영하 9도를 넘는답니다. 오다가 이익선 씨를 만났는데①, 너무 추워 새벽 방송하기 힘들었다네요, 내일도 비슷할 거랍니다. 날씨 추울 때 조심해야 할 것 딱 두 가지가 있습니다. ②

(황) 뭐죠? ③

(이) 불, 그리고? ③

(황) 감기? ③

(이) 감기도 감기지만 음주운전. ③

(황) 아~ ③

(이) 먼저, 불 기사입니다... <중략>... 음주 운전 관련해서는 대법원 판례가 나왔네요... <후략>...

(황) 여전히 명쾌하고 깔끔하시군요. 이현주 기자와 함께한 간추린 모닝 뉴스였어요.

(이) 시청자 여러분 그동안 보고 싶었습니다. ④

(황) 청취자 여러분요 ⑤

(이) 앗, 네 청취자 여러분 네

● 보도 부문 생방, 서두부터 다르다

지금까지 내용을 보도 부문의 생방송 버전으로 바꾸면? 서두부터 극단적으로 달라진다.

> **밤사이 간추린 소식 알아봅니다. 이현주 기자입니다.**
> 질문 1. 이 기자, 보졸레 누보가 요즘 백화점 광고마다 다 나오던데요?

출연자 소개는 이름 딱 한 줄이다. 그거면 충분하다. 곧바로 질문 들어간다. 직설적이다. 왜 그럴까? 뉴스기 때문이다. 지향점이 다르다. 객관, 중립, 공정이 지선(至善)이다.

● 압축, 압축... '긴박감과 집중'

질문도 줄어든다. 사건·사고 기사들은 묶는다. 사은행사 소매치기, 불, 대법원 판례가 한 묶음이 된다. 에피소드별로 독립돼 있던 것들이다. 질문도 무뚝뚝하게 바뀔 것이다. "밤사이 사건·사고는요?" 한 마디 정도. 날씨는 당근 빠진다. 질문 모두 세 개 정도? 약 절반이 줄었다. 보도의 특성이다. '최대한 간결하게'다. 긴박감과 집중이다.

출연자의 답변 내용도 훨씬 드라이해질 것이다. 친밀감이나, 자연스러움보다는 정확하고 실수 없는 전달이 생명이기 때문이다. 이처럼 FM 다르고 보도 다르다. 생방송의 감은 프로그램 따라 다르다. 헷갈리면 안 된다.

■ 라디오 다르고, TV 또 다르다

매체가 달라지면? 천지개벽이다. TV 생방송은 그림이 따라줘야 자연스럽다. 원고도 TV적이어야 한다. 그림에 맞춰 말해주는 것이다. 길이도 짧아진다. 시청자가 애청자보다 인내력이 훨씬 약해서다.

● TV 버전으로 바꿔보니...

'간추린 모닝 뉴스' 생방 내용을 TV에 맞게 고치면? 크게 바뀌는 건, 출연자 답변이다. 보졸레 누보 얘기하려면, 그림이 있어야 한다. 전세기가 도착하는 실제 그림이 최고다. 없으면, 보졸레 누보 자료 그림이라도 좋다. 그것도 없으면, 그래픽이라도 만든다.

> **라디오식 기존 답변:** 11월, 지금 공항에는 포도주 전세기가 떴다 내렸다 한답니다.
>
> ⇨ **TV식 답변:** 보시는 곳이 공항 보세 구역인데요, 여객기보다는 작고,
> 경비행기보다는 큰 게 들어오죠? 전세기입니다.
> 보졸레 누보 싣고 오는...

이런 식이다. 보여주는 것이다. 그림에 맞춰서. 이게 TV적이다. 자료 그림이든 그래픽이든 마찬가지다. 보여주는 게 먼저다. 사건·사고 종합은 당연히 그림이 있을 것이다.

물론, 예외 없는 법칙은 없다. TV 출연이라고 100% 그림 묘사를 하는 건 아니다. 예를 들어, 팩트 전달(스트레이트성이라고도 함) 위주면, 그림 묘사 없다. 그냥 팩트 전달이다.

● 출연 분량, TV 가니 4분의 1로?

TV로 바뀌면, 길이도 준다. 간추린 모닝 뉴스는 10분 정도였다. 앞서 보도 부문 방식으로 바꿨을 땐? 질문 3개짜리로 줄었다. TV에선 답변당 길이가 준다. 최대 40초 정도다. 여기에 사회자의 멘트 15초, 질문 3개는 각 5초다. 모두 2분 30초 안팎이다. 출연 시간이 4분의 1 정도로 줄었다. 9시 뉴스라면 좀 더 짧아질 것이다. 답변당 30초 이하다.

TV 생방송 보도는 점점 늘 것이다. 종편과 뉴스 전문 채널 출범 영향이 크다. TV 뉴스 매체가 배 가까이 늘었다. 보도 양식 변화가 뒤따랐다. 가장 먼저 생방송 보도가 강화됐다. 앞서 말한, '날것의 힘' 때문이다. 현장성과 박진감, 신속성이다. 뭣보다, 축적된 방송 역량과 비용 없이 가능하다. 신생 매체가 시작했다. 지상파로 파급됐다.

● TV 생방 출연, 더 늘어날 것

대표적인 게 스튜디오 출연(Appearance, On-set Report)이다. 지상파 메인뉴스에까지 뿌리내렸다. 그동안 '스튜디오 출연=시청률 하락'으로 간주됐다. 이젠 국내방송사 보도에서 비중이 7% 가까워졌다.[7] 기자가 스튜디오에 출연해 리포트 하는 게 2.9%다.[8] 기자나 주요 취재원과 앵커 간의 스튜디오 출연 대담은 4%나 된다.[9] 스튜디오 출연 대담은 해외방송사 메인 뉴스에선 찾기 힘든 보도 양식이다.[10]

---

7 김경모 외 6인, 앞의 책, pp.92~93(각주 7)~12)의 분석 기간은 대상에 따라 다르다. 2018년과 2019년의 일정 시점에 걸쳐 분포돼 있다. 구체적 분석 기간과 대상은 해당 서적 pp.37~41에 상술돼 있다.)
8 위의 책
9 위의 책

기자의 스튜디오 출연 리포트도 같은 공영방송인 영국 BBC나 일본 NHK에선 보이지 않는다.[11] 상업방송인 미국 NBC에선 4%다.[12]

스튜디오 출연(Appearance, On-set Report) 말고도 생방송 보도는 두 가지가 더 있다. 중계차(O.B. Van: Outside Broadcast Van) 생방송 보도(Live Report)와 전화 연결이다. 중계차는 마이크로웨이브를 이용한다. 위성을 이용한 SNG 중계차도 쓴다. 중계차가 불가능한 곳엔 무선통신을 이용한다. MNG(Mobile News Gathering)이다. 현업에선, 중계차 생방송을 그냥, '중계차'로 부른다. 중계차 생방송 보도를 하는 걸, "중계차를 탄다"고 표현한다.

2. 대표적인 '링 밖의 생방송', 중계차

무협(武俠) 웹툰이나 게임에는 특이 용어가 많다. 그중엔 필자 같은 꼰대들도 알아듣는 게 있다. 이래 봬도, 무협지(武俠誌) 세대니까. 대표적인 게 '초식(招式)'이다. 필살기(必殺技)의 핵심 동작 틀을 말한다. 무술마다 '초식(招式)'을 일컫는 호칭이 다르다.

태권도에선 '품새'다. 우리말이다. 쿵푸(功夫)로 불리는, 중국 우슈(武術)에서는 타오루(套路)라 한다. 일본 카라테(空手)에서는 카타, 즉, 형(型)이다. 공통 특징이 있다. ▶ 실전 맞춤 동작 구성 ▶ 특정 상황을 상정한 시뮬레이션 ▶ 연결된 동작 틀이라는 것이다. 초식은 앞으로 우리말로 부르자.

---

10   위의 책
11   위의 책
12   위의 책

'품새'다. 품새는 필살기의 바탕 기술이다. 평소 부단히 익혀야 한다.

■ 겨루기 상대 따라 맞춤 품새로

중계차에도 품새가 있다. 중계차는 대표적인 '링 밖의 생방'이기 때문이다. 생방 입문(入門)도 중계차다. 통과해야 '생방 수습' 딱지 뗀다. 생방 성인식이다.

중계차는 생방 등용문(登龍門)이기도 하다. 실력이 인정되면, '중계차 정규군' 풀(Pool)에 들어간다. '고정'이 되는 것이다. 방송은 할수록 는다. 중계차를 넘어 생방 '고정'으로 격상된다. 영역도 넘나든다. 시사, 보도, 교양, FM, TV 할 것 없이 섭외가 몰려온다. 이 등용문을 여는 열쇠도 중계차 품새다. 생방 핵심 스킬이다.

겨루기의 기본은 상대 파악이다. 실전에 가깝다는 종합격투기(MMA: Mixed Martial Arts)를 보자. 양대 기술이 있다. 매트 위로 넘어뜨려 싸우는 그래플링(grappling)[13]이 하나다. 아니면, 서서 발로 차거나 주먹으로 치는 타격(打擊)이다.

두 유형은 전혀 다른, 이종(異種)이다. 맞춰 준비해야 한다. 이게 헷갈려 버리면 이미 진 거다. 상대가 둘 다 잘한다면? 더욱 치밀해야 한다. 파악과 맞춤 준비 모두.

중계차도 그렇다. 겨루기 상대, 즉, 유형을 알아야 한다. 맞춤 품새로 단련해야 한다. 크게 세 가지다. 미리 예고된 예정 발생이 그 하나다.

---

13   UFC 같은 MMA 경기에서 쓰는 기술. 레슬링과 유도, 주짓수 등이 바탕이다. 상대를 바닥에 넘어뜨린 후, 목과 관절을 조르고 꺾는다.

청문회나 대통령 연두 기자회견, 유력인사의 검찰 출두, 예고된 정책 발표, 투·개표장, 정당의 전당대회 등이다. 스케치성 중계차도 있다. 수능일 시험장, 명절 교통, 축제, 행사 등이다. 마지막으로, 돌발 상황이다. 지진, 재해, 사건·사고에서부터 긴급 기자회견이나 중대 발표까지 있다.

돌발 상황은 대표적인 '링 밖' 생방송이다. 사전 구성이 여의찮다. 중계팀과 현장에 1초라도 빨리 도착하는 게 급선무다. 차 타고 가면서도 조각조각 정보를 모아야 한다. 전화 취재뿐 아니다. 라디오나 TV, 스마트폰 등 가용한 수단을 다 동원한다. 기초 취재다. 단 한 줄이라도 전한다는 절박함이다. 머릿속 편집기로 대강의 메시지를 구성한다.

현장은 중계차 기초 취재 마지노선이다. 이제 곧 생방송이니까. 피해자나 목격자가 있을 것이다. 1차 정보원(源)이다. 경찰, 소방 당국 등 관계기관도 나와 있다. 2차 정보원(源)이다. 조합해 전체 상황을 그린다. 기사의 틀을 만들고 손질한다. 돌발형 맞춤 품새다. 그냥 나오는 게 아니다. 평소 단련돼 있어야 한다. 그나마 여기까진 기본이다.

■ '링 밖' 돌발형... 비급(祕笈)은?

기본을 넘어 좀 더 들어가 보자. 무협지엔 게임 체인저(Game Changer)[14]가 있다. 비급(祕笈)[15]이다. 비기(祕技:비장의 기술) 모음집(笈)이다. 주인공은 꼭 이 비급의 세례를 받는다. 일거에 절대 고수로 변한다. 무림(武林)

14　말 그대로 판(Game)을 바꿔 버리는 압도적 존재다. 모든 분야에 다 가능하다. 무기로는 핵무기나 극초음속(Hypersonic) 미사일이다. 질병으로는 코로나, 인물로는 저커버그나 스티브 잡스도 꼽힐 수 있다. 사건이나 제품, 기업 등에도 있다.

15　극히 소중하게 소장한 책이란 뜻. 숨겨진 무술 비법 책이다. 무협 웹툰이나 게임에 스토리텔링 단골 소재로 나온다. 이걸 손에 넣기 위해 무협 고수들이 용쟁호투(龍爭虎鬪)를 벌이곤 한다.

까지 평정한다. 링 밖 생방엔 이런 거 없을까?

● **매뉴얼에 주목하라**

느낌 비슷한 거 하나, 각 방송사 매뉴얼이다. 링 밖 생방을 대비한 것이다. 변수별 맞춤 답안이다. 축적된 노하우(now-how), 즉, 비결이다. 무협 버전으로는 '비급'이다. 무협 비급은 하늘이 점지해야 얻는다. 중계차 비급은 사내 인터넷만 열면 볼 수 있다.

재난 방송 매뉴얼 같은 경우다. KBS 등 주요 방송사엔 다 있다. 취재원은 물론, 단계별 방송, 대응 취재 요령 등이 상세하다. 수시로 업데이트된다. 재난 유형과 상황별로 표본 기사까지 준비돼 있다. 숫자만 집어넣으면, 바로 방송할 수 있다. 반드시 챙겨야 한다. 평소 단련까지 해둔다면? 고수(高手) 소리 곧 듣게 될지 모른다.

● **장비 운용 대안도**

중계차 품새엔 장비 운용 대안도 포함한다. 기자가 장비까지? 그렇다. 최소한은 알아야 한다. 중계차는 링 밖이기 때문이다. 아무도 없다. 방송기자 독박이다.

중계차(생방)의 으뜸 장비는 중계차다. 돌발형의 경우 중계차가 못 들어갈 수 있다. 현장 상황 때문이다. 용케 들어가도 방송 시간에 촉박할 수 있다. 마이크로웨이브(microwave) 연결이 가능할지도 변수다. 대안들을 생각해 둬야 한다.

앞서 말한 MNG 장비가 1번 대안이다. 마이크로웨이브가 아닌 무선통신을 쓴다. 중계차가 접근 못하는 곳도 간다. 뭣보다 단출하다.

백 팩(backpack) 하나 정도 크기다. 촬영기자와 지원 인력 한 명 정도면, 생방송이 가능하다. 신속하다.

MNG마저 여의치 않은 초 긴박 상황이라면? 기자 혼자 스마트폰 달랑 들고 가는 수도 있다. SNS가 무기다. 카카오톡이나 페이스북 등의 영상통화 기능이다. 유튜버나 1인 방송인들만 쓰는 것 아니다. 뉴스에도 쓸 수 있다.

물론 방송의 안정성은 중요하다. 방송사마다 이를 받쳐줄 시스템이 구축돼 있다. 요즘에는 더 다양해졌다. 줌(Zoom)과 스마트폰 앱으로도 생방송 가능하다.

MNG가 가능할 경우, 휴대전화 활용법도 있다. 휴대전화를 연결해 생방송 한다. 휴대전화가 별도 한 대의 카메라 장비 역할을 한다. MNG까지 두 대의 카메라로 생방송 하는 셈이다. 카메라 두 대면, 소형 중계차인 미니 밴(Mini Van) 급이다. '생방송 비급(祕笈)', 매뉴얼에 낱낱이 나와 있을 것이다. 맞춤 품새들을 틈틈이 연마해 둬야 한다. 실전 수준이 달라진다.

■ 실전 분석: '슈퍼헤비급' 돌발형, 경주 지진

뭣보다 결정적 변수가 있다. 돌발 상황의 덩치, 즉, 규모다. 일정 수준을 넘어서 버리면, ▶ 정보 흐름이 한동안 진공 상태가 된다. ▶ 취재 차량에서 전화 취재? 잘 안된다. ▶ 라디오, TV 인터넷은 말할 것도 없다. ▶ 현장은? 아무것도 없을 수 있다.

2016년 9월 12일 경주에서 지진이 났다. 저녁 7시 44분 첫 지진. 규모 5.1이었다. 50분이 안 돼 본진(本震)이 왔다. 규모 5.8, 관측 이래 최대다.

엄청난 덩치다. 슈퍼헤비급 돌발이다.

1보는 3분 안에 떴다. **"오늘(12일) 저녁 7시 44분쯤 경북 경주 부근에서 규모 5.3의 지진이 발생했다."** 딱 한 줄이다. 초기엔 규모가 5.3으로 파악됐다.

2보는 20분이 걸렸다. 진앙지(震央地)가 나왔다. 지진 규모가 5.1로 수정됐다. 그뿐이었다. 기사를 다섯 줄로 늘렸지만, 나머지는 정황이다. ▶ 영호남, 수도권 곳곳 진동 감지 제보 잇달아 ▶ 역대 지진 비교 ▶ 추가 진동 대비 요청 등으로 채워졌다.

덩치 큰 '돌발형' 특징이 그대로 드러났다. 초반 정보유통량이 극히 적었다. 지진 규모조차 바뀔 정도다. 업데이트가 잘 안돼, 모든 게 변수 덩어리였다. 진앙지 사정도 불확실했다. ▶ 중계차 접근성 ▶ 마이크로웨이브 연결 가능성 등 예측 불가였다. 거리마저 약 270킬로미터다. 막바지 퇴근길 교통 상황도 변수였다.

경주는 KBS 대구방송총국[16](이후 '대구'로 약칭) 관할이다. 당시 대구 보도국은 어떻게 대응했을까? 위에서 언급한 대로 품새를 펼쳤다. 우선 장비다. 돌발형 대비 PLAN A, B를 모두 가동했다. PLAN A는 중계차. PLAN B는 MNG였다. MNG는 영상취재 한 팀이면 된다. 중계차보다 먼저 도착할 것이다. 둘 다 즉시 출동했다. 생방송 할 기자는 MNG와 동행했다. 당시 이재환 대구 보도국장은 PLAN C까지도 염두에 뒀단다. 카카오톡 영상통화 기능이다. 본사와 연결해 생방 하는

---

16 KBS의 저력이자 강점이 전국 방송 체제다. 본사 외에 9개 총국과 산하 방송국들로 구성돼 있다. 재난 재해에 신속, 능숙하게 대응하는 근원이다. 대구방송총국은 그중에서도 핵심 총국이다. 포항 방송국, 안동 방송국까지, 3개의 크고 작은 방송국들로 구성돼 있다. 울릉도에도 기간 방송시설을 운영하고 있다. 대구, 경북은 물론 울릉도, 독도까지 관할하는 대형총국이다.

것이다. 앞서 생방 비급에 언급한 대로다.

어느새 9시 뉴스까지 1시간도 채 남지 않았다. 5번째 아이템이었다. 대구 보도국이 택한 다음 품새는 바로 팀플레이였다. 마침 대구 보도국엔 제보가 들어오기 시작했다. 발생과 관련된 생생한 내용들이었다. 이장과 동네 주민 등 현장 사람들과도 연결됐다. 보도국과 현장 생방 기자가 함께 뛰기 시작했다. 모든 정보들을 쥐어짜듯 모은 것이다.

중간에 불편한 변화가 생겼다. 발생 내용을 별도 리포트로 떼 내기로 한 것이다. 취재한 내용 상당량을 가져가 버렸다. 중계차가 쓸 정보량이 그만큼 줄어들었다. 월성 원전 등 근처 시설 안전 쪽으로 주제가 좁아졌다. 우여곡절 끝에 중계차 기사에 최종 승인이 났다. 9시 뉴스 불과 3분 전이었다. **"진도 5.1 지진... 원전은 안전하다."** 아래와 같다.

앵커) 이번에 지진이 난 곳은 월성 원전과 방폐장이 약 25킬로미터가량
　　　떨어졌습니다.
　　　현장 연결해 상황 알아보겠습니다. OOO 기자, 원전에 접수된
　　　피해는 없나요?
기자) 네, 현재까지 발생한 피해는 없는 것으로 알려졌습니다.
　　　이번 지진은 경주시 내남면 부지리 내남초등학교 인근에서 진앙이
　　　감지됐는데요. 진앙지에서 경주시 양남면에 있는 월성 원전과
　　　방폐장과는 약 25킬로미터가량 떨어져 있습니다.
　　　한국수력원자력은 첫 번째 규모 5.1 지진과 두 번째 여진 규모 5.8
　　　지진으로 인해 정지한 발전소는 없으며 월성 원전은
　　　정상 운영 중이라고 밝혔습니다. 진앙지에서 52킬로미터 떨어진

잠시 옆으로 좀 새 본다. 기사에 좀 빠진 느낌이 없는지? 현장 상황 묘사다. 중계차가 출동한 이유일 텐데, 이게 없다. 중계차나 MNG 모두 도착 전이었기 때문이다. 현장 상황 묘사나 스케치는 봐야 쓴다. 비워 둔 것이다. 도착만 하면 즉시 채워 쓸 수 있으니까.

유감스럽게 둘 다, 방송 전에 현장 도착을 하지 못했다. 대신 전화로 9시 뉴스를 연결했다. 위의 기사 그대로 사용했다. 게다가 9시 뉴스 말미에 전화 연결을 한 번 더 했다.

9시 뉴스는 전화 연결을 선호하지 않는다. 두 번 연결은 이례적이었다. 이 기사, 중후한 대우를 받은 셈이다. 대규모 돌발형 생방의 특징이다. 지진 나고 불과 한 시간 조금 지나 9시 뉴스였다. 그만큼 현장 정보가 귀했다. 1분 남짓한 기사지만 요긴했던 것이다. 대구 보도국과 현장 기자들 간 팀플레이의 열매다.

당시 필자는, KBS 대구 방송총국장이었다. 부임 2주일이 안 된 시점이었다. 이처럼 '돌발'은 예고 없이 찾아온다. 게다가 끝날 때까지 끝난 게 아니다. 바로 다음 해 또 찾아왔다. 2017년 11월 15일 포항 지진이다. KBS 포항방송국도 KBS 대구방송총국 소속이다. 규모 5.4, 경주 지진 못지않았다. 두 슈퍼헤비급은 시기적으로도 돌발이었다. 경주 지진은 추석 연휴 이틀 전, 포항 지진은 수능 전날[17]이었다. 평소 중계차 품새를 익혀둬야 할 이유다.

3. 중계차 품새 A to I + α

무협지의 특이한 표현 하나 더 소개한다. **"*구결*(口訣)*을 단련한다.*"** 입(口: 구)의 비결(訣: 결)을 단련한다? 비결(訣)은 초식, 즉, 품새다. 비결이니, 글로 쓰지 않고 입(口: 구)으로 전했다. 그래서 구결(口訣)[18]이다. 한마디로, 품새를 단련한다는 뜻이다.

구결(口訣)은 거의 시구(詩句) 형태다. 입으로 전하기 쉽다. 외우기도 좋다. 품새를 공감각적으로 느껴라. 외워가며 평소 부단히 단련해 두라. 이것 아닐까?

중계차 품새들도 마찬가지다. 평소 단련이 관건이다. 물론 필자가 만들어 본 것이다. 구결(口訣) 수준까진 못했다. 기억하긴 쉬울 것이다. 중계차 품새 A~I다. 그리고 +α다.

■ 품새 A. 중계 말고 의미

중계차의 핵심은 현장 상황 묘사다. 예를 들어, 주택가 밀집지에 초대형 연쇄 방화 사건이 일어났다. 골목이 좁고, 위험하다. 중계차는 물론, MNG 카메라도 접근이 어렵다. 주택가와 100미터 이상 떨어진 주민센터가 가장 근접한 곳이다. 이곳에서 중계차 생방을 하게 됐다.

그림 거리가 없다. 현장 상황 묘사는 해야 한다. 어렵사리 시작한다.

---

17   지진 때문에, 결국 수능일이 일주일 후로 연기됐다.
18   같은 한자지만, 다른 뜻의 구결(口訣)도 있다. 한문 문장을 읽을 때 그 뜻의 이해를 돕거나, 전체 문장을 읽기 좋도록 하는 부분 한자다. 각 구절 아래에 달아 표시해줬다.

> **"저는 지금 초대형 연쇄 방화 현장 근처에 있는 OO동 주민센터에 나와 있습니다."**

앞서 2장에서 통렬히 지적질 당한 게 있다. 캡션형, 또는 중계방송형 기사다. '보이는 대로' 쓰지 말라는 것이다. 중계차도 마찬가지다. 장소 자막이 따로 있다. '**연쇄 방화 현장 근처 OO동사무소' 정도 될것이다. 그거면 충분하다. 자막 내용이 현장 상황 묘사가 될 수 없다. 그것도 제일 첫 문장에?

그럼 어쩌라고?

> **"제가 서 있는 이곳이 사실상 접근 금지선입니다. 화재 규모가 큽니다. 100미터 이상 떨어진 여기까지 연기가 자욱합니다."**

이 정도로 바꿔 보면 어떨까? 일단, '캡션형'은 피했다. 주어진 사실에 의미들을 부여했다. ▶ 사실 1: 접근 금지선 ⇨ 1. 총론적 의미부여: 화재의 심각성 ▶ 사실 2: 100미터 이상 떨어져 방송한다 ⇨ 2. 계량적 의미부여: 화재 규모 ▶ 사실 3: 여기까지 연기가 자욱하다 ⇨ 3. 실증적 의미부여: 공감각(후각) 동원. 의미를 부여하니, 현장 상황 묘사가 됐다. 현장이 안 보이는 데도.

중계차에서는 중계하지 말라. 대신 의미를 부여하라. 중계차 생방 품새 A다.

■ 품새 B. 스포일러 No, No... 질문의 함정들

경주 지진 얘기로 잠시 되돌아가 보자. 경주 현장 중계차는 9시 뉴스 이후 가동됐다. 밤샘 특보 시점부터였다. 아래는 당시 첫 중계차 기사다. 제목은, "경주 시민은 대피 중"이다. 서두 부분만 발췌했다.

앵커) 진앙지 주변인 경주 지역의 피해가 특히 많은 것으로 보고되고 있습니다. 여진에 대비해 많은 경주 시민들이 경주 시민 운동장에 대피하고 있습니다. 현장에 나가 있는 OOO 기자 연결합니다. OOO 기자! 그곳에 대피한 시민들 많나요?

기자) 네, 제가 나와 있는 경주 시민운동장 부근에 수백 명의 시민이 모여 있습니다. 시민들은 혹시라도 모를 여진에 대비해 밖에 나와 상황을 주시하고 있습니다.

———CAM 2———

이곳은 지진이 발생한 경주시 내남면과 약 12킬로미터가량 떨어져 있습니다. 어제 오후 8시 경주시 건천읍 한 아파트에서 떨어진 텔레비전에 할머니가 가슴을 맞아 다쳤습니다. 그리고 30여 분 뒤 경주시 외동읍의 주택에선 신발장이 넘어져 다른 할머니 한 명이 다쳤습니다... <후략>...

당시 상황을 보자. 우선 진앙지가 소개(疏開)됐을 것이다. 여진(餘震)은 계속 중이었다. 공포 게이지가 계속 치솟고 있었다. 누가 먼저랄 것도 없었다. 시민운동장으로 대피하기 시작했다. 뉴스의 현장이 된 것이다. 중계차가 나온 이유다.

중계차 기사를 분석해 보자. 그림 첫 샷은 당연히 기자 원 샷이다. 기자 뒷배경은 시민운동장이다. 대피 중인 시민들도 얼핏 보일 것이다.

다음은 CAM 2(카메라 2의 약자)로 넘어가게 돼 있다. '얼핏' 보이던 시민들과 시민운동장이 CAM 2로 드러날 것이다. 현장 모습이다.

그럼에도 현장 묘사가 극히 짧다. 전달할 팩트가 있어서다.

"어제 오후 8시..."로 시작되는 지진 피해 상황들이다. 당시 시점에서는 뉴스다. 지진 이후 업데이트돼 온 것들이다. 아쉽지만, 그럴 수 있다. 전체 뉴스의 편집상, 중계차에서 묶어 소화해 달라고 요구할 수 있다.

유감스러운 부분은 따로 있다. 밑줄 친 앵커의 멘트와 질문이다. 역시 밑줄 쳐 둔 기자의 첫 두 문장과 비교해 보라. 똑같은 내용이다. 중계차가 전달할 사실상 유일한 현장 묘사 아닌가? 중요한 팩트이기도 하다. 앵커가 앞에서 다 말해 버리면, 전달할 게 없다.

● 스포일러 피하는 방법

이건 일종의 '스포일러'다. 피해야 한다. 앵커가 다르게 접근하면 된다. 기자 몫의 핵심 메시지는 피해 간다. 대신 궁금하게 만드는 것이다.

먼저, 앵커 멘트 가지치기를 한다. **"여진에 대비해 많은 경주 시민들이 경주 시민 운동장에 대피하고 있습니다."**를 통째로 들어낸다. 피해 가는 것이다. 다음은 질문을 손본다. **"현장 중계차 연결합니다. OOO 기자! 지금 어디쯤까지 접근한 거죠? 뒤로 얼핏 사람들이 많아 보이는데..."**

통상적인 질문 방식은 아니다. 앵커가 그것도 모르나 싶을 수도 있다. 그러나 이 상황에서는 다르다. 현장 접근이 어렵기 때문이다. 게다가 정보 기근이다. 기자가 어디쯤까지 접근했는지는 의미를 갖는다. 게다가 기자 뒤로 사람들이 보인단다. **진앙지일까?** 시청자의 관심이 움직인다. 전달할 팩트의 가치가 커진다. 스포일러 함정을 피해 가는 건 기본이다.

앵커 멘트와 질문은 중계차를 끌어가는 연결고리다. 이게 잘못되면, 중계차는 함정에 빠진다. ▶ 앵커 질문이 중계차의 첫 문장을 건드리는 것 자체가 스포일러 함정이다. ▶ 앵커 멘트와 질문도 서로 내용이 겹쳐선 안 된다. 중언부언이다.

● 비호감형 앵커 질문들

앵커의 질문 가운데 상투적인 비호감형이 있다. 이른바, **"전해주시죠"** 형이다. **" * * *사고 현장에 나가 있는 중계차를 연결해 알아보겠습니다. OOO 기자! 자세한 내용 전해주시죠."** 나 몰라라 하는 느낌? 좀 더 구체적이라야 한다. 그런 면에서 위의 수정 질문은 나쁘지 않다. **"뒤로 얼핏 사람들이 많아 보이는데..."** 를 덧붙였다. 구체성을 더하며 물어보는 장치다.

비호감형 질문은 하나 더 있다. **"~라면서요?"** 형이다. 다 알고 물어보는 듯하다. '전지(全知)적 시점' 질문이다. 시청자로선, **"이거 뭐지, 서로 다 짜고서..."** 의 느낌?

● '앵커 멘트 - 질문 - 답변'도 구성

앵커 멘트와 첫 질문의 길이가 늘어지는 것도 좋지 않다. 합해서 15초 이하, 문장 수로는 2~3문장 정도가 실무 경험상 적절하다. TV 화면에는 기자가 나와 있다. 그 뒤로는 뭔지 모르지만, 현장 그림도 얼핏 보인다. 궁금하다. 앵커가 너무 많이 얘기한다. 답답하다. 다음 단계는, '리모컨 응징'이다.

앵커 멘트와 질문은 답변과 유기적으로 연결돼야 한다. 일종의 구성이다. 스포일러 No, No! 질문의 함정을 피하라. 중계차 생방 품새 B다.

■ **품새 C. '전현후스', 그리고 '맥락'**

중계차 기사의 구조를 좀 더 보자. 첫머리가 현장 상황 묘사였다. 전반 어느 정도까지 이어질 것이다. 다음 후반은? 스트레이트 기사다, 사실(fact)로 뒷받침해 마무리한다. 요약하면, '전현후스'(前 현장 상황 묘사 - 後 스트레이트)다. 리포트 유형으로 치면, 묘사 - 귀납형이다.

스트레이트 부분은 상황 따라 달라진다. 위의 경주 현장 중계차의 기사를 다시 보자.

현장 상황 묘사는 'CAM 2' 부분 직후 한 줄까지다. 이후 스트레이트 기사가 시작된다. 기사를 보니, 한두 곳 얘기가 아니다. 그림 표시를 보니 'VCR'이다. 현장 중계 화면이 아니다. VCR로 내보내는 여러 그림이다.

원래 중계차 기사는 해당 현장 한 곳에 집중하는 게 맞다. 여기선 경주 시민 운동장이다. 이게 원론이다. 원론보다 우선이 뉴스 편집(line-up editing)[19]이다. 뉴스의 선후 배열을 통해 뉴스프로그램 전체를 책임지기 때문이다. 앞서도 말했듯이 다른 곳까지 중계차가 함께 소화해 달라고 할 수 있다. 해당 그림은 있는데, 별도로 리포트하기 애매할 경우다.

---

19 영상편집(film-editing)과 혼동하면 안 됨.

'VCR' 표시된 부분의 사연도 그럴 것이다. 이때는 기사의 전체 맥락이 중요하다. 앞에 나왔던 현장 묘사 부분부터 다시 보자. 맥락의 흐름은, ▶ 경주 시민들의 대피 ▶ 대피 원인인 경주 지진 발생 간접 언급 ▶ 이후 VCR은 경주 지진 파생 사건들의 순이다. 나름 맥락이 이어진다.

중계차 생방 기사 전반은 현장 묘사, 후반은 스트레이트다. 이른바, '전현후스'다. 후반 스트레이트 기사 구성은 전체 맥락에 맞게 한다. 중계차 품새 C다.

■ 품새 D. 그래도 움직여 보라

예를 들어, 비행기 추락 현장이나, 폭발 현장이다. 피해 잔해더미가 곳곳에 산재해 있다. 중계 현장 상황 묘사를 어떻게 할 것인가?

그중 가장 큰 무더기 앞에 선다. 고개만 잠시 돌린다. 큰 무더기를 손으로 가리킨다. **"추락 당시 충격이 어느 정도였는지는 제 뒤 이 잔해 무더기들이 잘 말해주고 있습니다."** 기사로는 나쁘지 않다. 전체적으로 보면, 좀 상투적 느낌이다.

2010년대 중반쯤부터다. 중계차 생방에서 기자들이 움직이기 시작했다. 움직이며 스탠드업을 하는 것이다. 움직이는 동작과 시간도 길었다. 보수적인 지상파도 이를 따라갔다. 중계차에선 현장 스탠드업도 일종의 구성이다. 움직일 수 있다면, 움직이면서 하는 게 맞다.

앞의 예로 돌아가 보자. 기사로는 나쁘지 않다고 했다. 듣기는 괜찮다는 얘기다. 전체적으로는 왜 상투적 느낌이 날까? 이유는 단순하다. 그냥 서서 묘사했기 때문이다. 고개만 잠시 돌리고 손짓만 했다. 보여주지도 않으면서, 흉내만 낸 것이다. 밋밋하다. 잔해 무더기들이 얼마나 큰지 보이질 않는다.

움직여야 한다. 몇 개의 잔해 더미를 다니며 보여준다. 시야가 열린다. 더미 간에 비교도 된다. 그제야 규모가 느껴진다. 기사와 합이 맞아진다.

중계차는 생방이고, 현장의 변수가 많다. 움직이는 게 쉽지는 않다. 그렇다고 서서 하는 품새만 고집할 순 없다. 현장의 생생함은 역시 움직일 때 배가(倍加)된다. 조건이 있다. 사전 동선(動線) 설계다. 치밀해야 한다. 중계차 스태프들과 사전협의, 예행연습은 필수다. 중계차 스탠드업도 가능하면 움직여 보라. 중계차 생방 품새 D다.

■ 품새 E. 할 말 많으면 나눠라

중계차의 길이는 얼마가 좋을까? 답은 없다. 그러나 관행적으로 뉴스 편집에서 요구하는 수준이 있다. 앵커 멘트 포함 1분 10초~1분 20초다. 이때 질문은 하나다. 순수 답변만 놓고 보면, 1분 이하다. 리포트보다 훨씬 짧다. 왜 그럴까?

리포트는 강점이 있다. 치밀한 구성이다. 스토리텔링이 동력이다. 길게 끌고 갈 수 있다. 중계차 생방도 강점은 있다. 날것, 즉, 현장이다. 대신 길게 끌고 갈 동력이 부족하다. 기사 구조만 봐도 견적이 나온다. 앞부분만 현장 상황묘사다. 뒷부분은 스트레이트다. 스토리텔링이 없다. 한계다. 리포트보다 길게 갈 수가 없는 것이다.

도저히 1분 갖고는 곤란하다면? 질문을 나누면 된다. 대신 답변 하나당 길이를 짧게 간다. 20~30초다. 구성도 맞게 바꿔야 한다. 먼저, 그림이다. 중계차 카메라의 현장 그림만으로는 부족하다. 질문 주제가 여러 개다. ▶ 나눈 질문, 답변에 맞게 VCR 그림도 주문해야 한다. 질문 2개를 넘어가면, ▶ 1, 2곳 정도 인터뷰도 넣는다. 짧게다. 간단한 구성 변화다. 물론 전체 중계차 시간은 지킨다. 인터뷰 넣은 만큼, 다른 기사를 줄여야 한다. ▶ 그래픽도 필요할 수 있다. 중계차 프리뷰 모니터를 보며, 설명한다. 그래픽 전개와 기자의 설명 속도를 잘 맞춰야 한다. 공이 많이 들고 까다롭다. 효과는 크다.

중계차, 하기 나름이다. 할 말 많으면 나눠라. 맞게 재구성하라. 중계차 품새 E다.

■ 품새 F. 원고 백업, 조명 체크

과거 중계차 원고는 주로 종이에 썼다. 그것도 손으로. 아날로그다. 현장을 보고 쓰기 때문이다. 이런 아날로그식 원고, 이젠 거의 사라졌다. 스마트폰 이후 변화다. 모바일 보도기사 창으로 해결한다. 그걸 보고 방송한다. 스마트 폰의 앱도 쓸 수 있다.

그렇지만, 방송의 속성은 여전하다. 변수투성이다. 모바일 원고는 이 변수에 안전한가? 물어보는 게 좋다. 휴대전화의 화면 밝기 유지? 꺼짐 방지? 배터리 체크? 그런 건 변수라 하지 않는다. 기본이라 한다. 관리 할 수 있는(manageable) 것들이다.

변수는 관리할 수 없는(unmanageable) 것이다. 예를 들어, 와이파이나 5G 등이 불안한 곳에선 어떡할 것인가? 태풍이나 집중호우 속이라면? 한참 방송 중에 이런 변수가 생긴다면? 이 와중에 '기본'까지 애를 먹일 수 있다. 배터리가 갑자기 나가버린다. 알고 보니 불량이다. 방송 중에 화면이 꺼져 버린다. 밝기 조절이 안 된다. 이유도 모르겠다.

관리할 수 없게(unmanageable) 된 것이다. 이건 더 이상 '기본'이 아니다. 변수다. 돌발 변수다.

아날로그 원고는 그런 면에서 안전하다. 백업이 될 수 있다. 태풍이나 호우 등 중계차 환경이 심상찮은가? 조금 성가시더라도 '아날로그 백업' 필요하다. 단, ▶ 볼펜으로 쓴다. 사인펜, 플러스펜은 금물이다. ▶ 비닐 파일 등으로 보호한다. 원고는 앞뒷면 1장으로 쓰면 된다. 비바람 대비부터 확실하다. 배터리, 무선통신, 화면 밝기에 신경 쓸 일도 없다.

또 다른 변수가 있다. 아날로그든 모바일이든 겪는다. 조명이다. 중계차 조명은 열악하다. 밤이 되면 큰 위협이다. 기자 얼굴은 카메라 1이 잡는다. 현장은 카메라 2다. 조명은 하나다. 카메라 1, 2를 다 책임진다. 중계차 생방이 시작됐다. 기자 얼굴 나오는 앞부분이 끝났다. 카메라는 1에서 2로 컷팅 된다. 조명도 따라가야 한다. 순식간에 카메라 2쪽으로 돌려버린다. 카메라 1 앞은 졸지에 암흑천지가 된다. 생방송 기자가 서 있는 곳이다.

대명천지 ⇨ 암흑천지로, 그것도 순식간의 변화다. 눈이 금세 감당할 수가 없다. 조명은 사전 체크가 필수다. 중계차 감독과 조명담당, 카메라맨과 협의한다. 기자의 위치, 조명의 이동 타이밍 등을 공유한다. 조명이동 후 대안이나 대응 요령을 생각해둔다.

■ 품새 G. 귀를 장악하라

중계차의 필요악이 있다. 이어폰이다. 정확하게는 IFB.[20], 현업에서는 '인터컴'이라 부른다. 이걸 끼고 생방을 해야 한다. 생방송에 필수적인 소리 통로다. ▶ 시작을 알리는 큐 사인 ▶ 앵커 질문 ▶ 실제 방송

소리다. 이 소리만 들리는 게 아니라는 게 문제다.

진행 PD와 스태프들 간의 대화가 그 첫 번째다. 생방하는 동안, 계속 이어질 수밖에 없다. 진행을 위한 업무 대화지만, 이견으로 논쟁 수준까지 갈 수 있다. 리스크다.

● SNG, 마(魔)의 방송 시차

SNG(Satellite News Gathering) 중계차는 더 심각하다. 방송 시차(on-air delay)가 크다. 위성(satellite)까지 전파가 올라갔다가 다시 내려오기 때문이다. 짧게는 1~2초, 심하면 그 이상이다. 예를 들어, 앵커가 질문했다. 기자 귀엔, 1~2초 또는 그 이상 지나서야 들리는 것이다. 시청자 입장에선 어색하기 짝이 없다. 앵커가 물어봤는데, 기자는 무시하듯 가만히 서 있다. 앵커가 머쓱해 보일 정도다. 그러다 어느 시점 갑자기, 기자가 말을 쏟아 낸다.

● 대처법과 호불호(好不好)

이 문제에 대처하는 기지(機智)가 하나 있긴 하다. 연습을 조금 일찍 시작한다. 미리 SNG 방송 시차를 대중해 둔다. 앵커 멘트에 이어질 첫 질문 길이도 예측해 둔다. 첫 질문이 5초, SNG 방송 시차가 2초 정도라 하자. 첫 질문이 내 귀에 들리면, 이미 2초 지난 것이다. 남은 질문은 3초. 속으로 3초 정도를 센다. 그리고 그냥 답변하는 것

---

20 Interruptible foldback 또는 Interrupted feedback의 약자. 방송 중에 끼어들어(Interrupt) 소통하게 하는 장치다.

이다. 질문 하나짜리면, 대체로 잘 들어 맞는다. 그러나 이에 대한 호불호(好不好)도 있다.

방송 시차가 '사실(fact)' 아니냐는 것이다. 이를 굳이 감추는 건, 일종의 왜곡이라는 것이다. 또, 시청자들도 SNG의 방송 시차를 이제는 안다는 것이다. 자연스레 받아들인다. 뭣보다 생방이다. 이런 기지만으로 100% 극복하긴 어렵다는 것이다. 변수가 너무 많아서다.

● 이번엔 내 목소리가 또...

SNG의 방송 시차 문제는 여기서 그치지 않는다. 앵커 질문은 용케 받았다. 답변도 시작했다. 이번엔 내 답변 소리가 다시 돌아와 귀에 꽂히는 것 아닌가? 2초의 시차를 두고. 그때 난 이미 2~3문장 뒤의 내용을 말하고 있다. 예를 들면, 2초 전에 **"ABCD..."** 하고 말했다. 지금 나는 **"EFGH"**도 지나 **"IJKL..."**을 말하는 중이다. 이때 내 귀에 2초 전에 말한 **"ABCD"**가 들려오는 식이다. 순간 미끄러진다. 혀든 생각이든. 멍해져, 방송을 망칠 수도 있다. 이때도 생존술은 있다. 귀를 장악당하지 않는 것이다. 기자의 얼굴에서 다른 화면으로 넘어가면, 이어폰을 잠시 뺀다. 소리를 원천 차단하는 것이다. 편법이긴 하다. 질문 하나짜리라면 거의 완벽하다. 혹 질문이 여러 개라 해도 나쁘지 않다. 다음 질문 전에 다시 이어폰을 끼면 된다. 그러나, 역시 생방이라 문제다. 변수투성이다.

● 궁극의 생존술은?

이어폰을 뺐다가 자칫, 뉴스 PD의 콜(요청)을 놓칠 수도 있다. 가령,

"답변을 줄이고 빨리 끝내라." "몇 번 몇 번 질문은 빼겠다."는 내용이다. 기사 내용을 추가, 수정 요청할 수도 있다. 이어폰으로 불러줄 것이다. 이런 걸 놓치면 큰일이다.

결론은 참 아날로그적이다. 준비와 연습, 그리고 자신감이다. 인터컴의 상태를 먼저 체크해 보자. SNG라면 미리 방송 시차도 대중해 보자. 준비. 기지와 생존술도 병행한다. 단, 의존하지는 않는다. 변수에 대처할 수 있도록 연습한다. 필자는 **"기사를 입에 붙여라."**고 스스로에게 말하곤 했다. 내가 아닌, 입이 말하게 하는 것이다. 외우는 게 아니다. 구조를 파악하는 것이다. 그러면 입에 붙는다.

스탠바이를 일찍 할수록 준비와 연습은 충실해진다. 늦어도 방송 10분 전에는 카메라 앞에 선다. 중요한 건 자신감이다. 틀리거나, 더듬거렸다면 잊어버려라. 아는 건 나 자신뿐이다. 준비와 연습, 자신감으로 귀를 장악하라. 품새 G다.

■ 품새 H. 있는 그대로, 아는 만큼만

가끔 앵커가 예정에 없던 질문을 던지는 수가 있다. 앵커가 나빠서가 아니다. 기자는 해당 아이템 하나만 안다. 앵커는 관련된 아이템들을 종합해 본다. 그런 맥락에서 던지는 것이다. 전혀 생뚱맞기만 한 질문은 드물다. ▶ 기자가 준 질문을 조금 틀거나, ▶ 순서를 달리한 경우가 많다. 찾아보면 내 질문지 어딘가에 있다. 앞서 품새 G에서 말했다. 기사를 입에 붙여 놓으라고. 외우는 게 아니다. 구조 파악이라 했다. 이게 돼 있으면 금방 찾는다. 아는 만큼만, 있는 그대로만 대답하면 된다. 모든 게 준비와 연습의 열매다.

정말 생뚱맞은 질문이라면? 앞에 문장 하나만 넣는다. **"그 사안에 대해 이곳 현장에서 아직 확인된 건 없습니다... <후략>"** 정도? 표현은 다양하게 할 수 있다. 중요한 건, '있는 그대로'다. 이때 '<후략>' 부분엔 뭐가 들어갈까? 미리 준비한 기사 내용이다. '아는 만큼만' 말하는 것이다. 자연스러워진다.

예를 들어, 대선 개표장이다. 내가 있는 곳은 1시간쯤 있어야 개표가 시작될 것 같다. 중계차 연결도 그때쯤 하기로 했다. 물론 앵커 멘트와 질문, 기사는 미리 보냈다. 개표 시작 이후를 상정한 내용이다. 깔끔하게 정리된 듯했다.

그런데, 갑자기 중계차 연결이란다. 훅하니 들어오는 앵커 질문, **"OOO 기자, 그곳은 개표를 시작한 지 1시간쯤 됐다구요?"** 헉하니 숨이 막힌다. 미리 보낸 멘트와 질문 내용을 앵커가 오독(誤讀)한 것이다. **"개표 시작 1시간쯤 됐다"**고.

선거 방송은 초 단위 경쟁이다. 연결할 중계차 수가 엄청나다. 접시 돌리기 같다고 할까? 중계차마다 사정이 다르다. 우선, 되는 곳 위주로 연결한다. 뉴스 PD가 착오를 일으킬 수 있다. 앵커도 마찬가지다. 그즈음, 개표가 시작된 곳이 꽤 있었다면 더욱 그럴 수 있다. 이때도 '있는 그대로'가 먼저다. **"다른 곳과 달리 이곳은 예정보다 개표가 늦어지고 있습니다. 앞으로 1시간 정도가 더 필요할 것 같습니다... <중략>..."** 이때 <중략> 부분의 내용은? 개표장 현재 분위기? 개표 개시 전후 전개될 절차? 다 가능하다. '아는 만큼'이다.

예고까지 덧붙이면 좋다. **"개표가 진행되면 바로 전해드리도록 하겠습니다. 지금까지 ＊＊＊개표소에서 OOO입니다."** 금상첨화다. 있는 그대로,

아는 만큼만. 품새 H다.

■ **품새 I. "It ain't over till it's over!"**

잘 아는 명언이다. 선수로서 미국 메이저리그 전설이었다. 요기 베라(Yogie Berra)다. 감독으로 맡은 팀이 꼴찌까지 갔다. 격차는 회복 불능이었다. 기자들이 이를 거론하자, 툭 던진 말이다. 이게 예언이 돼버렸다. 그 꼴찌 팀은 그 해 월드 시리즈에 진출했다.

"길고 짧은 건 대봐야 안다." "승부는 끝까지 알 수 없다." 비슷한 말은 많다. 사람들은 굳이 이 말을 애용한다. 중계차엔 이 말이 철칙(鐵則)이다. **"끝까지 긴장하라"**는 것이다. 말 그대로다. **"끝날 때까지 끝난 게 아니다."**

오후 4시쯤 코로나 관련 중대 발표가 예고됐다 하자. 중계차가 세팅된다. 발표 1분 전쯤 기자를 연결한다. 중대 발표여서 사전 자료도 없다. 전달할 내용이 많지 않다. 발표로 자연스레 넘겨주면 되는 일이다.

좀 늦어진다 싶더니, 금방 5분이 지나버렸다. 발표 연단엔 인기척도 없다. 중계차연결 중이니 물어볼 수도 없다. 이럴 줄 알고 기사는 좀 넉넉히 준비했었다. 그게 이젠 바닥이 보인다. 카메라는 아직 빨간 불이다. 빨간 불이 준엄하게 말한다. **"끝날 때까지 끝난 게 아니다."**

흔히 있는 일이다. 답은? 우린 이미 알고 있다. 준비, 연습, 자신감이다. 넉넉히 5분까지 끌 수 있는 원고를 '준비'한 건 잘한 일이다. 원고가 떨어지면? '연습'이 빛을 발할 때다. 중계차는 대체로 해당 출입처 기자가 맡는다. 머릿속엔 정리된 관련 정보 더미가 있다. 다른 말로 취재 내공이다. 평소 연습한 대로 살을 붙여 나간다. 말하는 속도를 좀 늦춰도 된다. 대화하듯이. 정리할 여유가 생긴다.

그러고도 모자란다? 이젠, '아는 만큼'이다. 이미 방송한 원고로 다시 돌아간다. **"다시 한번 정리해드리겠습니다."** 나쁘지 않다. 이미 들은 내용이라고 시청자들이 다 기억할까? 놓친 것도 있고, 이해하지 못한 것도 있다. 이제 막 TV를 켠 사람들도 있다. 최대 5분을 더 가져갈 수 있다. 이 모든 걸 가능케 하는 게 '자신감'이다.

흔히 생방송은 순발력이라 말한다. 따져보면, 준비 - 연습 - 자신감의 축적물이다. **"끝날 때까지 끝난 게 아니다.(It ain't over till it's over!)"** 순발력 배양을 요구하는, 중계차 금언(金言)이다. 품새 I다.

■ **품새 +α**

중계차는 사실 까다로운 생방송이다. 말하는 방식부터 그렇다. 리포팅에 가깝다. 생방송이니, 조금 속도를 늦추거나, 대화체로 할 수는 있다. 이건 어느 정도까지다. 자주 실수하거나, 더듬거리는 건 곤란하다. 리포팅하듯, 깔끔해야 한다. 스튜디오 생방송과는 다른 부분이다. 생각하고 챙겨야 할 소소한 것들이 의외로 적지 않다. 중계차 품새 +α다.

● **영혼 없는 복창(復唱) 금지**

#1. 중계차 연결할 때, 앵커가 **"○○○ 기자!"**라고 부르면? **"네, ○○○ 입니다."**라고 하는 경우가 적지 않다. 이건 군대식 복창(復唱)이다. 자기 이름이 불리면, 따라 외치는 것이다. 중계차에선 기자 이름이 두 번이나 나왔다. 앵커 멘트로, 또 자막으로. 영혼 없는 복창일 뿐이다. 기자 이름을 부르면, 현장 이름으로 답한다. **"○○○ 기자!"**

"네, ***현장에 나와 있습니다."

#2. "네, 그렇습니다."도 있다. 역시 영혼 없는 복창이다. 앵커가, "지금쯤 OOO 교차로는 체증이 시작됐나요?"라고 물었다 하자. 기자의 답은 일단, "네, 그렇습니다" 하고 보는 식이다. 뒤 따라 나오는 말은 전혀 반대다. "이곳 교차로는 아직 체증 현상이 나타나지 않고 있습니다. 오늘이 수능 시험일이어서... <후략>"

영혼 없는 복창, 정작 본인은 모른다는 게 더 문제다. 생각부터 하고 대화하듯 답해보라.

● 수식어 금지

특히, 재해 현장이나 사건 사고 중계차에서 그렇다. 예를 들어, 펜션 가스 누출로 10여 명의 피해자가 생겼다. 투숙객은 300명이 넘었다. "300명의 투숙객 중 다행히 10여 명만 숨지거나 혼수상태고, 나머지는 안전하게 구조됐습니다." 무심코 이렇게 방송할 수 있다. 사과 방송 감이다. 줄 친 곳만 봐도 알 수 있다. 재난 재해와 사건 사고는 비극이다. '다행'은 없다.

형용사 등 수식어는 주관적이다. 리포트에서도 자제한다. 하물며 긴박한 중계차 상황이다. 데스크도 없고, 혼자다. 실수할 가능성이 높다. "중계차엔 수식어가 없다."고 생각하자.

● 중계차를 지켜라

어느 방송사의 메인 뉴스가 한창 진행 중이었다. 한 남성이 앵커 옆에 불쑥 들어섰다. 마이크에다 외친다. "귓속에 도청 장치가 있어요."

희대의 방송 사고 사례다. 중계차는 이런 사고에 취약할 수 있다. 생방 중인 기자 뒤로 사람들이 얼굴을 들이민다. V자 사인도 한다. 이 정도는 애교다. 고함, 욕설, 밀기, 몸싸움 등 고위험 요소가 산재한다. 중계차 케이블이라도 훼손되면 방송이 끊어진다. 대비해야 한다. 스태프와 사전협의가 필수다. 주변 공간을 확보해, 사고 요인을 막는다. 중계차를 하려면, 중계차부터 지켜야 한다.

● 마이크도 지켜라

중계차는 웬만해선 방송 중에 생방 인터뷰를 넣지 않는다. 큰 행사나 스케치, 귀성, 재난 재해 등은 예외다. 행사 참여자나 귀성객, 구난구조대원 등. 인터뷰 대상이 될 사람들이다. 대부분 방송을 잘 모른다. 우발적 상황이 생길 수 있다. 대표적인 게 마이크다.

질문을 하고 마이크를 내밀었다. 휙 하니 마이크를 채 가버린다. 나쁜 의도에서가 아니다. 내미니까 무심코 받아 갔을 뿐이다. 마이크는 반드시 지켜야 한다. 우선, 말이 길어질 때를 대비해서다. 인터뷰하는 사람도 안다. 길어야 10초라는 걸. 실제로 맞춘다면 전문가다. 자연스레 마이크를 빼면서 줄여 줘야 한다.

더 문제는 일방적 주장이 이어지는 경우다. 특정 정치노선이나 이념, 정당이나 정치인, 투표한 인물 공표 등 다양하다. 마이크를 지켜야 하는 이유다.

● 제안: 현장 진행형 중계차, 쌍방 대담으로

현장 기자들끼리 하는 현장 진행 중계차도 있다. 한 명은 현장 앵커,

다른 기자는 출연자 역할이다. 돌발형 사안뿐 아니다. 예정된 발생에서도 자주 본다. 청문회나, 유력 인사의 검찰 출두 등이다. 사안의 중대성과 현장성이 함께 부각된다. 기자들끼리니, 호흡도 잘 맞다.

좀 답답해 보일 때가 많다. 우선, 정보량이다. 정보의 원천(source)이 하나뿐이다. 출연자 역할을 하는 기자다. 중계차 현장 기자 한 사람만 연결하는 것과 다를 게 없다. 모양새도 그렇다. 같은 현장 기자라면서 한 명은 묻기만 한다. 일방 대담형의 단점이다.

좀 바꿔 보면 어떨까? 질문을 나눠 준비한다. 분야별이든 작은 사안별이든 다 좋다. 그만큼 치밀해진다. 정보량도 많아진다. 질문과 대답을 주고받는다. 이게 최대 장점이다. 훨씬 자연스럽다. 현장 취재 기자들 간의 정보 교환 형식이다. 동적이고 에너지가 넘친다.

아직 이런 형식으로 진행하는 걸 보지 못했다. 필자가 과문(寡聞)한 탓일 것이다. 종래의 방송포맷만으로 부족하다. 방송기자는 새 방송포맷도 창의적으로 구상할 수 있어야 한다.

■ +α: 전화 연결 품새

전화 연결도 생방송이다. 부담은 적다. 얼굴이 나오지 않으니까. 중계차처럼 준비하면 충분하다. 다만, 꼭 알아둬야 할 내용이 있다.

● 말의 속도와 고저를 유지하자

전화 연결은 주로 질문 하나다. 이후론 전화에 대고 혼자 말한다. 속도감을 놓치기 쉽다. 점점 빨라지는 경우가 많다. 주위에 누구라도 있으면 더욱 그렇다. 신경 쓰여서다. 말이 빨라지면, 높아지기 쉽다.

소음이 심하면 더하다. 사전에 방송하기 좋은 곳을 찾아야 한다. **"할 말이 많으면 질문을 나눠라."** 품새 E는 여기서도 유효하다. 다음 답변까지 질문만큼 여유가 생긴다. 놓친 속도감과 톤을 회복한다. 질문별 답변도 짧아진다. 안정된다.

● **전화 연결도 아날로그가 안전하다**

　유선전화 없는 곳이 많다. 가정, 기업 다 마찬가지다. 전화 연결의 가장 큰 취약점이 '끊김'이다. 휴대전화는 안전하지 않다. 끊김뿐 아니라, 소리의 질에서도 그렇다. 전화 연결도 유선전화, 즉, 아날로그가 안전하다.

　아날로그(유선) 전화도 불안한 게 하나 있다. 팩스 등과 연결해 쓰는 유선 전화일 경우다. 방송 중 팩스를 쓸 수 있다. 누군가가 통화를 할 수도 있다. 사전에 확인하자.

● **전화기는 '불가 원, 불가 근'**(不可遠, 不可近)

　입을 전화기에 바짝 대지 말자. 유선 전화기는 감도가 좋다. '퍽퍽' 거리는 소리, 시청자, 애청자 모두 고통스럽다. 기사 읽는 들숨, 날숨이 그대로 전파를 탄다. 5~6센티미터 정도 띄우자. 더 이상은 또 곤란하다. 안 들린다. 너무 멀리도(不可遠) 가까이도 말자.(不可近)

4. 가즈아~~ '하드코어' 생방으로

액션영화에 꼭 붙는 수식어가 하나 있다. '하드코어(hardcore)'다. **"액션**

화끈! 한번 와 보셈~"이란 선동어(煽動語)다. '세다(强)'는 얘기다. 사전(辭典)의 풀이도 같다. "앞에 관형적으로 쓰여, 어떤 분야에서 매우 심한 속성을 지녔음을 가리키는 말."[21] 원래는 성적(性的) 표현이 센 영화를 지칭했다. 이젠 다 쓴다. 게임에선, '하코'로 줄여버렸다. 더 센 느낌, 난이도 차원이 다른 게임이란다. 한번 죽으면, 게임도 끝나는 식이다. 죽기 살기(Do or Die)다.

생방에도? 있다. 세다. 난이도 차원이 다르다. 죽기 살기(Do or Die)다. '하코' 생방이다.

■ '하코' 생방은 1보부터 '하코'

싸움꾼들이 하는 말이 있다. '선빵'이 반이라고. 너무 '하코' 한가? 선제공격(=선빵)이 중요하다는 얘기다. 생방에서는 1보(一報)다. 생방의 제1 속성이 속보(速報) 싸움이기 때문이다. 돌발 중계차 때 말했다. 차 타고 현장 가면서도 전력투구 취재한다. 단 한 줄 기사에 대한 절박감이다. '선빵' 때문이다. 제대로 된 선빵 한 방이 되면? 그걸로 KO다. 적어도 내가 KO 되는 건 피해야 한다. 죽기 살기 게임이다. '하코' 생방은 1보 취재부터 '하코' 하다.

이른바, '불금' 밤이었다. 불쑥 '보고' 하나가 떴다. 보도 기사 창이다. **"밤 9시 33분쯤 발생. 백령도 서남 방향 근해. 2천 톤 급."** 2010년 3월 26일 밤 천안함 폭침 사건이다. (이후 밤 9시 22분으로 발표) '보고'는 정보단계다. 최종 확인이 필요하다. 팀플레이에 들어가게 된다.

---

21   출처: 고려대한국어대사전

(1보) 백령도 인근서 해군 경비함 침몰 중

백령도 인근에서 우리 해군 경비함이 침몰하고 있다고 군 관계자가 밝혔습니다. 이 관계자는 오늘 저녁 백령도 인근에서 경비 중이던 경비함에 물이 새면서 침몰하고 있는 것으로 안다고 말했습니다

이 관계자는 이어 이 경비함에는 백여 명이 승선하고 있으며 현재 구조작업을 벌이고 있다고 전했습니다. 또 침수 원인을 현재 파악하는 중이라고 이 관계자는 덧붙였습니다 (끝)

1보 처리? 간단하지 않다. '선빵'은커녕 '선빵' 당하기 일쑤다. '하코' 생방은 기본적으로 슈퍼헤비급 돌발형이다. 경주 지진에서 이미 봤다. 정보 흐름이 일순 끊긴다. 안보 관련 '하코'는 더하다. 파악해도 함부로 공표할 수 없다.

틀리기라도 하면? 울트라 슈퍼헤비급 후폭풍이 온다. 정치, 외교, 안보, 경제 등 총체적이다. 확인 또 확인, 신중 또 신중이다. 취재원들이 다 숨는다. 쉽게 입을 열지 않는다. 애매하게 말한다. 방송사도 부담이 크다.

더욱이 '하코' 생방은 꼭 취약 시간대에 일어난다. 이 사안처럼 불금 밤이거나, 추석 연휴 직전(경주 지진), 수능 전날(포항 지진). 우리가 본 몇 개만 해도 이 정도다. 결론은 기자의 역량이다. 축적된 지식, 경험, 판단력, 자신감이라는 내공이다.

마침 외교·안보 담당 기자가 타 부서 당직 중이었다. 베이징 특파원을 거쳤고, 남북 관계와 통일 외교·안보에 정통했다. 정인성 기자다. 심야 시간, 확인과 판단을 거쳐, 직접 처리했다. 신속한 1보가 가능했던

이유다. KBS에 운이 따랐던 날이다.

■ '독박 생방'... 1보 몇 줄 갖고

그러면 정작 해당 기자에겐? 현진건 작가의 반어법(反語法)적 소설 제목과 같다. '운수 좋은 날'이다. 1보 '선빵' 어렵사리 막았더니, 이젠 생방 '선빵'하란다.

'하코'의 속성 때문이다. 생방도 '선빵'이라야 한다. 당하면? 계속 끌려간다. 징크스? 아니다. 세상 이치다. 속보성 정보가 '선빵' 방송사에 몰린다. '선빵'의 선순환이다. 당하는 입장에선 악순환이다. 최소한 피하려면, '선빵' 당하면 안 된다.

● '독박 생방' 준비

보도국 당직 야근 기자들은 소수다. 그나마 속보 체제 전환으로 빈손이 없다. 빈손 있다고 한들, 퉁 칠 수도 없다. 1보 막은 기자보다 더 잘 알 수가 없다. 물론, 비상은 이미 걸었다. 다들 뛰어 들어올 거다. 그러나 '선빵' 생방은 이미 초읽기 들어갔다. 결국 독박이다. 터졌다 하면, '독박 생방' 준비다.

그날 밤 정인성 기자가 그랬다. 1보 막은 지 7분 후 바로 생방 했다. 마침 들어가는 심야 메인뉴스 11시 뉴스라인이 있었다. 톱을 대라는 것이다. 가진 건 1보, 딱 넉 줄이다. 앵커 멘트, 원고? 만들 시간이 없다. 게다가 그림, 자막까지 챙겨야 한다.

(앵커 멘트) 백령도 부근 해상에서 우리 해군 경비함이 침몰하고 있다고 군 관계자가 밝혔습니다. 취재 기자 연결합니다. 정인성 기자. (아네 정인성입니다) 자세한 소식 전해주시죠

(기자 멘트) 네, 백령도 인근에서 우리 해군 초계함이 침몰하고 있는 것 같다고 군 관계자가 밝혔습니다 Ⓐ

이 관계자는 오늘 저녁 백령도 인근에서 경비 중이던 초계함에 물이 새면서 침몰하고 있는 것으로 안다고 말했습니다.

이 관계자는 이어 이 초계함에는 승무원 백여 명이 타고 있으며,

① 현재 구조선들이 출동해 이들에 대한 구조작업을 벌이고 있다고 전했습니다.

② 이 초계함에 왜 갑자기 침수 상황이 발생했는지 알려지지 않은 가운데, 군 당국은 침수 원인을 현재 파악하고 있는 중이라고 덧붙였습니다.

③ 하지만 승무원들이 탈출할 정도로 상황이 심각한 것으로 전해지고 있습니다.

Ⓑ 다시 한번 말씀드리겠습니다.

오늘 저녁 백령도 인근에서 경비 중이던 초계함에 물이 새면서 침몰하고 있고, 이 배에 타고 있던 승무원들에 대한 구조작업이 진행 중인 것으로 전해졌습니다. 추가 소식이 들어오는 대로 다시 전해드리겠습니다.

● 생방은, 1보 몇 줄 갖고

전화 연결이다. 필자가 생방 화면을 찾아 받아 적은 내용이다. 보도

기사 창에 원고가 아예 없었다. 본인에게 물어보니, '그냥' 했단다. 1
보 넉 줄 들고. 그러고 보니, 전화 연결 뒤에 붙이는 **"KBS 뉴스 OOO
입니다."**도 없다. 생방 화면엔 기자 이름 자막도 안 나갔다. 급박했던
상황이 짐작된다. **"생방은 1보 몇 줄 갖고"**다. 길이를 재니, 겨우 1분 5
초다. 앵커 멘트를 빼면, 50초다. 이 정도면 훌륭하다. '선빵' 생방을
일단 막아냈다.

● 반복하라

사실, 1보 넉 줄로는 50초가 안 나온다. 37초밖에 안 됐다. 나머지
13초는? 위의 줄 친 Ⓑ부분 이후다. **"다시 한번 말씀드리겠습니다."** 반
복이다. 단순 반복이 아니다. 전체 요약이다. 딱 두 줄로 전달했다.
단번에 상황 파악이 된다. '하코' 상황에선, 가치가 크다.

● 1보보다 풍부해진 이유

원고 없이 방송했는데, 1보보다 내용이 풍부한 듯하다. 받아 적
은 전화 연결 내용 중 ①~③부분을 보라. 1보와 좀 다르다. 시청자
가 알기 쉽게 살을 좀 붙였다. 방송하면서 취재 기자로서의 감을 살
짝 가미한 것이다. '하코' 생방의 양념이다.

■ 지도 그래픽 한 장, 열일한다

그림 처리는 어떻게 했을까? 자료 그림이다. <사진 1>의 오른쪽이다.
이때 '자료화면' 자막 필수다. 앞서 봤듯 기자 이름 자막 만들 새도 없
었다. '자료화면'은 놓치지 않았다.

<사진 1> 천안함 폭침 발생 1보 전화 연결: (左) 그래픽 (右) 자료 그림 (출처: KBS 방송 화면)

눈에 띄는 건 그래픽이다. <사진 1>의 왼쪽에 있다. 방송내용에서 차지하는 위치가 범상치 않다. 위 생방 중 줄 친 Ⓐ부분이다. 첫 문장, 첫 그림이다. 핵심 위치다.

그래픽 자체는 단순하다. 움직임이 없다. 백령도에 'X'표 하나, 그 밑에 흐리게 해군 초계함 이미지 하나 그려 놓았을 뿐이다. 저렴해 보인다. 그럼에도 야무지게 일을 하고 있다.

기자가 말하는 '백령도 인근'이 어딘지? 침몰 중인 우리 초계함이 어떤 처지인지? 자료 그림만으로는 깜깜이다. 50초 짧은 생방이 채워주지 못한다. 저렴해 뵈는, 지도 그래픽 한 장이 감이라도 잡게 해준다. 이 정도면, 1보 생방, 목적 달성이다. 그림이 없다? 지도 그래픽 1장 넣어보라. 열일을 할 것이다. '하코' 생방 1보의 그림 대응법이다.

■ 속보 생방 파상공세, 해법은?

뉴스라인 전화 연결만 3번이었다. 3번 다 원고 없는 생방송이었다.

두 번째 연결은 17분 후, 마지막은 그로부터 14분 후였다. 속보 생방
요구가 파상공세처럼 이뤄진 셈이다. 기자로서는 까무러칠 일이다. 어
떻게 대응했을까? 두 번째 연결 내용을 보자.

(앵커 멘트) 해군 경비함 침몰 소식 속보 전해드립니다. 침몰의 원인이 북한의
공격으로 추정된다고 합니다. 정인성 기자. (정인성입니다) 자세한
소식 전해주시죠

(기자 멘트) 네, 백령도 인근에서 경비 중이던 우리 해군 초계함이 침몰하고
있다고 군 관계자가 밝혔습니다. 이 관계자는 ① 오늘(26일) 저
녁 9시 반쯤 ② 서해 백령도와 대청도 사이에서 경비 중
이던 초계함에 물이 새면서 침몰하고 있는 것으로 안다고 말했습니
다. 이 관계자는 이어 이 초계함에는 승무원 100여 명이 타고 있으
며 인명피해는 알려지지 않고 있다고 말했습니다. 군 관계자는 현
재 구조함이 출동해 이들에 대한 구조작업을 벌이고 있다고 전했습
니다. 자세한 사고 원인이 알려지지 않고 있는 가운데 ③ 북한 측
공격으로 침몰하고 있다는 소식도 전해지고 있습니다. ④
또 청와대 주재로 안보 장관회의가 소집된 것으로 전해
져 북한 측 공격을 받았을 가능성이 높은 것으로 알려지
고 있습니다. 또 ⑤ 다른 관계자는 아직까지 북한 측이
공격했다는 징후는 보이지 않았지만, 현재 사고원인을
조사하고 있다, 이렇게 말했습니다.
다시 한번 말씀드리겠습니다. 백령도 인근에서 경비 중이던 우리

해군 초계함에 물이 새면서 침몰하고 있다고 군 관계자가 밝혔습니다. 자세한 소식 들어오는 대로 다시 전해드리겠습니다.
KBS 뉴스 정인성입니다.

10여 분 단위 간격이면 뭘 추가 취재해 방송하기 어렵다. 그럼에도 추가 내용이 ①~⑤까지 보인다. 앵커 멘트 빼고 1분 3초로 길이도 늘었다. ①, ② 내용은 발생 시간과 장소다. 당시까지는 발생 시간이 9시 반쯤으로 알려졌다. 눈에 띄는 건, 북한 측 공격 추정이다. 지금은 명명백백해졌지만, 당시로서는 신중할 수밖에 없는 내용이다. ⑤번 내용으로 보완을 했다. 세 번째 생방은 아래와 같다.

(앵커 멘트) 해군 경비함 침몰 소식 더 알아보겠습니다. 침몰 원인이 북한 공격으로 추정된다는데 어느 정도 파악됐는지 알아봅니다. 정인성 기자! (네 정인성입니다) 새로 들어온 소식 전해주시죠

(기자 멘트) 네, 백령도 인근에서 경비 중이던 우리 해군 초계함이 침몰하고 있다고 군 관계자가 밝혔습니다. 이 관계자는 오늘(26일) 저녁 9시 반쯤 서해 백령도와 대청도 사이에서 경비 중이던 초계함이 원인 모를 폭발로 인해 침몰하고 있는 것으로 안다고 말했습니다. 이 관계자는 이어 이 초계함에는 승무원 100여 명이 타고 있으며 인명 피해는 알려지지 않고 있다고 말했습니다. 군 관계자는 현재 구조함이 출동해 이들에 대한 구조작업을 벌이고 있다고 전했습니다. 오늘(26일) 사고는 초계함의 ① 선미 쪽에서 원인 모를 폭발로

인해 발생한 것으로 전해졌습니다. Ⓐ 북한 측 공격을 받았다는 소식도 전해지고 있지만 아직 당국으로부터 공식 확인된 내용은 아닙니다. 이명박 대통령은 이번 사건과 관련해 긴급 안보장관회의를 소집했습니다. 이 회의에는 ② 국방부 장관과 국가정보원장, 외교통상부 장관이 참석 중인 것으로 알려졌습니다. ③ 이 지역에 있는 주민에 의하면 30분 전부터 함포 소리가 계속 났다, 중간중간 끊기는 소리는 아니었고 지속적으로 대포 소리가 났다고 전했습니다. 또 ④ 백령도 용기포항 부두에 군 앰뷸런스가 계속 왔다 갔다 하고 있고 군 헬기도 계속 환자를 실어 나르고 있다고 이곳 주민들은 전하고 있습니다.

지금까지 KBS 뉴스 정인성입니다.

역시 빠듯한 시간인데도 추가 정보가 있다. 줄 친 ①~④ 부분이다. 선미 쪽 폭발이라는 구체적인 침몰 원인이 눈에 띈다. 또, 현장 상황에 대한 주민들의 증언들이 생생하다. 이는 속보체제에 들어간 보도본부의 팀플레이 덕이다. 밤 11시 반쯤 정치부를 중심으로 지원인력들이 집결했다. 앞서 경주 지진에서도 봤다. '하코' 생방에서도 팀플레이는 필수다.

북한 측 공격 추정에 대해서는 신중을 기했다. 줄 친 Ⓐ 부분이다. 당시로선 공식 확인된 게 아님을 덧붙였다. 균형을 잡으려는 것이다. 물론 이 사안은 추후 명백한 사실로 드러났다. 중계차 품새 H가 여기서도 답이다. "아는 만큼만, 있는 그대로"

■ 종결자(Terminator)... 무장해제 출연

'운수 좋은 날'은 이걸로 끝나지 않았다. 뉴스 라인 끝나자마자 바로 특보였다. 불과 4분 후 전화 연결을 또 했다. 그리고, 드디어... 올 것이 왔다. 스튜디오 출연이었다. '하코' 생방의 종결자(終結者: Terminator)다. 초반 특보는 정보가 별로 없다. 그림은 당연히 없다. 전화 연결 한두 개면 끝이다. 실탄이 부족한 것이다. 버텨줘야 한다. 비상 소집을 받은 '정규군'이 집결할 때까지. 중계차 등 속보체제가 현장에 자리 잡을 때까지. 마지막(終) 마무리(結)가 스튜디오 출연이다. 그래서 종결자다.

스튜디오 출연은 그림 없이 갈 수 있다. 출연 기자와 앵커가 그림이다. 부족한 정보는 출연 기자가 막는다. 축적된 해당 분야 지식과 취재 경험, 판단력, 자신감이 바탕이다. 내공이다. 제한된 정보만으로도 상황을 이해시켜야 한다. 빈약한 초반 특보의 중심을 잡아나간다. 그러다 혹시 드문드문 그림이라도 들어오면 땡큐다. 앵커와 함께 특보 살림을 꾸려 나간다.

출연 기자 입장에선 최악이다. 예고가 없거나 기습적이다. 구전돼 온 전설 중엔 이런 것도 있다. 야근 상황에서 양복 입은 유일한 기자라는 이유로 출연했다는... 초반 특보엔 정보와 그림 없다고 했다. 무장 해제된 채 전장에 서는 셈이다. 죽기 살기(Do or Die)다. 내공이 다 드러난다. 탈탈 털리는 느낌? 생방 능력의 극한치를 요구받는다. 끝을 봐야(終) 마무리(結)된다. 스튜디오 출연이 종결자(終結者: Terminator)인 진짜 이유다.

특보 시작 시점을 보자. 가능한 전화 연결은 두 개 정도였다. 그중 하나는 정 기자가 했던 내용이다. 나머지는 서해 5도 현지 반응이었다. 제보와 현지 전화 취재로 막 챙긴 것이다. 특보를 끌고 가기엔 실탄이 태부족이었다.

정 기자는 자정쯤 출연을 시작했다. 몇 안 되는 단신들. 야근자들이 모아준 정보 조각들. 이게 전부였다. 출연원고? 그런 것 없었다. 앵커멘트와 질문조차 작성할 시간이 없었으니까. 그냥, **"궁금한 거 물어봐 달라"**고 했단다. 그야말로 '무장해제' 출연이었다.

"정치부원들이 도착할 때까지 시간을 벌어주는 역할이었죠." 정 기자의 회상이다. '종결자' 개념 그대로다. 백령도 주민이 현지 분위기를 촬영해 제보해 왔다. 그리고, 또... '그 그래픽'이 있었다. 앞서 전화 연결에서 썼던. 그 그래픽, 정말 '열일' 쟁이였다.

'무장해제' 스튜디오에서 해법은 하나다. 기자 자신이 무기가 되는 것이다. 지식, 취재 경험, 판단력, 그리고 자신감이다. 내공이다. 이 내공은 '축적되는' 것이다. 단련이다. '하코' 생방송 능력의 원천이다.

■ 사례 복기 1: 무원고 대응 요령 3가지

지금까지 경주 지진과 천안함 폭침 사례를 봤다. 하나같이 '하코' 생방이다. 전개되는 단계가 보인다. 4단계다. ① 발생 1보 ⇨ ② 전화 연결부터 ⇨ ③ 특보, 스튜디오 출연 ⇨ ④ 중계차 등장의 순이다. 중계차 등장 이후부터는 그림과 정보가 축적된다. '하코' 고비는 넘긴다. 따라서 ①~③단계까지의 대응 요령이 핵심이다.

지역 모 리조트의 강당 지붕 붕괴 사고가 있었다. 참사였다. 역시 취약 시간에 발생했다. 밤 9시 11분. 그것도 폭설 상황이었다. '하코' 생방이었다. 4단계가 뚜렷하다. 복기해가며, 대응 요령을 정리해 보자.

①단계: 발생 26분 만에 1보를 띄웠다. 마침 진행 중이던 9시 뉴스에 반영했다. ②단계: 전화 연결부터 했다. 아래와 같다. 앵커 멘트 빼고 내용만 발췌한다.

네, 사고가 난 시각은 오늘 오후 9시쯤입니다. OO도 OO시 OO면의 한 리조트 강당 지붕이 무너져 내렸는데요, 그동안 내렸던 폭설로 강당 지붕이 무너져 내린 것으로 추정됩니다. 사고 당시 강당 내에는 OO의 한 대학 신입생 100여 명이 신입생 환영회를 하던 중이었던 것으로 **알려졌습니다.** 현재 구조대가 현장에 도착한 것으로 알려져 있으며, 인명 피해 여부와 사고원인은 지금 현재 조사 중입니다.

다시 한번 말씀드리겠습니다... <중략>... 사고 당시 강당 내에는 OO의 한 대학 신입생 100여 명이 신입생 환영회를 하던 중이었던 것으로 **확인됐습니다.** <후략>...

역시, 원고가 없다. 1보가 바탕이다. 줄 친 두 부분을 보라. 앞에서는 **"알려졌습니다."**였다가, **"확인됐습니다"**로 바꿨다. 전화 연결 중 추가된 내용을 옆에서 바꿔준 것으로 보인다. 역시 두 번 되풀이했다. 앵커 멘트 빼고 57초다. 이번에도 지도 그래픽이 잘 메웠다.

9시 뉴스 이후 특보가 잠시 들어갔다. 본격 특집 뉴스는 밤 11시 13분쯤 시작됐다. 처음으로 현장을 전화로 연결했다. 톱이었다.

네 저는 지금 OO 리조트 붕괴 현장에 나와 있습니다. 제 앞에는 여러 대의 구급차가 부상자들을 싣기 위해 속속 도착하고 있는데요, 중장비까지 동원돼서 현장 구조를 위해 최선을 다하고 있는 상황입니다. 지금 소방대원들은 현장으로, 붕괴 현장에 출동해 지금 지붕에 깔린 부상자들을 구출해 내는 작업이 한창 중입니다... <후략>...

깔끔한 문장은 아니다. 내용도 적다. 위의 발췌한 부분 정도가 사실상 전부다. 이후 유사한 내용을 반복했다. 당연히 원고는 없었다. 어지러운 사고 현장, 폭설, 중장비 굉음의 한가운데였다. 정보가 차단된 산속이다. 선방(善防)이다. 뭣보다 궁금했던 정보였다. 처음 드러난 현장 상황이다. 다소 깔끔하지 않은 표현이 오히려 날것의 생생함을 더했다.

때맞게 들어온 현장 그림과 함께 방송됐다. 임팩트가 실렸다. 다만, 기사의 반복 전달은 두 번 정도, 1분 후반대까지가 적당하지 않았을까? 그림이 있다고 3분 이상 반복할 일은 아닌 듯하다. 대응요령 (1)이다.

공통점이 보인다. 원고 없는 방송이다. 대응 요령 (2)는 중계차 품새 H와 같다. 여기에 대응요령 (3)이 함께 가야 한다. '차분하게'다. 두 가지를 장악하면 된다. 목소리 고저와 말의 빠르기다. 이런 굉음 속에서는 높아지고 빨라진다. '전화 연결 품새'에서도 설명했다. 의식해서 고삐를 조정해야 한다. 평소 훈련이 실전을 좌우한다.

■ 사례 복기 2: '하코' 출연 요령 7가지

본격 특집 뉴스는 50분 가까이 이어졌다. 이쯤 되니 당연히 올 게 왔다. ③단계, '무장해제' 출연이다. 천안함 폭침 때보다는 여건이 좀 나았다. 실탄이 꽤 됐다. 전화 연결만 해도 6개 가능했다. 마침, 동해안 지역에 열흘간 폭설이었다. 9시 뉴스에 나간 폭설 리포트 2꼭지(=2개)를 챙겼다. 뭣 보다, 현장 그림들이 본격적으로 들어오기 시작했다.

특집 뉴스 개시 9분 후 출연이 시작됐다. 원고, 당연히 없었다. 앵커 멘트, 질문도 못 만들었다. 출연 기자는 달랑 노트북 한 대 들고 스튜디오에 앉았다. 업데이트되는 정보 곁눈질이라도 하려는 것이다. 무장해제 출연이었다. 방송된 내용을 역시 필자가 받아 적었다.

(질문 1) 자 그러면 자세한 사고 내용 다시 한번 OOO 기자와 정리해 보겠습니다. O 기자, 먼저 인명 피해 여부가 가장 궁금한데요, 지금 현재 3명이 사망했다, 이렇게 추정된다는 소식이 들어와 있습니다. 인명 피해 부분 정리해 볼까요?

(답 1) 행사에는 700여 명 정도가 참가했는데, 그중에 50명에서 80명까지 무너진 지붕에 깔렸고, 현재까지 30명 정도가 병원에 이송됐다는 소식입니다. 아직까지도 꽤 많은 인원이 현장에서 구조를 기다리고 있다... (이렇게 전해지고 있습니다.)...

앵커 질문이 좀 길다. 기자가 앵커 멘트와 질문을 만들지 못했을 것이다. 앵커가 침착해 알아채지 못할 뿐이다. 이때는 통상 중요한 정보

통로가 있다. 앵커 귀에 꽂힌 이어폰(IFP 또는 인터컴)이다. 뉴스 PD 등이 추가 속보를 조금씩 알려 주기도 한다.

● 확인 안 된 건 말하지 않는다

위에 보면, **"3명 사망 확인 추정"**이라는 정보가 제시됐다. 주목되는 건 취재 기자의 답이다. 이 정보는 넌지시 피해 가는 느낌이다. 주로 개괄적인 피해 상황만 얘기한다. 병원 이송 숫자는 분명히 한다. 반면, 사망자 수는 아예 언급하지 않는다. 실제 이 시점 보도본부의 기사는? 6보까지 나왔다. 사망자 수는 보이지 않는다. 확인이 안 된 건, 말하지 않는 게 맞다. '하코' 출연 요령 (1)이다.

● 자기 연출이 필요하다

답변하는 동안 카메라는 기자 얼굴 원 샷만 잡았다. 질문에 대해, 기자는 즉답을 서두르지 않는다. "늦지 않게 그러나 여유를 가지고"다. 자연스럽다. 표정이 안정될 수밖에 없다. 말의 빠르기가 일정하다. 살펴보니, 나름의 요령이 보인다. 아주 미세하게 어구 사이에 부드러운 쉼(Pause)을 둔다. 말을 더듬거나 씹는 경우가 적다. 말의 높이까지 안정된다. 시선은 가끔씩 노트북으로 향한다. 오히려 자연스럽다. '차분하게' 대응하는 게 어떤 건지 보여주는 실전 사례다. '하코' 출연 요령 (2)다. 자기 연출이다. 이는 6장에서 다룬다.

(질문 2) 네~ 지금 현재 여학생 3명이 사망했다는 소식이 들어와 있습니다. 지금 화면을 보시면, 패널에서 구조작업을 진행하고 있는 구조대원의 모습을 볼 수 있는데... <중략>... 사고 난 수련시설의 위치가 산기슭에 있어서 굉장히 눈이 많이 온 것으로 보이죠?

(답 2) 네 그렇습니다. 현장 위치는 해발 500미터 정도, 산기슭에 위치하고 있고, 약 700만 제곱미터 부지에 세워진, 휴양형 리조트입니다... <중략>... 9시 16분에 신고가 접수돼서 40분에 첫 구급차가 도착했습니다. 그러니까 24분 만에 소방 구조대가 도착했다는 얘긴데요... <후략>...

● 그림에 의미를 부여한다

두 번째 앵커 질문은 더 길어졌다. (중략) 처리했다. 질문보다 그림 설명이 더 많다. 막 들어온 현장 그림을 소화하려는 것이다. 앵커 질문 중에도 TV 화면엔 계속 현장 그림이다. 기자도 이에 호응한다. 현장 그림에 관련 수치를 가미해 설명한다. 영상정보가 구체화된다. 그림에 의미를 부여한 것이다. 중계차 품새 A와도 통한다. '하코' 출연 요령 (3)이다.

● 조각 정보를 종합한다

기자는 조각 정보들을 그림 설명에 삽입했다. 시설 위치와 규모, 신고 접수 시간, 구급, 구조차 도착 시간 등이다. 그냥 놔두면 조각 정보들에 불과하다. 모두 모아 그림 설명에 쓰니, 의미 부여가 됐다. '하코' 출연 요령 (4)다. 조각 정보를 종합하라.

● 조각 정보는 팀플레이로

조각 정보들은 보도기사 창에 계속 업데이트됐다. 속보체제를 정비한 보도본부가 저인망 취재에 들어간 덕이다. 시중 페이스북과 트위터까지 체크했다. 떠 있는 정보를 걸러 확인 후 반영했다. 노트북이 있으니, 출연 기자도 볼 수 있다. 역시 팀플레이다. '하코' 생방에서도 필수다. 출연 요령 (5)다.

여기서도 사망자 발생 정보가 언급된다. 줄 친 부분이다. 이번엔 **"여학생 3명"**으로 구체화됐다. 기자는 여전히 답하지 않는다. 확인 전까지는 말하지 않는 것이다.

● 주변 관련 정보도 대안

첫 번째 출연은 앵커 멘트와 질문 3개 포함 약 3분 길이였다. 전화 연결 4개로 잠시 숨을 돌렸다. 불과 7분 후 다시 2번째 출연으로 넘어왔다. 앵커와 함께 그림 설명을 이어갔다. 간간이 이후 상황 전망과 주의점 등을 곁들였다. 이거 중요하다. 핵심 정보가 부족하면, 주변 관련 정보도 대안이 될 수 있다. '하코' 출연 요령 (6)이다. 2분 33초간 꾸려졌다.

● 끝날 때까지 끝난 게 아니다

1분 20초 전화 연결 후 세 번째 출연으로 이어졌다. 중계차 품새 I 가 그대로 적용된다. 끝까지 긴장을 풀어선 안 된다. 출연 요령 (7)이다. 이번엔 무려 4분 33초다. 정보와 그림이 많이 업데이트된 덕이다. 대표적인 게 부상자 상황이다. 팩트 위주로 종합 정리했다. 그럼에도 사망자 숫자는 직접 언급하지 않았다. 보도 기사 창으로 다시 확인해 봤다. 마지막 출연 끝나기 몇 초 전 업데이트된 게 하나 있다. '3명 사망'이 드디어 나왔다. '여학생 3명 사망'은 아니었다. 말미에 앵커가 사망자 신원을 밝혔다. **"여성 2명과 신원미상 남자 1명"**이었다. 출연 요령 (1) 준수가 주효했다. '하코' 출연의 모범답안 같은 사례다.

6장.
생방송 본좌(本座), 스튜디오 출연

6장. 생방송 본좌(本座), 스튜디오 출연

과거 무협지에선 그냥, '노부(老夫)'였다. 요즘 무협 웹툰이나, 게임에선 '본좌(本座)'다. 둘 다 무협 고수가 자신을 지칭하는 말이다. 결은 정반대다. 노부(老夫)는 겸양어다. 그냥, '노인네'다. 본좌(本座)는 존칭어다. 플렉스(Flex)가 붙었다. 어느 문파(門派) 수장급이다.

생방송의 본좌(本座)는 스튜디오 출연(出演)이다. 물론, 중계차나 전화 연결도 생방이고, 출연이다. 스튜디오 출연은 급이 다르다. 야외 중계 기술과 편집 기술의 출현 전부터 존재해왔다. 생방과 출연 포맷의 원형(原型, Prototype)이다. 클래식이고, 원조(元祖: Origin)다.

스튜디오 출연은, 지금도 생방의 축이다. 하드코어 생방조차 마지막엔 스튜디오 출연에 기댔다. 구원투수, 종결자(Terminator)다. 이쯤 되면, 생방 문파의 수장급 아닌가?

1. 원고 신공(神功)

출연은 영어로 Appearance다. '나온다'는 것이다. TV 뉴스 스튜디오 출연은 표현이 하나 더 있다. On-set Report다. 세트에서(On-set), 즉, 스튜디오에서 하는 보도(Report)다. 야외방송(OB: Outside Broadcasting)인 중계차(OB Van Live Report)와의 구별이다.

중계차와는 차이가 있다는 얘기다. 출연이 여러 면에서 유리하다. 조명, 음향시설은 비교가 안 된다. '중계차 품새 F' 같은 게 필요 없다. 생방을 방해할 외부 요소와 차단돼 있다. "스튜디오를 지키라"고 할 일이 없다. 생방 자료 확보는 물론, 그래픽과 그림, 의상과 분장까지 지원체계가 정연하다. 안정적 방송 조건이다. 그럼에도 스튜디오 출연은 어렵다.

자동차로 생각해 보자. 뭐로 달리는가? 연료다. 채워야 한다. 다음은? 엔진이다. 연료를 갖고 실제로 차를 움직인다. 이 엔진을 잘 움직이게 하려면? 윤활유가 필요하다. 스튜디오 출연도 마찬가지다. 뭐로 하는가? 출연 원고다. 스튜디오 출연의 연료다. 출연 원고부터 써야 한다. 다음은? 원고 다루기다. 출연을 끌어가는 엔진이다. 윤활유가 필요하다. 자기 연출이다.

원고 쓰기 - 원고 다루기 - 자기 연출. 스튜디오 출연 스킬 3부작이다. 스튜디오 출연의 성패를 가름한다. 신공(神功), 즉, 귀신(神)같은 스킬(功)로 연마돼야 한다. 성격이 서로 다르다. 이름 지어 봤다. 원고 신공(神功) - '씹어 먹기' 신공(神功) - 자기 연출 신공(神功).

우선 원고 신공(神功)부터다. 기억할 건, 두 가지다. **"망하는 원고 있고, 흥하는 원고 있다." "흥하는 원고 쓰는 게 진정한 원고 신공(神功)이다."**

■ 망하는 원고, 흥하는 원고

예를 들어, 아침 라디오 메인 종합뉴스 출연이다. 앵커 멘트는 아래와 같이 썼다.

> **북한의 로켓 발사에 대해 유엔 제재 위원회가 소집돼 제재 목록 논의에 들어갔습니다. 이런 냉각기에도 북미 대화 채널은 가동되고 있음을 미국은 시사했습니다. 국제부 OOO 기자와 알아봅니다.**

이제 질문을 써야 한다. 개수는 2개라 하자. 어떤 스타일로 쓸 수 있을까? 무한대겠지만, <표 1>과 같이 두 가지로 압축해 봤다. 둘 중 흥하는 원고는?

<표 1> 출연: 상반된 질문 스타일

출연 원고 1	출연 원고 2
질문 1. OOO 기자, 결국 유엔이 제재 위원회를 소집해, 제재 목록 논의에 들어갔군요.	질문 1. OOO 기자, 안보리 성명으로 끝나는 줄 알았는데요?
질문 2. 그런데도, 미국은 북한과 대화채널을 가동하고 있다구요?	질문 2. 영변 감시단추방 대가도 치르라는 게 미국 입장이었잖아요? 대화채널 시사는 의외네요?

■ **흥하는 원고? 질문을 봐라**

질문만 달랑 줘 놓고 어떻게 판단하느냐고? 좋은 질문이다. 배가 잘 가고 있는지는? 나침반을 보면 된다. 출연 원고가 흥할 것인지는? 질문을 보면 안다. 출연 원고의 나침반이다. 극도로 축약하면, **"출연은 곧 질문"**이다.

출연 원고는 질문과 답변이다. 누가 쓰는가? 출연자다. 답변할 수 없는 내용을 질문으로 쓸까? 우문(愚問)이다. **"아는 내용만큼만"** 질문으로 쓸 것이다. 질문을 보면, 출연자의 답이 어떨지 견적 나온다. **"질문만큼"**이다. 질문이 출연 원고의 나침반일 수밖에 없는 것이다. **"출연은 곧 질문"**이라 할만하다. 질문부터 잘 써야 한다.

질문은 앵커가 고치는 것 아니냐고? 맞다. 그러나 크게 벗어나긴 힘들다. **"이만큼만 준비했습니다"**라고 출연자가 내민 범주이기 때문이다. 흥하는 원고, 질문만 봐도 알 수 있다.

출연 원고 1의 질문을 보자. 앵커 멘트와 똑같다. 반복한 것이다. 이른바, 앵무새 질문이다. 게다가 출연자가 전달해야 할 핵심 내용이기도 하다. 출연자 역시 앵무새로 만든다. 앵커 멘트 ⇨ 질문 ⇨ 출연자 답변. 같은 내용이 연 세 번이나 반복 전달되게 생겼다. 듣기 좋은 꽃노래도 한두 번인데. 애청자가 용서할까? '다이얼 변경 응징' 감이다.

의외로 이런 질문 스타일이 많다. 시급 현안일수록 그렇다. 팩트 전달에 바빠서다. 이른바, 스트레이트형 출연이다. 현업에서도 그리 탓하지 않는다. 바쁘니까.

출연은 단순 리포트가 아니다. +α가 필요하다. '한번 감아주기'다. 쉬운 말로, 의미 부여와 분석이다. 의미 부여는 이면을 보는 것이다. 팩트가 제시하는 상황의 속내. 분석은, 그 상황이 나오게 된 배경을 살피는 것이다. 출연에 생기를 주는 필수비타민이다.

출연 원고 2의 질문 1을 보자. **"유엔 제재위원회를 소집한다"** 혹 이 말이 있는가? 없다. 앵커 멘트에서 전했으니까. 앵무새 질문, 중언부언을 피해 갔다. 대신, **"안보리 성명으로 끝날 줄 알았는데요."** 딱 한 마디 덧붙였다.

'한번 감아주기'다. 조준점을 조정했다. 조처의 의미와 배경을 묻는 것이다. 애청자가 정작 가려운 곳이다.

"앞서 안보리 성명이 나왔다... 요식적 비판일 뿐, 제재 언급은 없었다... 그런데도 제재위원회가 열렸다... 이면에 어떤 다른 의미가 있었는가?... 배경에 누가 있는가?" 이렇게 질문하기 쉽다. 장황하다. 답변이 다룰 내용들이다. 최소한의 질문이면 된다. 애청자들의 궁금증이다. 출연 원고 1의 질문 1과 비교해 보라. 훨씬 짧다.

어느 쪽이 흥하는 원고일까? 질문이 결정한다. 답변은 질문 따라가기 때문이다.

■ 흥하는 원고? '한번 감아주기'다

답변을 실제 분석해 보자. 답변 1부터다. <표 2>와 같다. 우려대로다. 출연 원고 1은 앵무새 답변을 피해 가지 못했다. 질문의 줄 친 ① 부분과 답변의 ①-1 부분이 정확히 일치한다. 수식어 몇 개가 더해졌을 뿐이다. 이후에도 매우 드라이하다. 그냥 팩트 전달이다.

출연 원고 2는 어떤가? 질문이 '한번 감아'주니, 답변도 '한번 감아' 나왔다. 먼저, 줄 친 ① 부분이다. **"속을 들여다보니"**가 나온다. '속', 즉, 이면(裏面) 얘기다. **"안보리 성명이 겉으로는 제재를 명시하지 않았다. 결정적인 게 있다. '결의 위반' 적시다. 자동 제재로 넘어간다는 판정이다."** 이렇게 요약된다. 제재위 소집이 품고 있는, 숨겨진 의미다.

줄 친 ②는 '배경'을 드러낸다. 이런 조처가 나온 배경은 미국이라는 것이다. 강력한 외교력을 동원해 영향을 미쳤다는 얘기다.

스트레이트성 팩트 전달은? 당연히 다 했다. 줄 친 ③번 이후 부분

<표 2> 흥하는 원고 스타일은?: 답변 1. 비교

출연 원고 1	출연 원고 2
질문 1. OOO 기자, 결국 ① **유엔이 제재 위원회를 소집해, 제재 목록 논의**에 들어갔군요. 답변 1. 네, 미 국무부는 북한의 로켓 발사에 대해 ①-1. **유엔 제재위원회가 첫 소집됐으며, 대북 제재 목록 작성에 관한 합의를 도출할 예정**이라고 밝혔습니다. 북핵 프로그램에 쓰일 물품을 북한에 수출하지 못하도록 하고, 관련 기술을 갖고 있는 단체들의 대북 지원을 막기 위한 것입니다. <후략>	질문 1. OOO 기자, 안보리 성명으로 끝나는 줄 알았는데요? 답변 1. 안보리 성명에 제재는 없었죠. ① **속을 들여다보니** 다릅니다. 북한의 행위를 결의위반으로 적시했습니다. 사실상 판정한 겁니다. 결과는 벌입니다. 자동제재죠. 그 절차에 들어가는 겁니다. 물론 ② **미국의 강력한 외교력이 배경입니다.** ③ **유엔 제재위원회 첫 소집 소식도 미 국무부가 밝혔습니다. 대북 제재 목록 합의도 도출...** <후략>

이다. 바로 옆 출연 원고 1의 답변에 나온 것들이다. 이것까지도 '한번 감아주기' 했다. '배경'을 설명하는 ②번과 인과관계로 연결했다. ②번에 대한 방증(傍證)이다. 길이도 짧다.

출연 원고 1보다 깊다. 이해는 오히려 쉽다. 조준점을 청취자의 관심사에 맞춰, 재조정한 때문이다. '한번 감아주기' 덕이다. 또 간결하기 때문이다. 질문도 답변도 군더더기가 없다. 간결함은 길이도 줄였다. 출연 원고 1과 비슷해졌다.

이제 <표 1>의 질문 2로 넘어가 보자. 출연 원고 1의 질문 2, 그냥 보기엔 무난하다. **"앞에서 대북 제재위원회를 소집한다고 했다. 그 와중에도 미국이 북한과 접촉하느냐?"** 이런 뜻이다. 문제는 질문 형식이다. 질문 1과 판박이다. 앵커 멘트를 역시 다시 반복했다. 이게 뭐가 나쁜지는 앞서 다 설명했다. 그러고도 지적할 게 하나 더 보인다.

너무 표피적 질문이라는 것이다. 팩트 전달하라고 출연자에게 수신호 하는 정도? 팩트는 줄줄 나열될 것이다. 그래서 그게 어떻다는 것인지? 무슨 의미인지? 애청자의 가려운 데는 '팩트 너머'에까지 퍼져 있다. 이것까지 긁어줄 수 있을까? 이 표피적인 질문 갖고?

출연 원고 2의 질문 2는 다르다. 질문의 조준점이, '팩트 너머'에 맞춰져 있다. 애청자들이 궁금해하는 점이다. '한번 감아주기'다. 딱 한마디다. **"대화채널 가동은 의외네요?"** 그 이면이나 배경을 묻는다. **"북한은 영변 감시단 추방 대가를 치르라."** 바로 직전까지 미국이 견지한 입장이다. **"그래 놓고 왜? 숨겨진 뭐가 있는지?"**

이제 답변 2들을 비교해 보자. <표 3>이다. 역시 질문 따라갔다. 출연 원고 1의 질문은, 팩트 전달 요청 '수신호' 같았다. 답변도 딱 거기까지다. 팩트 전달이다. 좀 더 들어간 것이라면? '대화채널 가동' 발언이 나온 계기 정도?(출연 원고 1의 줄 친 부분) 그나마 표피적이다.

출연 원고 2의 답변은? 콩 심은 데, 콩 났다. 감아 준 만큼 감겨 나왔다. 줄 친 ②번이다. 키워드까지 나왔다. '압박과 대화 병행'이다. '대화채널 가동'의 이면과 실제 의미를 풀어준 것이다. ①번과 시너지효과를 낸다. **"경고는 경고대로, 대화는 대화대로"**란 메시지다. 다른 팩트들도 다 전달했다. ③번 이하 부분이다. 옆의 출연 원고 1.에 있는 내용이다. 이처럼 빠진 게 없다. 한번 감아주니, 전체적으로 깊다. 길이는

출연 원고 1	출연 원고 2
질문 2. 그런데도, 미국은 북한과 대화채널을 가동하고 있다구요? 답변 2. **네, 앞서 북한이 영변 감시단을 추방한 데 대한 조처를 설명하는 가운데** 나왔습니다. 대화채널이 유지되고 있음을 시사한 것입니다. 미국 측은 "어느 채널을 통했는지는 말할 수 없지만, 북한과 논의했다"며 이같이 밝혔습니다. <후략>	질문 2. 영변 감시단 추방 대가도 치르라는 게 미국 입장이었잖아요? 대화채널 가동은 의외네요? 답변 2. 네, **① 그 경고는 유효할 것 같습니다.** 안보리 내외를 아우르는 강력한 제재라고 다시 밝혔으니까요. **② 압박과 대화를 병행하는 거죠. ③ 어느 채널인지는 밝히지 않겠지만, 영변 관련해서 미국의 입장을 전달했다고 설명했습니다.** <후략>

비슷하다.

한번 감아줘라, 간결하게 표현하라. 질문도 답변도. '흥하는' 출연 원고 스타일이다.

2. '씹어 먹기' 신공(神功)

출연 무기 날 세우는 법을 좀 맛봤다. 원고 신공(神功)이다. 내친김에, 이 무기를 다룰 신공(神功)까지 가 보자. 원고 다루기 신공이다. 작명(作名)이 좀 거시기 하다. '씹어 먹기' 신공이다. 3단계를 거쳐 완성된다. 기본형 신공 - 메모 신공 - 빈손 신공이다.

■ '씹어 먹기' 신공(神功), 그 곡절

필자의 학창 시절에도 플렉스는 있었다. 그중 대표적인 게 있다. 무협 버전으로 바꿔 보면, 이런 투다. **"노부(老夫)는 이번 동계(冬季) 정진기(精進期)에 영어(英語) 내공을 일 갑자(一甲子)까지 올렸네. 사전(辭典) 비급(祕笈)을 아예 씹어 먹었지"** 선배들의 '뻥' 플렉스였다. 필자같이 어리숙한 후배들은 믿었고.

일 갑자(一甲子)면 60년이다. 1 갑자 내공이면, 60년 수련이니, '절대 내공'을 뜻한다. 사전(辭典) 비급(祕笈)은 영어 사전이다. **"이번 겨울방학(= 동계 정진기)에 영어 실력 엄청 올렸어. 사전을 아예 통째로 씹어 먹었거든"**이란 말이다. 이 실없는 '뻥' 플렉스, 그 시절 의외로 먹혔다. 혹시나 해서다. **"나도 한번? 한 권까진 그렇고, 한 장 정도는?"** 순수의 시절이었다.

여기서, '씹어 먹는다'는 건 뭘까? '내 것으로 만든다'는 것이다. 씹어 먹으면, 내 몸에 들어가니까. 학창 시절의 웃픈 샤머니즘? 그래도 하나 건질 게 있다. 영어사전이 상징하는 건 뭘까? 정보 덩어리다. '씹어 먹어야' 한다? 정보 덩어리의 속성이다. 내 것으로 만들어야 한다. 씹어 먹기 전에는, 내 것이 아니다.

출연 원고도 정보 덩어리다. 씹어 먹어야 한다. 내 것으로 만드는 것이다. 내 것이 돼야 귀신(神)같이 다룰 스킬(功)이 생긴다. '출연 원고 씹어 먹기' 신공(神功)이다. 이제부턴 그냥, '신공'으로 줄여 부르자.

● 출연 원고 '이유(離乳)'부터

첫돌 전에 우린 뭘 먹었던가? 아무리 되짚어 봐도(^^), 밥은 아니었다. 젖이다. 다음엔 이유(離乳)다. 젖 떼는 일이다. 원고는 출연의 젖줄이다. 처음엔 어쩔 수 없다. 아기처럼 매달린다. 원고 의존이다. 본능이다. 신공 수련 문은 아직 닫혀있다. 문을 열려면, 이유(離乳) 단계는 가야 한다. 출연의 젖줄, 원고를 떼야 한다. 못 떼면? '만년 출연 돌쟁이'? 그 정도면 다행이다. 신공 수련 문 대신, 출연 지옥문이 열릴 수 있다.

출연은 대화다. 젖 먹는 아기, 대화하는 것 본 적 있는가? 구조적으로 어렵다. 젖 먹기 바쁘니까. 원고 의존이 딱 그렇다. 대화? 구조적으로 어렵다. 읽기 바쁘니까. 연신, '병아리 모이 쪼기' 되기 쉽다. 원고 한번, 카메라 한번. 위에 보고, 아래 보고

여기서 그칠까? "글쎄"다. 불안 때문이다. 자구(字句) 하나 놓칠까 봐. 말이 빨라진다. '쪼'(調)[1]도 붙는다. 대화 아닌, 낭독쪼다. 호흡, 짧아진다. 말, 더 빨라진다. 자칫, 자폭(自爆)각? 애청자, 시청자는 냉정하다. 눈치챘다. 그 출연, 망했다. 트라우마가 문제다. 출연의 입스(Yips)[2]다. 생기면, 난치병 될 수 있다. 원고 이유(離乳), 빠를수록 좋다.

● 외우다간 큰일 난다

"씹어 먹으라니... 그럼, 외우라는 거네?" 그거, 함정이다. 외우다가 큰일 나신다. 이른바, 암기 리스크다. 우선, ▶ 잘 외워지지 않기 때문이다. 기억력 좋은 사람이 있긴 하다. 그래도, ▶ 외워서는 안 된다.

---

1 부자연스런 특정 어조(語調), 또는, 인토네이션. 방송 현업의 속어다. 메시지 전달에 대표적 방해 요인 중 하나다.
2 골프에서 많이 쓰는 말. 스포츠와 예술계에서 공통적인 심리 불안증. 실패에 대한 불안으로 잘하던 동작도 제대로 못해 망치는 현상. 긴 슬럼프로 이어질 수 있다. yip는 영어 동사로, "여우나 강아지가 짧게 소리 지르다"는 뜻. 1930년대 미국 골프선수가 이에 빗대 쓰기 시작했다는 설도.

그 사람, 외우기까진 할 것이다. 그걸 마이크와 카메라 앞에서 말한다? 그건 별개다. 차원이 다른 세계다. 잘 안될 것이다.

난 자신 있다고? ▶ 그러다가 큰일 난다. 일순(一瞬) 필름이 끊길 수 있다. 작은 문구 하나에 막혀, 기억의 블록이 와르르 무너진다. 머릿속 암전(暗電: blackout)이다. 버벅거리며 마무리라도 하면 다행이다. 순간 실어증(失語症)이 올 수도 있다.

외우려는 건, 초년병 때 저지르는 실수다. 순간 실어증까지 가는 것도, 주로 초년병 때다. 신공은 시작이 중요하다. 그럼 어쩌라고?

■ 신공 원리 1. '암기' 말고, '알기'

고정관념 하나 벗겨보자. 출연 원고 말이다. 원고인가? 시나리오다. '신공'에 대한 개념이 달라질 것이다. 시나리오는 연출(演出)용이다. 표현을 위한 것이다. 외우기(memorization)만으론 안 된다. 표현할 대상 아는 게 먼저다. 인지(認知: cognition)다.

표현할 대상이 얼굴이라면? 알아야 할 건, 크게 둘이다. ① 얼굴 전체와 ② 머리 - 이마 - 광대뼈 - 턱 등 '얼굴 각 부분'이다. 출연 원고도 그렇다. 전체 흐름부터 알아야 한다. <그림 1>의 ①번이다. A ⇨ B ⇨ C로 이어진다. '얼굴 전체'에 해당한다. 여기서, 화살표로 표시한 흐름을 빼면, ②가 남는다. 전체 흐름 ①을 이루는 개별 사실(facts)들이다. 줄 친 A, B, C 각각이다. 출연 원고의 '얼굴 각 부분'이다.

요약하면, 전체 흐름과 개별 사실들이다. 출연은, 이 둘을 '아는' 데서 시작된다, '암기' 말고 '알기'다. 출연 원고 씹어 먹기 원리다. 신공 원리 1번이다.

<그림 1> 출연 원고 인지(認知) 구조 (1)

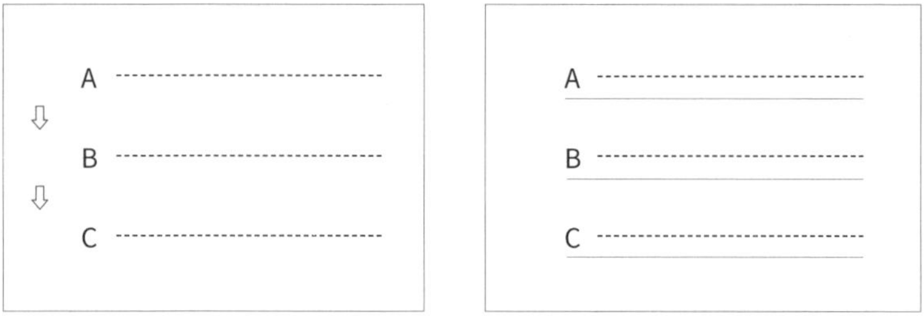

① '얼굴 전체'?: 전체 흐름   ② '부분 얼굴'?: 개별 사실들(facts)

■ 신공 원리 2. 맞춤 열쇠(key), 키워드(keyword)

얼굴 알기, 좀 더 얘기해 보자. 얼굴 전체와 각 부분만 알면, 다 된 걸까? 하나 더 있다. 얼굴 전체와 각 부분과의 관계다. 핏줄(맥:脈)로 서로 연결돼(락:絡)있다. 맥락(脈絡)이다. 보이지 않지만, 전체 얼굴을 지탱하는 숨은 구조다.

맥락은 주요 지점들을 연결한다. 귀 - 눈 - 입 - 코, 이목구비(耳目口鼻)다. 그 자체가, '얼굴'을 뜻하는 말이다. 키워드(keyword)다. 이목구비를 안다. 얼굴을 안다는 말이다. 말 그대로, 열쇠(key)다. '말을 푸는 마법의 열쇠'(the magic key of words: key words)다.

출연 원고도 마찬가지다. 제대로 알려면? 전체 흐름과 개별 사실들. 이 둘 만으론 부족하다. 둘 사이 관계(context)까지 알아야 한다. 맥락(脈絡)이다. 얼굴의 경우와 같다. 보이지는 않는다. 전후, 좌우로 연결돼 있다. 출연 원고를 지탱하는 숨은 구조다. <그림 2>의 ③ 맥락(contexts)들이다. A ⇨ B ⇨ C라는 흐름을 보라. ●, ▲, ■라는 맥락

<그림 2> 출연 원고 인지(認知) 구조 (2)

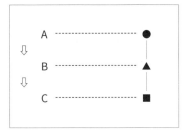

③ 맥락들(contexts)

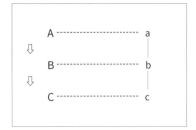

④ 키워드들(keywords)

들로 연결돼, 지탱되고 있다.

　여기서 ●, ▲, ■를 각각 압축해 보여주는 말(word)에 주목해야 한다. ④의 a, b, c다. 바로 키워드들(key words)이다. 말 그대로 열쇠(key)다. 얼굴이 그랬다. 키워드인 '이목구비(耳目口鼻)'가 바로 얼굴이었다. 얼굴을 푸는 마법의 열쇠였다. 출연 원고도 그렇다. 키워드가 마법의 열쇠다. 신공의 문을 여는, 맞춤 열쇠다. 신공 원리 2번이다.

■ 기본형 신공

　신공의 기본 얼개가 얼추 드러났다. 어찌 그리 쉽게? 어려운 원리 두 개를 돌파한 덕이다. 신공 원리 1과 2다. 그 정도는 다 아는 거 아니냐고? 오케이, 다 안다 치자. 깨우치는 건 별개다. 그것도 현업에서 혼자서. 비용을 치러야 한다. 시간과 시행착오다.

　신공 원리 1과 2를 합체해보자. 윤곽이 나온다. ▶ 원고는 쓰되, 보지 않는다. 대전제다. ▶ 대신, '알기' 작업을 시작한다. '암기' 아니다. 원고 내용 인지(認知: cognition)다. ▶ 전체 흐름 - 개별 사실들(Facts) - 맥락

(脈絡: context)이란 3개의 렌즈로 살핀다. ▶ 맥락 렌즈를 통해 키워드 (keyword)를 발견한다. 신공 문을 여는 마법의 맞춤 열쇠다, 여기까지가 기본 얼개다. 이후부터는 ▶ 키워드에 살을 붙여 말해 나간다. ▶ 정 막히면, 그때 원고를 잠시 본다. 기본형 신공, 즉, '씹어 먹기' 신공의 기본 형이다.

이것만 갖춰도, 출연 양상은 달라진다. 원고에서 풀려난다. 적어도 지배당하지 않는다. 읽지 않기 때문이다. 암기 리스크도 사라졌다. 암기(暗記: memorization)가 아니라, 알기(認知: cognition)가 됐기 때문이다. 그 결과 마법의 열쇠(key)를 얻었다. 키워드(keyword)다. 출연에서 할 말(word)의 통로를 여는 열쇠(key)다. 낭독 출연 아니다. 암기 출연 아니다. 대화다. 출연이 제대로 시작되는 것이다.

■ 중간형, '메모' 신공

기본형 신공만으로도 제 앞가림은 한다. 적어도 '출연 병아리'는 면 한다. 독수리가 되려면, 하나 더 필요하다. '비빌 언덕'을 없애는 것이 다. 독수리 어미도 이걸 없앤다. 새끼를 던진다. '비빌 언덕' 아래로. 그 래야 난다.

출연도 그렇다. 비빌 언덕 없애야 난다. 출연 원고다. 기본형 신공은 '이유(離乳)'만 했다. 출연 원고 '떼기'다. 없애진 못했다. 여전히 손에 들 고 있다. 정 막히면 본다. 비빌 언덕이다. 없애야 한다. 스튜디오에 들 고 들어가지 않는 것이다.

● '씹어 먹기' 신공의 중간 기착지

한 단계만 업그레이드해보자. 원고 대신 메모다. 키워드만 메모해 스튜디오에 갖고 간다. 이름 짓자면, '메모' 신공이다. 익숙해지면 키워드 메모도 귀찮아진다. 안 들고 간다. '메모' 신공은 버전이 두 개 있는 셈이다. 아래와 같이 요약해 봤다.

> ▶ '메모' 신공: ◇ **원고는 쓰되, 버린다.** ◇ **버리기 전에, '알기' 작업을 다 마친다. 원고 내용 인지(認知:cognition)다.** ◇ **키워드로 정리해, 메모한다.** ◇ **스튜디오에 들고 들어간다.** ◇ **키워드 메모를 보며, 살을 붙여 말한다.**
>
> ▶ '메모' 신공 v.1: **다른 건 동일, 키워드 메모마저 안 들고 들어감**

'메모' 신공은 '씹어 먹기' 신공으로 가기 위한 중간 기착지다. 일종의 '중간형' 신공이다.

■ 완성형 신공, '빈손' 신공

정말 센 게 있다. 앵커에게 줄 멘트와 질문만 쓴다. 답변 원고는 아예 안 쓴다. 무원고 출연이다. 고산(高山) 등반으로 치면, '무산소 등정'이다. '빈손'으로 스튜디오에 들어간다. '빈손' 신공이다. 원고를 다 씹어 먹었기 때문이다. '씹어 먹기' 신공의 완성형이다.

다 씹어 먹은 원고, 그거 어디로 갔을까? 머·릿·속·노·트·북이다. 다 저장돼 있다. 사실은 여기에 쓰는 것이다. 앞서 리포트 때 기계 하나 소개했다. 머·릿·속·영·상·편·집·기. 리포트 과정 내내 가동됐다. 쉽게 말해, 머릿속 '영상' 논리구조다. 여기서 '영상'만 뺀게, '머·릿·속·노·트·북'이다. 머릿속 논리 구조다. 출연 과정 내내 돌아가야 한다. 좀 형이상학적으로 들릴 수 있다. 개인적 경험칙(經驗則)이기 때문이다. 필자의 임상(臨床) 결과다. 분명한 건, 이 임상의 두께다. 수십 년 '무원고 출연'이다. 한번 나눠 볼 만하지 않은가? 최대한 쉽게 정리해 보려 한다. 무원고 출연의 원리랄까? 아니면 개념, 아니면, 요령이라 해도 좋다. 사기 진작 차원에서, 필살기라 치켜세워 준다면 영광이다.

● **1단계: 구조화**(構造化: structuring)

무원고 출연, '빈손' 신공도 정보가 기초다. 정보 모으기부터 시작이다. 원고 쓰기 때와 같다. 답변에 쓸 정보들을 골라낸다. 1) 머릿속 노트북에 입력한다. 2) 전체 흐름 - 개별 사실 - 맥락으로 체계화한다. 유기적 연결로, 가닥을 잡는다. 정보가 아닌, 사실(fact)이다.

3) 사실의 가닥들을 머릿속 노트북에서 재조합한다. 머릿속 논리구조에 맞춰 보는 것이다. 쉽게 말해, 논리의 틀(構造)에 살을 붙여, 저장한다. 구조화(構造化: structuring)다. '빈손' 신공 1단계. 그 과정을 표현한 게 <그림 3>이다. 출연 원고 2의 답변 1을 샘플로 했다. 지금까지 설명한 1), 2), 3) 단계를 따라 표시돼 있다.

▶ 1)은 머릿속 노트북에 입력한 출연용 정보다. 공간이 부족해, 머리글자만 뽑았다. **"안보리 성명, 제재, 속을 들여다보니, 결의 위반 적시, 사실상 판정..."**

▶ 이 정보들을 머릿속에서 체계화하고, 연결해, 잡은 가닥이 2)다. ①~⑤까지 다섯 개의 사실로 잡혔다. 그 사실들은 서로 맥락으로 연결돼 있다. 흐름을 이루고 있는 것이다.

<그림 3> 빈손 신공 1단계: 구조화(構造化: Structuring)

안보리 성명, 제재, 속을 들여다보면, 북한의 행위, **결의 위반 적시, 사실상 판정. 절차, 미국의 강력한 외교력,** **배경,** 유엔 제재위원회 첫 소집, 미 국무부 대북 제재 목록 합의 도출

1) 머릿속 노트북에 정보 입력

2) 체계화 연결 가닥잡기

① 안보리 성명에 제재는 없었다.
② 속을 들여다보니 다르다.
③ 결의 위반 적시, 사실상 판정
④ 유엔 제재위 첫 소집은 판정 따른 절차 들어가는 것.
⑤ 미국의 강력한 외교력이 배경

3) 머릿속 노트북에서 재조합

① **안보리 성명에 제재는 없었죠.** ② **속을 들여다보니** 다릅니다. 북한의 행위를 ③ **결 의 위반으로 적시해 사실상 판정했습니다.** 그 결과는 벌입니다. 제재죠. ④ **그 절차가 들어가는 셈입니다.** 물론 ⑤ **미국의 강력한 외교력이 배경입니다.** 유엔 제재위원회 첫 소집 소식도 미 국무부가 밝혔습니다. 대북 제재 목록 합의도 도출... <후략>

▶ <그림 3>의 1)에서, 굵게 표시된 정보들이 2)의 골간이 됐다. 줄 친 부분들이다.

▶ 2)의 내용을 머릿속 논리 구조에 맞춰 재조합했다. 그 결과가 3)이다. 대체로 보면, ①~⑤에 살을 붙였다. 구조화(構造化: structuring)다. '빈손' 신공 1단계다.

한 단계 더 업그레이드됐다. 가장 큰 건, ▶ (답변) 원고 작성을 아예 하지 않았다는 것. 반면 메모 신공은 (답변) 원고를 일단 작성한다. 각 답변 중에서 작은 키워드들을 뽑아 메모한다. 키워드 메모만 들고 들어가 살을 붙여 답한다.

빈손 신공도 키워드를 기반으로 한다. 대신 (답변) 원고가 없다. 메모 신공처럼 작은 키워드는 불가능하다. 아예 질문 자체를 키워드로 인식한다. 큰 키워드다. 한마디로, 질문을 들으면, 키워드로 인식해, 해당 답변으로 바로 연결 하는 것이다. 그게 빈손 신공이다. 그러려면, 아래 2단계가 중요하다.

● 2단계: 실전 연습

머릿속 노트북에 구조화된 답변을 꺼낸다. 입으로 소리 내 실제로 답해 보는 것이다. 귀로는 자신의 답변을 듣는다. 속도와 톤, 표현 등을 미세 조정해 나간다. 내용도 일부 재정리할 수 있다. 새로운 영감이나 답이 떠오를 경우다. 추가하거나, 수정할 수 있다. 이렇게 여러 번 되풀이해 본다. 실전 연습이다. 외우는 게 아니다.

앞서 중계차에서도 비슷한 과정이 필요했다. 구체적으론 품새 G에서였다. 필자는 '기사를 입에 붙이는 것'이라 표현했다. '내가 아닌, 입이 말하게 하는 것'이라고도 했다. '외우는 게 아니라, 구조를 파악하는 것'이라고 풀이했다. 여기서도 마찬가지다.

머릿속 노트북의 답변을 '내 입에 붙여 나가는 작업'이다. '내가 아닌 입이 말하게 하려는 것'이다. '외우는 게 아니라 구조를 파악하는 것'이다. 즉, 인지 작업이다. 완성형 신공, '빈손' 신공, 아래와 같이 요약할 수 있겠다.

▶ **빈손 신공:** 말 그대로다. 완전 무원고 출연이다. ◇ 앵커 멘트와 질문만 써서 넘긴다. ◇ 답은 머릿속 노트북에 쓴다. 논리구조에 맞게 정리한다. 1단계 구조화다. ◇ 2단계부터는 실전연습이다. ◇ 구조화돼 머릿속 노트북에 정리된 답을 꺼낸다. ◇ 소리 내 답해 가면서, 내용 재정리, 표현, 톤, 목소리 조정을 해 나간다. ◇ 준비되면, 빈손으로 스튜디오에 들어간다.

스튜디오에 빈손 들고 간다? '비빌 언덕' 없애기다. 손이 비면, 머릿속이 채워진다. 논리 회로에 경쾌한 시동이 걸린다. 할리 데이비슨 (Harley-Davidson) 엔진처럼. 중간중간 상황이 바뀌어도 원고가 없으니, 자유롭다. 머릿속 노트북을 돌려, 추가, 삭제가 가능하다. 스튜디오엔 날것의 생생함이 요동친다. 돌발 슈퍼헤비급 하드코어 출연? 환영이다. 스튜디오 출연이 생방 본좌로 자리매김하는 순간이다.

■ **'씹어 먹기' 신공, 왜 필요한가?**

대통령 유럽순방이 있었다. 외곽취재팀으로 참여했다. 리포트 송출까지 마치고 나니, 파리 시간 거의 자정이었다. 텅 빈 호텔 기자실에 전화가 울린다. 서울은 오전 8시다. 라디오 아침 메인 뉴스가 있었다. 톱으로 전화 출연하란다. 무려 8분이다. 이례적이다. 대통령순방이 뉴스가 되던 때였다.

남은 시간 10여 분. 원고 쓸 새가 없다. 일단, 풀(Pool) 기사[3] 목록을

---

3   대통령 순방 같은 큰 행사의 취재 방식. 방송, 신문, 통신에서 각각 1개 사씩 돌아가며, 대표 취재한다. 이를 공유(Pool) 하는 것이다. 경호와 안전, 취재의 원활함을 위해서다. 당시엔 풀 기사를 목록과 함께 기자실에 비치해 뒀다.

챙겼다. 주요 기사를 골랐다. 개작(改作)해, 앵커 멘트와 질문만 보냈다. 기사별 키워드 메모만 했다.

갑자기 목이 말랐다. 허기 때문이었다. 마침 책상 위에 뭐가 보인다. 좀 큰 주스 병? 벌컥벌컥. 헐. 주스가 아니다. **"스탠바이 30초 전"** 수화기 너머 뉴스 PD의 목소리다. 앵커 질문 들어온다. 키워드 메모만 보며, 말을 풀어나갔다. '메모' 신공 v.1이다. '씹어 먹기' 신공 중간형 모델이다. 의외로 혀가 잘 풀린다. 느낌 좋다. 출연 8분, 금방 지나갔다.

수화기를 내려놓았다. 아뿔싸!!! 그거, 와인이었다. 빈속에. 혀가 잘 풀린 이유가? '메모' 신공도 모자라, 음주... 방송? 아찔했다. 조심조심 전화했다. **"문제...없...었...나...요...?"** 뉴스 PD, 소프라노 톤이 돌아온다. **"아~ 오늘 정말 좋았어요~"** 서울엔 정말 아무 문제 없었다.

필자의 메모 신공 입문기다. 겨우 4년 차 방송기자였다. 어떻게 원고 없는 '메모' 신공이 가능했을까? 간단하다. 파리 이전까지 순방 기간 내내, 해당 출연을 필자가 해왔기 때문이다. 대통령 순방은 같은 패턴이다. 나라만 달라진다. 풀 기사, 즉, 정보의 구조도 비슷하다. 질문 답변, 원고의 패턴도 반복이다. 단련이 돼 있었던 것이다. 신공의 요구 조건이다.

21세기 최고 연설가 하면, 처칠이다. 이는 겉모습이다. 이면에는 그의 피, 노고, 눈물, 그리고 땀(Blood, Toils, Tears and Sweat)이 있다. 그의 명연설 키워드 딱 그대로다. 언어 장애를 극복하려는 연습 때문이다. 유머까지 미리 연습할 정도였단다. 신공이 요구하는 덕목도 똑같다. 연습이다. 훈련이다. 없이는 신공 불가능하다. 10분 출연이면, 1시간은 기본이다. 연습 ⇨ 훈련 ⇨ 신공이다.

메모 신공, 빈손 신공. 재미로 붙인 이름이지만 공통점이 있다. 강도

(強度)다. 매우 높다. 이른바, 하드코어 신공이다. 하드코어는 끼리끼리 만난다. 하드코어 생방과 짝이다. 슈퍼헤비급 돌발 같은 거다. 앞서 다룬 경주 지진 같은 것이다. 방금 다룬 파리 돌발 생방도 속한다. 원고 쓸 여유가 없다. 하드코어 신공에 평소 단련돼 있어야 감당이 된다.

하드코어 신공은 출연의 차원도 바꾼다. 원고는, 정보의 작은 연못이다. 쥐고 있으면, 작은 연못 안이다. 버리면, 연못은 사라진다. 대신 생각의 통로가 열린다. 정보의 바다로 나아간다. 차원의 이동이다. 예를 들어, 출연 중에도 영감이 새로 떠오를 때가 있다. 원고가 있으면, 소화가 버겁다. 생각의 통로가 닫혀 있어서다. 원고가 없을 때 통로가 열린다. 출연이 풍부해진다. 자연스러움은 덤이다. 하드코어 신공의 존재 이유다.

필자는, '빈손' 신공 '찐' 애용자다. 앵커나 MC들이 가끔 귀띔해주는 말이 있다. 이른바, '케미(Chemistry)'다. 상승한다는 것이다. 편한 사람과 이야기하는 느낌? 뭘 물어봐도 될 것 같은 느낌? 오히려 그래서 방송이 더 안정된단다. 듣기 좋으라고 하는 말일 것이다. 혹, 실제 조금이라도 그렇다면, 시너지 효과다.

3. 스튜디오는 '링', 자기 연출 신공(神功)

격투기는 링이 있다. 길거리 싸움과 구분점이다. 링은 속박이다. 가둔 것이다. 알면 무기가 된다. 능란한 격투가는 링을 이용한다. 링 기술, 즉, '링 스킬'이다. "나비처럼 날아 벌처럼 쏜다" 전설, 무하마드 알리의 '링 스킬' 필살 구결(口訣)이다.

스튜디오도 링이다. 출연자를 속박한다. 모르면, 실수한다. 알면, 무기다. 능란한 출연자는 스튜디오를 이용한다. 스튜디오 '링 스킬'은, 출연자의 자기 연출이다.

자기 연출이란? 영어로 생각해보자. 연출은 directing이니, self-directing? 뜻은 그럭저럭... 그보다는 self-presentation 정도가 적절하다. 말 그대로다. 자기표현, 즉, 자신을 돋보이게 표현하는 능력이다.

출연자의 자기 연출이란? 출연을 돋보이게 하는 능력이다. 출연자 개인 능력이다. 같은 재료로 다른 맛을 내는 셰프의 개인 능력을 손맛이라 한다. 자기 연출은 출연자의 손맛이다. 같은 주제, 같은 스튜디오라도, 출연자 따라 맛이 다르다. 자기 연출의 차이 때문이다.

손맛은, 맛의 마무리다. 자기 연출도 그렇다. 출연의 마무리 기술이다. 바둑으로 치면 끝내기다. 출연 끝내기다. 원고 신공 - '씹어 먹기' 신공에 이어진다. 스튜디오 출연 끝내기 스킬이다. 자기 연출 신공(神功)이다.

■ 어이 선수, 링부터 알아야지

방송 입사 후 생경했던 현장어(現場語) 하나, '선수'(選手)다. 알고 보니, '방송을 직업으로 하는 사람 모두'를 일컫는 친밀어(親密語)다. 치켜주고, 격려하는 말이다. 출연자도 당근 '선수'다. **"어이 선수, 마이크는 차야지?"** 스튜디오 링에 오른 '선수'가, 가끔 듣는 말이다. 원고에 몰입돼, 잊는 경우가 있다. 평소 친한 뉴스 PD나 기술감독이 알려 준다. 스튜디오 링에 오른 '선수'에게 나도 한마디 거들고 싶다. **어이 선수, 링부터 알아야지.**

<사진 1> ① 뉴스 세트   ② 뉴스 부조정실

● **먼저, 링(스튜디오) 구조다:** ▶ 내부는 세트(Set). ▶ 외부는 부조정
실(약칭 '부조': Studio Control Room)이다. <사진 1>과 같다. ▶ 부조정실
은 세트에서 이뤄지는 방송을 통제해 내보내는 곳이다. 사진에서 보
듯, 많은 방송 인력들이 함께 협업한다. 뉴스 PD와 기술 감독(TD:
Technical Director), 기술진, 그래픽 디자이너 등이다. 출연자는 이들
의 협업 대상이다.

● **때문에 소통 수단을 알아야 한다:** 앞서 다룬, ▶ IFB다. 쉬운 말
로 이어폰이다. 스튜디오 내부와 외부 부조는 이걸로 소통한다. 앵커
나 사회자는 물론, ▶ 출연자도 끼는 게 보통이다. 돌발형 등, 하드코
어 출연은 거의 100%다. 원고가 없다면 출연자에겐 구명줄 역할도
한다. 뉴스 PD나 해당 부서가 속보, 정보를 던져 준다. ▶ 하드코어
출연 아니더라도 필요한 경우가 있다. 선거 방송을 예로 들어 보자.
앵커가 패널을 중심으로 본방송을 끌어간다. 이와 별도로 코너들도 준비된다. '당락예측 시뮬레이션' 코너 같은 것이다. 수시로 본방송을 비집고 들어간다. 그때마다, 코너 출연자들은 큐 사인을 받아야 한다. 이어폰은 필수다.

이어폰 끼고 생방송 한다는 건 쉽지 않다. 중계차에서 이미 경험했다. 스튜디오 출연에서는 상수(常數)라고 보는 게 맘 편하다. 훈련이 필요하다.

● **스튜디오 모니터는 거울**: 스튜디오 안은, 온통 모니터와 카메라, 케이블투성이다. 세트에 앉으면, 확인할 게 있다. 두 개의 모니터다. 하나는 이른바, ▶ 온에어(On-air) 모니터다. PGM(Program)으로 표시돼 있기도 하다. 지금 방송 나가고 있는 그림이나 카메라에 비친 대상이다. 다른 하나는 ▶ 프리뷰(Preview) 모니터다. PST로 써놓은 경우가 많다. 다음에 들어갈 영상이나 카메라 화면이다. 이 두 개의 모니터는 출연용 거울이라 보면 된다.

▶ 온에어 모니터는 지금 나가는 것이니 '찐' 거울이다. 출연 중 그래픽, 도표 설명이나 그림 묘사할 때 필수품이다. 보면서 시간과 타이밍까지 맞춘다. 방송이 제대로 나가고 있는지 확인하는 수단이기도 하다. 화면에 내 얼굴이 나올 땐 조심해야 한다. 대놓고 응시할 수 없다. 시선방향이 무너지고, 부자연스러워진다. 눈치껏 봐야 한다.

▶ 프리뷰 모니터(PST)로는 다음에 나갈 밑그림 등을 미리 확인한다. 카메라가 내 원 샷을 잡고 있다. 다음 문장쯤에서부터는 내 얼굴을 밑그림으로 덮을 것이다. 밑그림이 주제에 맞게 대기 중인

지 PST로 본다. 내가 해야 할 일을 예측하는 수단이기도 한다. 가령, 지금은 화면에 내 얼굴이 나가고 있다. PST를 보니, 내가 설명 중인 물건을 클로즈업해 뒀다. 다음은 이 그림으로 컷한다는 얘기다. **"이제 손을 치우거나, 움직이면 안 되겠군."** 아니면, **"손가락으로 물건을 가볍게 만져주면, 자연스럽겠네."** 이렇게 계산이 가능하다.

▶ 두 모니터는 스튜디오 출입 때도 봐야 한다. 출연자는 생방 중간에 출입하기도 한다. 진행요원인 FD(Floor Director)가 안내해주긴 한다. 그래도, 모니터가 신호등이다. <사진 2>를 보면, 왼쪽에 모니터가 있다. 자세히 보면, 위아래로 두 개가 맞붙어, 한 세트다. 위가 PGM(온에어), 아래가 PST(프리뷰) 모니터로 보인다. 이처럼 방송 전에는 아무렇게나, 장비들이 널려 있다. 출연 때는 스태프에게 부탁해, 본인이 잘 볼 수 있게 적절히 위치를 잡아두는 게 좋다.

<사진 2>
앵커(중) 출연석(좌,우), 모니터(전면 좌측)

● **출연석:** 링 속의 링이다. 출연석이 안정되어야, 방송도 안정된다. <사진 2>처럼, 앵커석이든 출연자석이든, 럭셔리와는 거리가 멀다. 의자가 조금 흔들거리거나, 높낮이 조절이 고장 나 있기도 하다. 이런 거, 출연자 스스로 챙겨야 한다. ▶ 가장 중요한 게 높낮이다. 일단

좌석에 앉으면 높낮이 조절부터 하자. ▶ 고장 나 있다면, 손짓으로 나, 메모로 전달한다. 응급조처를 해 줄 것이다. 보통 작은 방석 등으로 높여주는 식이다. ▶ 요청하기 전에 주변을 둘러보라. 작은 방석은 출연석 주변에 하나 정도는 있다. 조심스레 셀프 조정하면 피차 좋다.

● **마이크**(Microphone) **팁과 주의점:** 스튜디오 주 마이크는 데스크, 핀 두 종류다. 둘 다 동시에 사용하는 경우가 많다.

▶ 핀(Pin) 마이크는 모양 따라 붙인 이름이다. 라발리에(Lavalier) 마이크라고도 한다. 옷깃, 넥타이에 장식(Lavalier)처럼 찬다. 작은 집게가 있다. 모든 방향의 소리를 균등하게 모은다. 사람 목소리에 특화됐다. 스튜디오 출연의 주 음원으로 쓰인다.

▶ 데스크 마이크는 출연석 테이블에 놓여 있다. 골키퍼 역할이다. 방송 중 주 음원인 라발리에 마이크에 이상이 생겨도 방송을 담보한다. 이른바, 지향성(指向性: Directive) 덕분이다. 주로 마이크 앞쪽의 소리를 집중해, 잘 모아들인다.

출연석에 앉으면, 핀 마이크를 찬다. 깜빡 잊는 경우가 있다. 깔고 앉아 버리기도 한다. "어이, 선수..."가 나오는 배경이다. 옷깃이나, 남자의 경우, 넥타이에 찬다. 턱 밑 13cm~20cm 정도가 적당하다.

＊핀 마이크 주의점

1. 블라우스나 와이셔츠, 넥타이나 재킷 등이 스치면서 소음이 나곤 한다. 마이크 근처 장신구도 마찬가지다.

   ⇨ **해법 팁:** 마이크를 재킷이나 블라우스 속으로 넣어서 위로 빼 안정적으로 찬다. 마찰을 막을 수 있다. 마이크 주변 장신구를 피한다.

2. 출연자의 옷에서 정전기가 심하면, 순간 고주파 굉음이 날 수 있다.

3. 핀 마이크의 케이블이 옷깃이나 넥타이를 아래로 당길 수 있다. 떨어지거나, 넥타이가 비뚤어질 위험이 있다.

   ⇨ **해법 팁:** 핀 마이크 차는 디테일이 중요하다. 핀 마이크 끝부분 케이블을 느슨하게 한 번 말아준다. 이를 부착된 집게 사이로 넣은 후, 옷깃이나 넥타이에 찬다. 이렇게 하면,

   ① 고주파를 걸러내는 회로 역할을 해, 굉음을 예방할 수 있다.

   ② 마이크가 안정적으로 부착돼, 케이블이 당겨지더라도, 어느 정도 방어가 된다.

＊데스크 마이크 주의점

1. 출연자들의 무의식적 행동이 있다. 데스크 마이크를 움직이는 것이다. 주로 자기 앞으로 끌어당긴다. 왠지 멀리 떨어져 있는 것 같은 맘 때문이다. 아니면 심리적 긴장 해소다. 안 된다. 데스크 마이크가 지금 있는 자리는 최적이다. 기술진들이 이미 조정해 놓은 자리다. 마이크가 자신에게 향해 있지 않더라도 그렇다. 종합적인 균형을 잡아 놓았을 것이다. 잘못 움직이면, 어긋난다.

2. 출연자의 원고 넘기는 소리, 손이나 다리가 책상에 부딪히는 소리가 들릴 수 있다. 원고는 조심조심, 팔다리 떠는 무심한 습관은 금물이다.

■ 나만의 출연 루틴 만들기

"티를 꼽고 뒤로 물러난다. 연습 스윙, 딱 한 번 한다. 한쪽 눈으로 방향을 가늠한다. 공 앞으로 다시 간다. 티 높이 확인한다. 손목으로 두 번 왜글(waggle)[4] 한다. 망설임 없이 길게 스윙한 후 친다." 어느 골프 애호가의 메모다. 자기만의 절차다. 매번 티 샷 때마다 똑같이 한다. 자기만의 절차, 프로도 있다. '매번 똑같이 한다'고 루틴(Routine)이라 한다.

골프뿐 아니다. 스포츠 종목마다 이런 루틴 눈에 띈다. 왜 그럴까? 좋은 성과는 좋은 시작이 바탕이기 때문이다. 최적화된 준비가 필요하다. 동일하고 일관된 동작으로 몸을 최적화한다. 심리적 최적화까지 이룬다. 스포츠만이 아니다. 출연도 루틴이 필요하다.

● **오디오, 테스트로 하지 마라:** 출연석에서 제일 먼저 받는 주문은 오디오 테스트다. 음량과 톤을 방송에 맞게 조절하는 것이다. 출연자들의 나쁜 습관이 있다. 그야말로, '테스트만 하는 것'이다. "하나, 둘, 셋..." 해 보라면, 천천히 센다. "말씀해 보세요"라면, 아주 점잖고 낮게 '말씀'하신다. 테스트니까. 문제는 실제 방송 들어가서다. 돌변한다. 그 점잖고 차분했던 분은 어디로 가고 없다. 톤과 억양부터 높아진다. 속도도 빨라진다. 오디오 테스트, 테스트로 하지 마라. 평소 속도와 톤과 목소리로, 실제로 해라.

---

4   스윙 전에 골프채를 가볍게 좌우나 앞뒤로 흔들어보는 것. 골프채의 중심인 클럽헤드의 무게를 느끼며 스윙의 감을 잡는 동작이다. 공에 대한 정신 집중과 근육 풀기다.

● **고개가 태생적 6시 5분 전이군요:** TV 출연을 하면서 알게 되는 게 있다. 평소 생각해온 자신의 모습과 실제가 많이 다르다는 것이다. 그중의 하나가 고개다. 자신은 똑바로 반듯하니 말하고 있다고 생각했다. 방송 나간 걸 보니, 고개가 '6시 5분 전'이다. 꼭 체크해야 한다. 고개다. 이건 아무도 체크 안 해 준다. 오디오 체크 전에, 필히 셀프 체크다.

● **어깨 - 허리는 한 세트:** 고개만큼이나 어려운 게, 허리다. TV, 특히, 시사 보도 출연은 자세가 반듯해야 한다. 출연자 본인에겐 참 불편하다. 평소 버릇으로 어느새 돌아간다. 따라서 시작점을 잘 잡아서 의식해야 한다. 문제는 허리만이 아니라는 것이다. 허리를 반듯이 폈는데도 왠지 삐딱하다. 어깨가 처져 있는 경우다. 역시 태생적이다. 어깨와 허리는 세트다. 출연 전에 세트로 루틴 체크해야 한다. 이것도 셀프다.

● **브이존(V-zone)을 경계하라:** 출연은 흔히 앉아서 한다. 이런 '앉은 출연'에서 패션의 핵심점은 어디일까? 남자의 경우, 재킷과 넥타이, 셔츠다. 여성은 재킷과 블라우스일 것이다. V 모양으로 목을 둘러싸고 있다. '브이존(V-zone)'이라고도 한다. 여기를 경계해야 한다.

남성의 경우, ① 넥타이 끝이 재킷 한쪽으로 몰리거나, ② 와이셔츠 깃이 목을 중심으로 돌아가 있거나, ③ 넥타이 매듭(knotting) 크기, 모양이 와이셔츠 깃과 맞지 않는 경우가 많다.

여성도 여러 불균형 요인이 있을 수 있다. 예를 들면 옷에 세트로 달린 브로치 같은 경우다. 그냥 볼 때는 자연스러웠는데, 화면으로는 아닌 경우가 있다. 또 핀 마이크를 잘못 차면, 블라우스 구김이나 줄이 두드러지는 수도 있다.

● **콤팩트, 기름종이[5] 아니면 화장지라도**: 스튜디오 안은 조명 열기가 있다. 또 분장 후 시간이 좀 지나면, 얼굴에서 땀이 나온다. 놔두면 번들거린다. 심히 긴장돼 보인다. 비위생적인 느낌도 든다. 이럴 때는 기름종이로 넓게 눌러 닦아낸다. 화장용 티슈라도 좋다.

● **물 반 잔의 힘**: 출연 전 물 반 잔은 힘이다. 출연 직전까지 조금씩 물로 성대와 인후를 축여 놓자. 목소리 발성과 톤뿐 아니라, 심리적으로도 많은 안정이 된다.

● **기타**: 자기 취향에 맞게 루틴은 첨삭이 가능하다. 출연용 자료화면, 그래픽, 녹취, 자막 등은 기본 루틴이어서 뺐다. 또 마이크 차는 건, 앞서 별도로 설명했다.

■ 자기 연출, 카메라 눈 맞춤부터

자, 이제 링에 올랐다. 내 상대는 누군가? 출연은 대화라 했으니, 대화 상대일 것이다. 앵커(또는 MC<사회자>)다. 그런데 내 옆얼굴이 따갑다. 조심스레 얼굴을 돌렸다. <사진 3> 속의 물체 때문이었다. 카메라다.

---

5 얼굴에 번진 기름이나 땀을 흡수하는 특수 종이다. 기름종이는 통칭이다.

머리에 빨간 불을 켠 채 쏘아 보고 있다. 이마엔 '2'자도 선명하다. 이름이다. 2번 카메라다.

● 스튜디오 출연, 상대는 둘

왜? "나, 2번 카메라야. 나도 있어. 나 좀 봐."라는 것이다. 카메라의 빨간 불은, 현업에선 탤리(Tally Light)라 한다. 방송이 되고 있다는

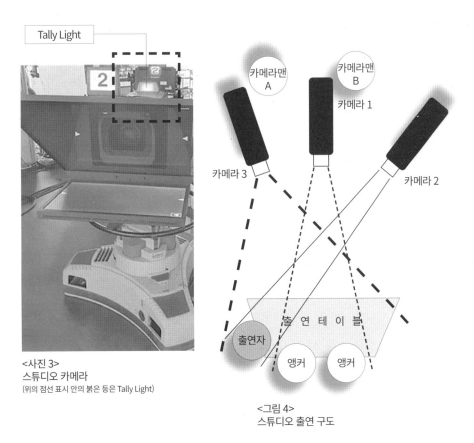

<사진 3>
스튜디오 카메라
(위의 점선 표시 안의 붉은 등은 Tally Light)

<그림 4>
스튜디오 출연 구도

말이다. 탤리가 들어 온 카메라는 곧 시청자다. 출연자를 다 보고 있다. 스튜디오라는 링 위의 또 다른 상대다. 그렇다. 링 위의 상대는 둘이다. 앵커와 카메라다.

<그림 4>는 이런 전체 국면을 보여준다. 스튜디오 출연 구도다. 출연자를 잡는 카메라는 2대다. 카메라 2와 3이다. 카메라 3은 굵은 점선 영역이다. 출연자와 앵커를 나란히 보여줄 수 있다. 카메라 2는 실선 영역이다. 출연자 원 샷을 잡기 좋다.

● 자기 연출, 카메라 눈 맞춤부터

자기 연출은 마무리 스킬이라 했다. 고급 제품일수록 마무리에 강하다. 차이가 딱 마무리만큼 난다. 출연도 그렇다. 딱 자기 연출만큼 차이 난다. 자기 연출은 어디서부터 시작일까? 상대를 아는 것부터다. 상대는 둘, 앵커와 카메라다. 아는 건, 보는 데서 시작한다. 보는 건, 눈 맞춤이 시작이다. 앵커와 눈 맞춤은 이미 했다. 카메라가 불을 켜고 날 보고 있다. 눈 맞춤 재촉이다. 자기 연출은 카메라 눈 맞춤부터다.

● 바보야, 자기 연출은 교감이야

눈 맞춤은 혼자 할 수 없다. 서로(Inter-) 한다. 내 눈길을 주고 남의 것을 받는다. 주고받는(Communicate)다. 이거, 의사소통(Communication)이다. 이 의사소통의 주성분은? 우호적이고 동질적 감정이다. 종합하면? 교감(交感: Intercommunication)이다. 자기 연출을 한 번 더 '감아' 보니, "교감부터"다.

교감이 뭔가? 출연을 엮어가는 감정선(感情線)이다. 호기심 - 관심 - 집중의 감정이 통하는 선이다. 출연의 동력선이다. 끝까지 끌어가야 한다. 답이 나왔다. 자기 연출은 교감을 끌어내, 끝까지 끌어가는 일이다.

● **교감 장애를 부르는 카메라 눈 맞춤**

교감 장애를 부르는 눈 맞춤이 있다. 엉뚱한 눈과 맞추는 것이다. 배우자 아닌, 다른 사람의 눈과? 이건 대형 사고다. 또 하나 있다. 곁눈질이다. 이성 친구와 뜨거운 눈 맞춤 중이다. 근데 옆에 누가 휙 지나간다. 뒤태가 멋지다. 나도 모르게 눈이 돌아갔나 보다. 아주 흘긋. 순간 번쩍, 파장이 인다. 강력한 교감 장애파다. "아냐, 난 계속 너만 보고 있었어. 곁눈질 안 했거든." 그래 봤자다. 파장만 더 커질 뿐이다. "나도 계속 너만 보고 있었거든. 너, 곁눈질 한 거 맞거든" 교감 장애를 부르는 카메라 눈 맞춤도 마찬가지다.

▶ **엉뚱한 카메라를 본다.** <그림 4>처럼 카메라 2가 출연자를 원 샷으로 잡고 있다. 정작 출연자는 카메라 1을 본다면? 시청자를 은근슬쩍 외면하는 각이다. 카메라 3을 본다면 심각하다. 고개를 외로 꼰 각이다. 무시다.

▶ **곁눈질한다.** 예를 들어 <그림 4>에서 출연자가 카메라 2를 보긴 본다. 그런데, 카메라맨 B가 출연자를 위해 원고 큐 카드를 들고 있다. 이걸 수시로 봐가며 답변을 한다면? 시선은 '카메라 2 - 카메라맨 B - 카메라 2 - 카메라맨 B...'로 왔다 갔다 할 것이다. 시청자 입장에서 불안하기 그지없다. 출연자가 카메라맨 B의

큐 카드만 본다면? 출연자가 시청자 눈을 차마 보지 못하는 형국이 된다. 둘 다 교감 장애다. 자기 연출은 꽝이 된다.

● **카메라 눈 맞춤 '실수 탈출' 팁**

- 내가 엉뚱한 카메라를 보고 있다고? ▶ 팁: 잠시 출연 테이블의 원고로 시선을 옮긴다. 원고 보는 척하다가, 탤리가 켜져 있는 카메라를 본다. 자연스럽게 눈 맞춤이 수정된다.

- 앞서 온에어 모니터와 프리뷰 모니터의 기능을 설명했다. 거울 역할이라 했다. 방송이 지금 제대로 나가고 있는지?(온에어 모니터) 다음 들어갈 밑그림이나, 그래픽이 제대로 대기 돼 있는지? (프리뷰 모니터) 둘 다 곁눈질이 불가피하다. 필요악이다. 그렇다면? ▶ '잠시만'이면 OK다. 날 바라보는 카메라의 탤리가 꺼져 있으면, '길게'도 괜찮다.

■ **실전: 내 카메라는? 앵커 봐? 카메라 봐?**

이제 실전으로 풀어 보자. 우선 출연자가 신경 써야 할 카메라는 몇 대나 될까? KBS 9시 뉴스나 뉴스라인 같은 저녁 메인 뉴스는 카메라 6대를 쓴다. 아침 메인 뉴스도 5대다. 종합뉴스 급으로 가장 적은 카메라 대수는 3대다. 기본형인 셈이다. 여기서는 편의상 기본형을 상정한다. 앵커와 출연자 수도 각 1명으로 하자.

출연 원고도 앞서 우리가 다뤘던 걸 일부 발췌했다. 앵커가 아래와 같이 멘트를 시작한다. 이어 출연 기자에게 질문 1을 던진다 하자.

이때 앵커를 잡는 카메라는 <그림 5>의 카메라 1이다. 앵커가 멘트를 할 때는 화면 1-1이다. 앵커가 정면을 본다. 줄 친 부분에선 화면 1-2가 될 것이다. 질문 1의 줄 친 부분 이후엔 카메라가 바뀐다. 카메라 3 - 화면 3이다. 앵커와 출연자가 서로 마주 보는 시선이다.

스튜디오 출연을 하면, 나를 잡을 카메라가 어떤 건지 확인해 둬야 한다. <그림 5>를 보면 카메라 2와 3이다. 출연자는 이 두 카메라를 의식해야 한다.

카메라 3은 출연자와 앵커를 함께 잡았다. 그 결과가 화면 3이다. 이때 시선이 중요하다. 앵커와 출연자 모두 상대방을 바라본다. 이게 자연스럽다. 위에서 앵커가 기자에게 질문할 때의 구도다. 이때 둘 중 하나의 시선이 다른 곳을 본다면? 교감 형성이 안 된다. 출연자의 자기 연출 효과도 '0'이다. 카메라 3을 옆 거울로 생각하면 된다. 질문을 받거나 답변을 할 때 카메라 3이 켜져 있다? 출연자는 앵커를 봐야 한다.

이렇게 출연자가 답변을 시작한다. 카메라 2와 3이 맡는다. 위의 줄 친 부분 정도까지는 카메라 3이 계속 잡을 것이다. 화면구도는 화면 3. 그대로다. 앵커와 출연자 투 샷이다.

다음은 카메라 2로 커트 된다. 카메라 2는 출연자에겐 정면 거울이다. 정면에서 원 샷으로 잡는다. 탤리가 들어왔을 때, 어떻게 반응할 것인가? 미리 생각해 둬야 한다. 커트 직후에는 화면 2-1이 맞다. 바로 전 화면 3에서 출연자 시선은 앵커를 봤다. 화면 2-1에서도 출연자 시선이 같다. 앵커를 보며 말한다. 앞뒤가 자연스럽게 이어진다.

그렇다고, 화면 구도를 줄곧 2-1로만 가져갈 것인가? 줄곧 앵커만 보며 답하는 것이다. 나쁘지는 않다. 출연은 대화니까. 2% 부족한 게 문제다. 출연의 상대가 둘이니까. 앵커뿐 아니라 카메라(=시청자)도 상대다. 시청자와도 대화해야 한다. 줄곧 화면 2-1 구도로만 간다? 시청자가 소외된다.

자기 연출이 필요하다. 답변 1의 줄 친 부분을 지나면서부터다. 이 지점에서 화면 2-2로 구도를 변환한다. 카메라 2를 정면으로 보는 것이다. 또 다른 대화 상대인 시청자에게 눈 맞춤하는 것이다. 교감 시작이다. 관심 - 호기심의 감정선이 형성된다.

카메라 2로 시선을 옮기는 건 자연스러워야 한다. 하나는 앞서 말했다. 출연 테이블의 원고로 시선을 옮긴다. 이후 탤리가 켜져 있는 카메라를 본다. 아니면, 앵커를 보던 시선을 천천히 돌려 카메라 2를 봐도 된다. 어느 것이든 자연스러움이 핵심이다.

여기서 조심해야 할 게 있다. 예를 들어, 답변 처음부터, 카메라 2번을 본다면? 비추다. 탤리가 아직 카메라 3에 있을 것이다. 출연자가

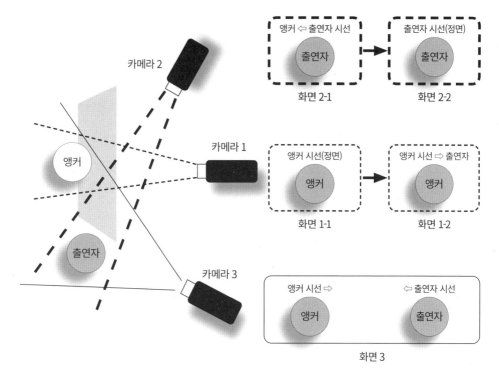

<그림 5> 출연자, 어느 카메라를 볼 것인가?

카메라 2를 보면 화면 3의 구도가 무너진다. 앵커만 출연자를 본다. 출연자는 앵커를 외면하며 말하는 구도다.

얼른 카메라 2로 커팅해 주면 되지 않냐고? 화면 2-2가 된다. 출연자가 정면(시청자)만 보며, 답하고 있다. 정작 질문은 앵커가 했다. 이번에는 앵커와의 대화가 빠진 모양새다.

결론은 균형이다. "내 카메라 어떤 거야? 앵커 봐? 카메라 봐?"가 아니다. "앵커도 보고 카메라도 본다." 카메라 2도 3도 다 의식해야 한다. 균형은 자기 연출의 기본이다.

● **팁 하나 더:** 출연자가 도표나 실물 등을 갖고 설명하는 경우가 있다 카메라 1이 얼른 출연자 손의 실물을 클로즈업했다. 카메라 2는 여전히 출연자를 원 샷으로 잡고 있다. 탤리가 일순 클로즈업한 카메라 1에 들어온다. 물건을 보여주기 위해서다.

이때 출연자는 어느 카메라를 봐야 하나? 카메라 2다. 카메라 1로 갔던 탤리가 언제 다시 2로 돌아올지 모르기 때문이다. 이때 카메라 1에 클로즈업된 물체는 되도록 움직이지 않는다. 잘 보여주겠노라고, 집어 드는 건 금물이다. 클로즈업이 되면, 약간의 움직임에도 변화가 커진다. 해당 물체를 손가락으로 가리키면 된다.

■ 자기 연출은, '말'에 있지 않다

어떤 이는 표현 수단의 65%라고도 한다. 어떤 이는 의미 전달의 93%라고도 한다. 말 이외의 소통 수단이다. 표정, 자세, 제스처, 동작 등이다. 이른바, 비언어(Non-verbal) 수단이다. 의사소통의 상당 부분이라는 얘기다.

"자기 연출은 카메라 눈 맞춤부터" 지금까지 한 말이다. 눈 맞춤은 대표적인 비언어 소통 수단이다. 비언어 수단이 자기 연출의 열쇠. 표정과 자세, 제스처, 동작, 나아가 옷과 장신구, 분장 등 외모까지 포함한다. 자기 연출은 '말'에 있지 않다.

● 행복하니 웃게 된다고? 웃다 보니 행복해지는 것

이어폰이 불편하다. 뉴스 PD, 참 말도 많지? 정신 하나도 없네. 어어, 벌써 뉴스 타이틀? 시그널 음악, 저리도 쿵쾅거렸나? 헐, 드디어?

뭐, '큐'라고? 허걱... 출연자 속이 이러면, 바깥 얼굴 표정은? 안 봐도 비디오다. **"내 거친 생각과 불안한 눈빛과..."**(임재범의 '너를 위해' 가사 中)[6] 문제는 다음 대목이다. **"그걸 지켜보는 너"**[7] 시청자다. 다 보고 있다.

'안면 피드백(Facial Feedback) 가설'이란 게 있다. 아주 단순화해보자. 남이 웃는 표정이면, 나도 웃게 된다는 얘기다. 출연자의 불안한 표정 지켜보는 시청자 맘은? **"그건 아마도 전쟁 같은 사랑**(시청)**"**[8]이 될 것이다. 그리곤 마침내, **"너에게서 떠나 줄 거야~"**[9]로 마무리해 버린다면? 그러니 맘가짐 바꾸는 게 우선일 것 같다. 아래와 같이.

"흠, 이 방(스튜디오) **맘에 드네.**

내 앞에 있는 세 명의 가족 (카메라 장비 석 대), **언제 봐도 사랑스러워.**

도란도란 오늘도 얘기꽃 피워볼까? 오늘따라 타이틀 소리도 찐이네.

호오 확 퍼지는 이 짜릿한 생방의 아드레날린.

가즈아~ 생방이닷~~ 오케이~ 나도 큐!"

"행복하니 웃게 되는 게 아니다. 웃다 보니 행복해진다." 안면 피드백 가설을 달리 표현한 말이다. 생각이 바뀌면, 표정도 따라 바뀐다.

---

6 가수 임재범의 "너를 위해"에서 일부 인용, 한국음악저작권협회 홈페이지상에는 작사자가 채정은으로 표기돼 있음.(https://www.komca.or.kr/srch2/srch_01.jsp) (검색어: 너를 위해, 채정은 일자: 2022.04.14.)
7 위의 인용
8 위의 인용
9 위의 인용

● 표정 팁 1: 시작은 '미소 한 줌', 이후는 분위기에 맞춰

출연 때 이상적인 시작 표정은? '진지'의 바다 가운데, 옅은 '미소' 한 줌이다. 시사 보도 부분의 출연이니, 진지함은 기본이다. 그렇다고 '진지'만 주욱 밀고 가면 '경직' 온다. 옅은 미소 한 줌은 비타민이다. 시청자도 그 한 줌만큼, 여유를 갖게 된다.

이후엔? 출연 내용과 일란성 쌍둥이라 생각하자. 굽이굽이 달라지는 분위기 따라, 맞게 가는 것이다. 우리가 대화할 때도 그렇지 않나? 슬픈 얘기 때는 슬픈 표정, 기쁜 얘기할 땐 기쁜 표정. 단, 시사 보도 출연임은 잊지 말자. 절제 한 스푼을 가미한다. 그럼 된다.

● 표정 팁 2: 얼굴의 주요 지점들(facial points)에 주목

비언어적 표현이 가장 많은 곳이 얼굴이다. 표정을 만드는 주요 지점들이 다양하다. 얼굴을 세 부분으로 나눠보자. 윗부분엔 눈썹이 있다. 중간 부분엔 눈이 핵심이다. 구체적으론 눈꺼풀이다. 코와 볼도 있다. 얼굴 아랫부분의 대표는 입술이다. 턱도 있다. 얼굴은 이처럼 많은 지점을 통해 풍부한 표정을 만든다. 비언어 소통의 산실이다.

예전 KBS의 한 앵커는 눈썹과 눈을 찡긋거리는 습관이 있었다. 사람들이 재미있어했다. 오히려 호감을 얻었다. 해피엔딩이다. 그러나 누구에게나 이런 해피엔딩 보장할 순 없다. 평소 얼굴 표정, 자신은 잘 모른다. 특히 습관인데도 의식 못하는 경우가 적지 않다.

본인의 출연을 사후 복기해야 하는 이유다. 얼굴 표정과 습관들은 평소 체크해 줘야 한다. 말을 하며, 거울로 모니터한다. 얼굴 표정

을 결정하는 주요 지점들을 주목한다. 휴대전화로 녹화해 두면, 수시 교정에 편리할 것이다.

가만히 있어도 오해받는 표정이 있다. 화난 표정, 아니면, 뚱한 표정 등 부정적 이미지다. 왜 그럴까? 바로 이 주요 지점들에 문제가 있어서다. 태생적일 수도 노화 때문일 수도 있다. 자기도 모르는 버릇 때문인 경우가 많다. 셀프 모니터링으로 부단히 교정하는 게 답이다. 자기 연출은 자아 발견이다.

● **자세가 바르면, 신뢰도 상승**

시사 보도에서 정(正)자세를 강조하는 이유는 하나다. 신뢰도다. 반듯해 보이기 때문이다. 중요한 자기 연출이다. '나만의 출연 루틴 체크' 리스트에도 있다. **"어깨와 허리는 한 세트로 곧추세운다. 고개가 6시 5분 전이 되지 않게 하라..."** 등등. 자세를 펴서 반듯하게 하는 간단한 방법이 있다. 시선을 먼 곳에 두는 것이다. 자연스레 펴진다. 서서 출연하는 경우에도 반듯한 자세라야 한다. 양쪽 다리에 무게를 같이 주고 선다. 무심코 하는 '짝다리 서기'는 피할 수 있을 것이다.

● **손과 어깨는 제스처로, '일상(日常)'에서 하듯**

제스처(gesture)는 몸짓, 즉, 동작의 일부다. 그중 손과 어깨를 중심으로 한다. 보도 출연에 있어서 제스처는 그리 활발하지 않다. 서서 출연한다 하더라도, 걷거나 움직이는 폭이 한정적이다. 앉아서 출연하면 제스처는 거의 없다. 원고를 펼쳐 놓고, 한 손엔 필기구를 든 정도다. 두 손을 아예 가지런히 책상 위에 올려놓기도 한다.

좀 더 적극적일 필요가 있다. 일상에선 손을 움직이며, 얘기하지 않는가?

● 손 움직이는 건 좋은데...

최근 출연 기자들이 활발하게 손을 움직이는 걸 종종 본다. 좋은 일이다. 다만 아쉬움이 있다. 같은 동작이 쉼 없이 계속되는 경우다. 이건 안 하느니만 못하다. 시청자들이 힘들어진다. 손동작은 쉼 없이 할 필요가 없다. 중요한 대목에서 자연스레 하는 것이다.

무엇보다 출연 내용상 부적절한 신체 언어가 문제다. 예를 들어, 진실 공방의 대상인 인물에 대한 얘기 중이다. 도중 어느 대목에서 기자가 두 팔로 'X'자 모양을 만든다. 기사 내용 어디에도 그런 내용이 없다. 이건 매우 위험하다. 그 자체가 하나의 기사 효과를 낼 수 있다. 부정적 시그널로 해석되는 것이다. 제스처는 일상에 가까운 게 가장 좋다.

● 큐 카드를 들었을 땐?

서서 출연할 때, 원고나 큐 카드를 들기도 한다. 자연스럽다. 가볍게 흔들어 강조할 수도 있다. 이때도 반복적으로 흔들어 대는 건 금물이다. 신경도 쓰이지만, 무례하게 느껴진다.

큐 카드를 들지 않은 손 처리도 중요하다. 차렷 자세는 곤란하다. 어찌할 바를 몰라, 손을 꼼지락거리는 게 보이기도 한다. 여기서도 답은 '일상에서 하듯'이다. 자연스레 원고를 한 장 정도 빼 볼 수도 있다. 보다가 다시 집어넣기도 하고. 일상을 기준으로 고민하자.

제스처는 말, 즉, 메시지의 의미를 강화하는 수단이다. 말과 타이밍이 맞아야 한다. 구체적으로는 해당 단어나 구, 절이다. 앉았건, 섰건 마찬가지다. 또 손과 어깨를 중심으로 하는 것이므로, 어깨선을 넘지 않는 범위가 자연스럽다.

● 동작은 정중동(靜中動)과 균형

손과 어깨를 제외해도 움직임들이 있다. 시사 보도 특성상 출연자의 움직임은 참 적다. 그러나, "없다"가 아니다. "적지만 있다"가 정확한 답이다. 예를 들어, 뉴스 앵커들을 보라. 출연자보다 더 허리는 곧추세우고, 고개는 반듯하다. 그렇다고, '얼음'인가? 아니다. 뭔지 모르지만, 자연스러운 움직임이 알 듯 모를 듯 느껴진다.

그렇다면, 그 움직임은 어디에 있는가? 자세히 보니 보인다. 우선, 몸 전체다. 아주 가끔씩 말과 목소리의 강세에 따라 움직인다. 반듯함을 유지한 채 균형미 있게 움직인다. 또 있다. 고개를 중심으로 한 얼굴 전체다. 아주 작지만 좌우와 상하로 움직인다. 물론 미동(微動)이다. 말의 강세와 목소리 변화에 따라서다. 종합하면, 정중동(靜中動)이다. 그리고 균형(均衡)이다. 출연자도 마찬가지다.

초보 앵커는, 얼핏 입만 벙긋거리는 듯 보인다. 반듯한 자세 유지에만 신경을 써서 그렇다. 로봇 각, 앵무새 각이다. 초보 출연자는, 뻣뻣하기 그지없다. 원고 위에 손을 모아두고 어찌할 바 모르는 듯. 손에 낀 볼펜을 뱅글뱅글 돌리기도 한다.

더 심한 건 탁자 아래 상황이다. 다리다. 상하좌우로 떤다. 오므렸다 폈다도 한다. 이거 위험하다. 마이크 사용할 때 이거 조심하라

했다. 무의식적 행동이라서 더 문제다.

이른바, 오버하는 경우도 있다. 출연하며, 몸을 좌우, 또는 앞뒤로 흔든다. 자연스레 움직여 보려는 몸부림? 혼자 생각이다. 출연 동작의 기준점은 정중동과 균형이다. 쉽지 않다. '노오력'이 아니라 노력(努力)이 관건이다.

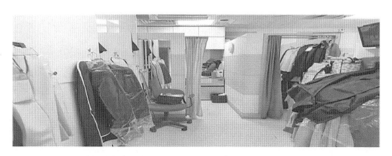

<사진 5> KBS 보도국 의상 대기실
의상 코디가 준비한 옷들이 준비돼 있다. 급할 땐 이곳에서 출연자들이 옷을 갈아입기도 한다.

■ 말 없는 자기 연출(1) 의상과 장신구

출연은 원 샷, 아니면, 투 샷이다. 의상과 장신구, 다 뵌다. 세세하다 못해 과장까지 된다. 클로즈업이기 때문이다. 의상과 장신구, 말 없는, 아니, 말이 필요 없는 자기 연출이다.

방송 출연용 의상은 의상 코디[10]가 준비해 준다. 남성은, 재킷과 넥타이, 와이셔츠 등이다. 단순하다. 여성도 기본적으로는 코디가 준비해

---

10 의상 코디네이터(co-ordinator)의 준말. 방송사의 의뢰에 따라 출연자와 앵커의 옷을 준비하는 프리랜서 직업.

준다. 다만 남성만큼 단순하지 않다. 본인이 준비한 옷을 입는 경우도 적지 않다. 어떤 경우든, 고려해야 할 게 많다.

● 촘촘한 줄, 체크, 헤링본 무늬

모기장이나 망을 겹쳐서 햇빛에 비춰보자. 겹쳐 있는 부위에 뭐가 생긴다. 어른어른 눈이 어지럽다. 일종의 물결무늬다. 일정한 간격을 갖는 문양들이 반복적으로 겹치면 이 현상이 생긴다. 이걸 프랑스어로 무아레(또는 모아레, Moire) 현상이라 한다.

출연용 옷, 이거 조심해야 한다. 촘촘한 줄무늬나 체크무늬가 대표적이다. 비스듬히 꺾인 평행선 모양의 무늬도 그렇다. 청어의 뼈 모양이라고 헤링본(herringbone)이라 한다. 남성 재킷이나, 넥타이에 이런 무늬 종종 있다. 여성 의류도 마찬가지다. 방송에 부적합하다. 무아레 현상 때문이다. 심하게 어른거리며, 시청을 방해한다. 일종의 방송 사고다.

● 100% '백(白) - 흑(黑) - 홍(赤) - 광(光)'은 피하라

무늬 없는 순백색 옷. 빛이 반사돼, 화면이 뿌옇게 퍼질 수 있다. 순흑색과 빨간색도 이에 못지않다. 번쩍이는 것(光)도 마찬가지다. 100% '백(白) - 흑(黑) - 홍(赤) - 광(光)'이다. 백(白) - 흑(黑)의 경우, 얼굴에도 영향을 준다. 백색은 얼굴의 잡티가 대조돼 드러나고, 피부색이 어둡게 나타날 수 있다. 흑색은 반대로 얼굴이 너무 하얗게 나오기도 한다. 카메라로 보정을 시도해 볼 수는 있다. 앵커나 다른 출연자, 조명, 세트 등까지 고려하면, 쉬운 일이 아니다.

● 크로마키(chroma key) 출연, 파란색(靑)과 녹색(綠)은 금물

크로마키를 배경으로 출연을 하는 경우가 있다. 크로마키는 파란 색이나 녹색을 화면에서 분리해, 화면을 합성하는 것이다. 파란색 또는 녹색 옷은 안 된다. 화면에서 분리돼, 그 부분만 허공이 된다. 예를 들어 출연자가 파란색 원피스를 입었다면? 원피스가 허공이 된다. 출연자 얼굴과 다리가 허공에 둥둥 떠 있는 모습이다. 넥타이를 파란색으로 맸다면, 넥타이만큼 몸에 구멍이 나게 되는 식이다. 옷뿐 아니라 단추, 옷의 무늬 색도 그렇다.

● 출연 주제와 맞게

출연자의 옷은 출연 주제의 일부분이다. 예를 들어, 돌발성 사건·사고를 다루는 하드코어 출연이라 치자. 양복 재킷 없이 출연할 수도 있다. 와이셔츠에 넥타이, 걷어 젖힌 소매가 오히려 역동성을 더할 것이다. 봉준호 감독의 아카데미상 수상이 주제라면? 출연자는 문화 담당 기자일 것이다. 나비넥타이를 맬 수도 있다. 반면, 경제난이나, 참사가 출연 주제인데, 화사한 색깔의 의상이나, 장식 등은 옳지 않을 것이다.

● 옷은 스튜디오의 일부, 카메라의 눈은 특이하다[11]

출연자의 옷은 스튜디오의 일부다. 내 눈에 멋있고 예쁘다고 만사

---

11 SBS 아나운서팀, 『아나운서 길라잡이』, 글로세움, 2003, p.284

형통이 아니라는 얘기다. 스튜디오의 색상, 디자인과 맞는지를 미리 생각하는 게 좋다. 스튜디오엔 우선 세트가 있다. 옷 색깔과 비슷하면? 배경인 세트와 출연자의 구분이 어렵다. 반대로 너무 대조가 되는 색깔도 곤란하다. 어두운 세트에 하얀 셔츠, 밝은색 세트에 검은 옷이다.

뉴스 분야엔 유리벽형 세트가 적지 않다. 기자들이 일하는 보도국 한가운데 주로 만든다. 유리로 벽만 쳐, 역동적인 모습을 배경으로 보여준다. 이 경우엔, 밝은 파스텔 톤의 옷이 좋다. 연노랑, 분홍, 연보라 등이다. 어두운색은 배경에 묻힌다.

스튜디오엔 카메라와 조명도 있다. 무신경하게 입으면 조화를 부린다. 그냥 보면 멋지고 예쁜 옷이다. 화면엔 전혀 다른 옷으로 나온다. 카메라의 눈이 우리 눈과 달라서다. 조명까지 한몫한다. 반대로 일상에선 촌스런 색깔들이 그럴듯하게 나오기도 한다. 카메라의 눈은 특이하다. 방송 전에 카메라와 조명 아래에서 검증하는 게 좋다.

● 블링블링은 자폭(自爆) 패션 될 수도

대형 귀걸이나, 현란한 브로치. 넥타이 중간을 자르는 듯 강렬한 핀, 원고 넘기는 손목에 커다랗게 매달린 팔찌. 누가 봐도 알 수 있는 특정 디자이너의 의상 등등. 이른바, 블링블링(Bling Bling) 패션이다. 시청자들이 출연자의 귀나 옷깃, 넥타이, 손목, 브랜드에만 신경 쓰게 해선 안 된다. 출연내용, 전혀 기억에 없을 수 있다. 자칫 자폭(自爆) 패션 될 수도 있다.

● 남성의 포인트: 타이트한 재킷+'사상(四象) V존'[12]

TV는 주사선 때문에 옆으로 퍼져 보인다. 재킷을 조금만 여유 있게 입어 보라. 헐렁하고 뚱뚱해 보인다. TV 출연자는 타이트한 재킷을 입는 게 좋다.

다음은 이른바, 'V존(V-zone)'이다. 넥타이와 와이셔츠 그리고, 재킷의 옷깃이 만나 이루는 V자형 골이다. 출연 의상의 핵심이다. 몸에 따라 치료법 다른 게 사상(四象)의학이다. V존 다루기도 몸 따라 조금씩 다르다. '사상(四象) V존'이랄까?

▶ 작은 키: V존을 짧게 한다. 많이 가리는 것이다. 쓰리 버튼 이상의 재킷도 좋다. 셔츠와 넥타이는 색상이 상반되면 좋다. 넥타이 색상이 셔츠보다 화려해도 된다.

▶ 작은 체형: 역시 'V존은 짧게'다. 재킷 색깔은 부드러운 게 좋다. 연한 회색이나 밝은 브라운 정도.

▶ 풍성한 체형: 정반대로 V존은 길게 간다. 답답해 보이지 않기 위해서다. 투 버튼 재킷이 대표적이다. 넥타이와 셔츠는 상반되거나, 넥타이가 눈에 띄는 게 좋다. 시선을 큰 체형에서 넥타이로 분산시키는 것이다. 넥타이도, 두껍게 맨다.

▶ 큰 키, 큰 체형: 아무거나 다 잘 어울릴 가능성 99%다. 복 받은 이다.

● 여성의 포인트: '어깨 뽕'과 옷깃[13]

사람의 시선은 뚜렷한 선에 집중된다. TV 화면도 마찬가지다.

---

12 위의 서적, pp.276~277
13 위의 서적, pp.284~286

남성의 경우, 체형의 선이 직선적이다. 재킷의 어깨선, 넥타이 선 등 의상도 선이 뚜렷하다. 게다가 얼굴 골격까지 여성에 비해 강하다. 따라서 화면상에서 시청자의 시선 집중이 쉽다.

반면 여성들은 선이 부드럽다. 특히 어깨선의 경우, 두드러진 경우가 적다. 화면은 두드러진 어깨선이 더 돋보인다. 때문에 어깨 위에 패드를 대 이를 보완한다. 이른바, '어깨 뽕'이다. 어깨선이 처진 경우는 두 개까지 대는 경우도 있다.

다음으로 옷깃, 즉, 칼라가 중요하다. 옷의 본체와 뚜렷이 구분돼, 목의 테두리가 분명하게 드러나는 게 안정적이다. 칼라가 없는 경우에는 브로치 등으로 보완한다.

● 안경도 포인트

내겐 필수품에 불과하다. 자기 연출엔 중요한 소도구다. 안경이다. 중고등학교 이후 그냥 습관적으로 고수해 온 모범생 안경. 작은 눈, 날카로운 눈매를 적나라하게 드러내고 있다면? 출연에 부적절하다. 적어도 눈매를 부드럽게 해줄 안경은 있지 않을까? 사나운 인상을 조정해줄 안경도 많을 것이다. 안경은 말을 한다. 자기 연출을 도울 수 있다. 안경도 포인트다.

■ 말 없는 자기 연출(2) 분장

분장 역시 전문 분장사가 맡아서 해준다. 다음 페이지의 사진은 방송사 분장석이다. 보도 부문인데도 저렇게 많은 분장 도구가 빼곡하다. 남성 출연자는 여성보다 분장이 간단하다. 과거 여성 출연자들은

스스로 하는 경우가 적지 않았다. 남성과 달리, 화장 능력이 있고, 본인의 취향이 뚜렷하기 때문이다. 이젠 전문 분장사의 도움을 받는 경우가 훨씬 많아졌다.

● 분장, 과유불급(過猶不及)

UHD 시대다. 카메라는 이제 내 얼굴의 숨구멍 하나하나 다 들여다보고 있다. 덧칠로 부족한 부분을 보완하기엔 기술이 너무 앞서 있다. 분장은 그래서 과유불급(過猶不及)이다. 가릴 건 가리되, 모자라는 만큼만이다.

● 불변 포인트, 눈 주위와 눈썹 사이

광학 기술이 발달해도, 출연 전 반드시 '덧칠'하고 가야 할 존(Zone)은 있다. 눈이다. 시청자와의 눈 맞춤 포인트기 때문이다. 눈 주위와 눈썹 사이를 중심으로 신경을 써야 한다. 남성 출연자들은 이 부분에 좀 무디다. 눈썹이 고르지 않거나 듬성듬성해도 신경 쓰지 않는다. 이럴 경우엔 검은 눈썹 그리기 펜슬로 빈 곳을 메워주는 게 맞다.

혹 모자란다 싶으면, 분장사에게 주문하라. 특히 돌발 사건으로 하드코어 출연을 할 경우, 눈 주위는 반드시 챙겨야 한다. 분장사들마다 신경 쓰는 곳이 조금씩은 다르다. 눈은 공통적으로 강조하는 부분이다. 중요하다는 얘기다.

속눈썹이 약하면, 남성 출연자라도 아이라인까지 할 수 있다. 출연 분장 때마다 아이라인을 그려달라고 꼭 주문하시던 노(老) 선배가 계셨다. 바쁠 땐 직접 그려 넣기도 했다. 파리 특파원 출신인 그 선배는, 유럽 방송사의 앵커들을 예로 들었다. 우리보다 눈이 큰데도 빠뜨리지 않는다는 것이다. 시청자들에 대한 예의, 프로 의식 차원에서 파악했다. 기준은 역시 과유불급(過猶不及) 여부다.

● **콤팩트는 방송 프로의 일상 필수품**

콤팩트는 남성에게는 일상용품이 아니다. 방송기자에게는 필수품이다. 첫째, 분장사가 없는 취재 현장에 대비해서다. 자연광의 반사와 차단을 막고 얼굴의 땀 번짐도 보완한다. 스탠드업을 위해서만이 아니다. 리포트 중간중간 삽입될 기자의 인서트 그림도 고려해서다. 다음은, 스튜디오 출연 중에 필요하다. 조명 아래 대기하다 보면 분장이 조금씩 무너진다. 얼굴을 콤팩트로 살짝 누르듯 두들겨 준다. 분장 상태 보호다. 앞서 노 선배가 말한 '프로 의식', 그리 멀리 있지 않다. 방송 프로라면 콤팩트부터 챙길 일이다.

■ **자기 연출은 '말'에 있다**

30여 년 전 KBS 입사 연수 때였다. 언론사 연수만 두 번째였다. 심드렁하니, 구경꾼처럼 앉아 있었다. 그때, 미성이면서도 편안한 바리톤 톤(tone)이 내 귀를 울렸다. **"안녕하세요. 손범수라고 합니다."** 훤칠한 키의 청년. 같은 연수복을 입었으니 입사 동기일 것이다. 소리 울림이

범상치 않다. 아나운서인가 보다. 그렇다 쳐도, 좀 다르다. 소리가. 구체적으로 뭐가, 왜, 다른 거지? 유쾌한 그와의 대화 중에 줄곧 맴도는 생각이었다.

입술이 먼저 눈에 띄었다. 말할 때, 상하좌우로 반듯반듯 열린다. 우물거리기도 하는 일반인들과는 출발선이 다르다. 또 뭘까? **"경기**(競技)**를 하는데..."**라고 말한다. 내 귀에는, **"겨엉기를 하는데..."**다. 잠시 후 **"경기도**(京畿道)**에서는..."**라 한다. 이번엔 그냥, **"경기도에서는.."**으로 들린다. 장단음(長短音) 구사다. 일반인들에겐 '사라진 우리 가락' 아니던가? 발성도 달랐다. 성가대를 했단다. 미성이면서도 편안한 바리톤 톤(tone)이 나올 수밖에.

소리가 다르니, 달라 보였다. 시시콜콜의 말들까지 다 믿음직해 보였다. 한마디로 신뢰였다. 농담마저도 고급져 보였다. 당시 손범수 아나운서, 아직 유명 인사 아니었다. 초보 수습 사원 1일 차에 불과했다. 그런데 아우라(aura) 가득했다.

자기 연출 덕분이다. 정확하게는 소리다. 남다른 울림과 장단, 억양과 톤을 가진 말의 구사다. 본인은 의식 안 했겠지만, 자기 연출이 되고 있었다. 그렇다. 자기 연출은 말에 있다.

● '말(voice) 길(road)'은 자세가 만든다

말을 끌어가는 대표적 요소들이 있다. 먼저, 호흡(呼吸: respiration)과 발성(發聲: phonation)이다. 호흡이 좋아야 발성도 좋다. 이 둘은 연결돼 '말(voice) 길(road)'을 만든다.

좋은 호흡과 발성은 자세가 만든다. 출연자에게 허리를 곧추세우라 했다. 어깨까지 세트로 생각해 펴라고 주문했다. 이유가 있다. 앵커들의 막후 모습만 봐도 알 수 있다. 스트레이트 뉴스를 읽을 경우다. 자신의 얼굴에서 밑그림으로 커팅이 되면, 원고를 보고 읽는다. 이때 탁자 위의 원고를 보려고, 고개를 숙일까? 숙이지 않는 이가 많다. 탁자 위의 원고를 집어서, 들고 읽는다. 고개를 숙이면, '말(voice) 길(road)'이 꺾일까 봐서다. 소리와 발성에 영향을 미치기 때문이다. '말(voice) 길(road)'은 자세가 만든다.

● 복식 호흡? 생각부터 쉽게

흔히들 복식 호흡하라고 한다. 쉽지 않다. 생각부터 쉽게 해보자. 그냥, **"가슴으로 호흡하지는 말자."**고 맘먹는다. 가슴 호흡하지 않으면 복식 호흡 가까워진다. 그것도 어려운가?

"최소한 목으로는 소리 내지 말자" 이건 어떤가? '목'소리인데, 목으로 소리를 내지 말자고? 그렇다. 목으로 소리를 낸다는 건, 호흡이 극히 짧고 거칠다는 얘기다. 최소 이것만이라도 피하자. 점진적으로 호흡을 배까지 끌고 가보자.

일상에선 말과 호흡을 적절히 이어가면서 숨을 쉰다. 들이마시는 건 여유 있게, 내쉬는 건 마신 정도만. 실제 방송에선 일상과 다르다. 짧게 들이마시고, 길게 내쉰다. 얼른 숨을 마시고, 꽤 긴 문장을 이어서 읽는다. 수시로 연습해 보자. 복식호흡이 되기 시작할 거다.

호흡은 결국 폐활량(肺活量: lung capacity)이다. 평소 숨쉬기 운동이 필수다. 숨쉬기에 좋은 운동은 많다. 유산소 운동은 다 좋다. 노래 부르기도 좋다.

● 톤: 내 안의 '상대적 저음역'은?

소프라노, 메조소프라노, 알토, 테너, 바리톤, 베이스. 성악의 음역(音域)이다. 이게 일종의 톤(tone)이다. 톤은 소리의 높낮이다. 볼륨은 소리의 크기다. 사람 목소리는 볼륨 조절이 가능하다. 톤 조절은 불가능하다. 타고 난다. 소프라노인지 베이스인지는 숙명이다. 자신의 톤이 뭔지 아는 게 우선이다.

성악 음역은 금방 찾는다. 악보가 있다. 불러 보면 분명히 드러난다. 말의 톤은 이보다 찾기가 어렵다. 원고를 읽으며 찾아내야 한다. 읽을 때 가장 편안하고 안정적으로 낼 수 있는 음역이다. 자신의 음역, 즉, 톤에 맞게 소리를 내야 듣는 이가 편하다.

남자는 중저음 바리톤 음역이 방송에 좋단다. 안정감, 곧, 신뢰감이다. 여성 음역으론 메조소프라노쯤? 내 안의 저 음역을 찾아보는 건 좋은 시도다. 예를 들어, 태생적으로 테너다. 그 안에서 내가 낼 수 있는 최저음역이 있다. 상대적 최저 음역이다. 거기까지 가보는 것이다. '상대적 저 음역' 찾기다. 이때 관건은 성량이다. 자기 음역을 조금 벗어나도 성량이 뒷받침되면 안정된다. 성량은 단련이 가능하다. 호흡법이다.

무리할 필요는 없다. 덧난다. 필자도, 바리톤 영역의 톤은 갖지 못했다. 테너다. 합창 파트도 테너다. 그럼에도 TV 앵커와 라디오 진행자를 했다. 톤이 높은 대로 강점이 있다. 명료함(clarity)이다. 이 또한 신뢰다. 자신의 톤에 최적화하는 게 우선이다.

또 하나. '오버'하지 않는 것이다. 초년병 때는, 질러대는 경향이 있다. 힘 있는 리포트를 하겠다는 뜻이리라. 볼륨을 높이겠다는 뜻이다.

스탠드업마저, 그런다. 주변이 시끄러우면, '고성방가(高聲放歌)' 수준이 된다. 이거 볼륨 높인 거(volume-up) 아니다. 톤을 오버한 것이다. 볼륨이 아닌, 톤 다이얼만 마구 올린 것이다.

● 발음: 혀 - 입술 - 턱이 태업(怠業)?

호흡과 발성보다는, 발음 교정이 쉽단다. 우선 감시 대상은 입술이다. 그중에서도 윗입술이다. 윗입술을 움직이지 않으면, 발음이 어눌해진다. 옆모습으로 보면, 입술이 앞으로 나오지 않는다.[14] 앞서 손범수 아나운서와는 정반대 현상이다.

윗입술이 움직이지 않으면, 아랫입술과 턱까지 따라간다. 태업(怠業)이다. 대체로 입이 작거나, 혀가 짧으면, 발음에 애로가 많다. 입을 최대한 크게 벌리자. 또박또박 읽으려 애써 보자. 어느 정도 교정이 가능하다. 지역, 가정별 언어습관 때문일 수도 있다. 답은 같다. 발음은 부단히 연습하면 고쳐진다. 그래도 안 되면? 이음동의어(異音同意語)로 바꾸면 된다.

■ 암기(暗器: hidden weapon), '보이지 않는 말'

"밥 먹었어"(A) **"밥 먹었어"**(B) **"밥 먹었어"**(A) **"밥 먹었어"**(B)

A, B 간 대화다. 그냥, "밥 먹었어"의 반복일 뿐인데? 도대체 서로

---

14   김은성, 『이 남자가 말하는 법』, 김영사, 2011, p.158

무슨 대화? 힌트 하나 드린다. 아래와 같다. 말의 느낌을 표시해 본 것이다. 억양(抑揚: intonation)이다.

"밥 먹었어 ⌣"(A) "밥 먹었어 ⌢"(B) "밥먹었어 ↗"(A) "밥먹었어 ↯"(B)

아하~ 좀 느낌이 오는가? 필자의 느낌으로 나름 풀어 봤다. 아래와 같다.

"밥 먹었어 ⌣"(A): A가 부드럽게 물음. '밥 먹었는지?'가 정말 궁금함.
    "내가 맛있는 반찬 해 놓았거든"의 뜻일지도. 애틋함.
"밥 먹었어 ⌢"(B): B의 대꾸는 심상(尋常)함. **"응, 먹었어"** 그뿐임.
"밥 먹었어 ↗"(A): A가 조금 열 받음. 질문 꼬리가 올라감...
    "뭐? 밥 먹고 왔다고? 전화라도 하지!!"의 뜻인 듯.
"밥 먹었어 ↯"(B): B, 덩달아 열 받음. ↯ '로 번개처럼 내뱉음.
    "먹었다고 했잖아? 웬 신경질!"

'보이는 말'은 "밥 먹었어" 딱 한 종류다. 말의 느낌을 알고 보니 '위기의 커플'이다. 하나씩 붙여 본 '⌣' '⌢' '↗' '↯' 효과다. 억양이다. '보이지 않는 말'이다. 억양뿐이랴? 말의 속도, 이어 말하기, 온 쉼과 중간 쉼, 그리고, 호흡. 모두가 '보이지 않는 말'이다.

자기 연출은 출연의 '끝내기'라 했다. '보이지 않는 말'은 자기 연출의 '끝내기'다. 무기로 치면, 숨겨진 암기(暗器: hidden weapon)다. 암기(暗器)는 강력하다.

● 억양은 의미다: 커다란↗ 구멍 vs. 커다란 구멍↗

억양은 문장 안에서 소리를 올리거나 내리는 것이다. 악센트가 단어 안에서의 고저인 것과 대조된다. 이렇게 올리고, 내리는 건, 또다른 의미 전달이다. 앞서 예에서 봤다. 같은 말인데 억양 따라 의미가 달라졌다. 억양이 잘못되면 전달이 방해받는 수도 있다. 무의미한 부분이 강조돼서다. 억양은 의미다.

앞 단어가 뒤의 단어와 연결될 때, 통상 '앞 단어에서 높게, 뒤는 낮게'다. **"커다란╱ 구멍이╲ 났습니다."** **"커다란╲ 구멍이╱ 났습니다."** 어느 게 맞을까? 앞의 것이다. 뒤처럼 읽으면, 수식어인 '커다란'에 비해 '구멍'이 과잉 강조된다. '커다란 구멍'이라는 구(句)의 균형이 깨진다. 전달이 방해받는다.

문장의 '시작은 높게, 끝은 낮게'가 일반적이다. **"특단의╱ 대처가╲ 필요한╲ 시점입니다╲"** 다만, 문장 중간에, 새로운 의미 덩어리가 시작되면, 그 지점에서 억양은 올라간다. **"① 기획재정부의╱ ② 한 관리는╲, ③ 특단의╱ ④ 대처가╲ 필요하다고╲ 말했습니다╲"** ① ②가 한 의미 단위다. 억양이 ②까지는 내려왔다. ③부터는 새로운 의미 단위가 시작된다. ②는 ③에 연결되지 않기 때문이다. '말했습니다'와 연결된다. 새로운 의미가 시작되는 지점에선 잠시 억양이 올라간다. '특단의' 지점이다. 강조되는 것이다.

● 2문장 이어 말하기 - 반 숨 조절

억양을 제대로 표현하려면, 한 호흡으로 이어 말하는 게 중요하다. 중간 길이의 두 문장 정도를 한 호흡으로 읽는다고 생각해 보자.

30~40음절 정도일 것이다. 문장 단위로 숨 쉬지 않는다. 문장이 끝나도 숨은 갖고 있다. 대신 반 숨 정도 범위 내에서 조절한다. 미세 호흡이다. 억양과 함께 말 전체가 부드럽게 들린다.

● 심화학습: 온 쉼 - 중간 쉼(Pause)

오해하면 안 된다. 문장 끝나고 마침표, 즉, 간격을 지키지 말라는 게 아니다. 마침표는 지킨다. 온전히 쉰다. '온 쉼'이다. 대신 그 자리에서 대놓고 숨을 쉬지는 말라는 뜻이다. 보충하듯 반 숨 정도만 숨 쉬라는 얘기다.

호흡을 두 문장마다 해 볼 수도 있다. 두 문장 동안 고르게 숨을 내뱉으며, 말을 한다. 다음 두 문장에 들어갈 때는 충분히 숨을 들이마신다. 사람마다 조금씩 다를 수 있다. 한 문장마다 숨을 쉴 수도 있다. 다만 유려한 호흡에 유려한 낭독이다. 가능하면, 긴 호흡으로, 숨을 조절하며 가는 게 선이 곱다.

문장과 문장 사이는 원칙적으로 '온 쉼'이다.('숨' 아님) 마침표에 걸맞게 충분히 간격을 두는 것이다. '/'로 표기하곤 한다. 예외는 있기 마련이다. **"차가 모퉁이에서 아이를 덮쳤다. 순간 엄마는 아이 위로 몸을 날렸다"** 두 문장은 사실상 한 문장이다. **"차가 아이를 덮치는 순간, 엄마가 아이 위로 몸을 날렸다."**다. 두 문장을 빨리 이어 말해도 된다. 의미 전달이 더 잘 될 수 있다. 마침표가 있지만, 간격을 짧게 가져간다.

"그들은 서로 사랑했다. 서로 애정하는 관계였던 것이다" 이건 어떤가? 두 문장은 같은 내용이다. 일종의 강조다. 그렇다면, 역시 간격을 짧게 하는 게 강조가 될 것이다.

문장 중에 의도적으로 잠시 끊어 읽는 수도 있다. 온 쉼이 아닌, 중간 쉼(Pause)이다. 현업에서는 영어 단어대로, 포즈라고도 한다. 쉬운 말로 잠시 멈춤이다. '∨'로 표기해보자 **"지금 정부가 쓸 수 있는 유일한 수단이 바로∨금리 조절입니다."** '금리 조절' 앞에 중간 쉼(포즈) 표시 '∨'가 있다. '금리 조절'이 강조되는 것이다. 잠시 반호흡 정도 중간 쉼을 하는 동안, 시청자는 궁금증이 인다. 출연자의 자신감도 느껴진다. 신뢰다. 잠시 멈춤 후 말하면 더 잘 들리기까지 한다. 매우 전략적인 자기 연출 암기(暗器)다.

● 말의 속도: 리포트 vs. 출연

통상 리포트의 읽기 속도는 분당 350자 정도라 한다.[15] 이거론 감 잡기 힘들다. 현업에서 가능하는 방식이 있다. 리포트 기사 용지다. 장당 15줄 정도다. 이 15줄 한 장을 30초에 읽는다. 리포트 용지의 한 줄은 짧다. A4용지 한 줄의 3분의 1 수준이다.

같은 리포트라도 주제 따라 속도가 다르다. 사건 사고는 빠르다. 긴박함과 현장성 등 생동감을 주려는 것이다. 반면, 미담성이나 문화 리포트는 그럴 수 없다. 자칫 분위기 깬다. 복잡한 판결 기사나 경제 기사는? 좀 천천히 가야 한다. 듣고 이해할 시간이 필요하다.

출연은 리포트보다 훨씬 속도가 느리다. '대화하듯이'기 때문이다.

---

15 임장원, 앞의 책, p.133

전달할 정보의 양이 훨씬 적어진다. 그래도 유사한 게 있다. 주제나 내용에 따라 속도가 다르다.

사건·사고는 생동감 있게 가는 게 맞다.

▶ 출연 내용이 쉽거나 ▶ 인과 관계가 분명하거나 ▶ 단순한 나열, ▶ 잘 알려진 내용, ▶ 중요도가 떨어지는 것 등도 그렇다.

반면 경제 관련 출연은 다르다. 웬만큼 차분해야 한다.

▶ 출연내용이 어렵거나, ▶ 숫자, 인명, 지명, 통계 등이 나올 때, ▶ 추리나 분석 등이 필요하거나, ▶ 출연자 설명을 따라가야 할 때 ▶ 강조하고 싶을 때 등도 마찬가지다.

리포트건 출연이건 기억해야 할 게 있다. 배당된 시간을 넘길 것 같을 때다. 빨리 읽거나 말하지 말라는 것이다. 그래 봤자 얻는 건 몇 초다. 잃는 건 많다. 전달력이다.

또 말의 속도는 상황에 맞게 하는 것이다. 예를 들어 사건·사고지만 돌발이다. 기사와 원고 없이 달랑 몸만 들어간다. 하드코어 출연이다. 이때는 생동감이 아니다. 정반대 개념으로 가야 한다. '안정감'이다. 시청자들은 생생한 상황만큼이나, 불안하지 않기도 원한다. 사건·사고 출연에 있어 동전의 양면이다. 말이 빠르면, 생동감을, 느리면 안정감을 더한다. 보이지 않는 말들이다. 잘 조절해야 한다.

■ 자기 연출은 자신감

뜻과 관계없이 신체를 움직인다. 소리를 내기도 한다. 틱 장애(Tic

Disorder)다. 방송에도 유사 틱이 있다. 자기도 모르게 반복하는 말이다. **"음...", "저기...", "에 또..." "따라서...", "다시 말씀드리자면..."** 한때 어느 유명 축구선수는 **"~ 하기 때문에"**를 애용했다. 특정 단어 집착도 있다. '좋은 모습' 같은 경우다. 매 인터뷰 결론이, **"좋은 모습 보여 드리겠습니다."** 류(流)였던 때가 있었다.

생각이 끊겨 말을 잇지 못해서다. 그 짧은 순간을 메워, 모면하려는 것이다. 필자는 이런 말을 '메움 말'이라 이름 지었다. 문제는 이런 메움 말, 의존성이 강하다는 것이다. 쓸수록 자신감은 점점 없어진다. 사실 메움 말 의존 동기도 자신감 때문이었다.

방송에 자신감이 없는가? 방송 잘한다는 분들의 생방을 유심히 보라. 따라 하라는 말씀? 노노? 그 내용을 한번 받아 적어 보라는 것이다. 요즘에는 영상 업로드가 홈피마다 잘 돼 있다. 스크립트는 보지 마라. 그건 원고 상태니 깔끔하다. 실제 방송 영상을 보며 적어야 한다. 아마 깜놀할 것이다. **"그 방송이 이거였어?"** 할지 모른다.

방송 잘한다는 '그분들'의 말 씹음과 순간 더듬기. 곳곳에서 보일 것이다. 실수투성이 방송일 수도 있다. 실수의 순간, 정작 '그분들'은 어떤가? 천연덕스럽다. 너무나. 흔들림이 없다. 톤과, 호흡도 안정적이다. 바로 그거다. 흔히, 내공이라 표현하는. 자신감이다.

출연, 조금 씹는 게 자연스럽다. 리포트와는 다르다. 리포트는 읽기다. 읽는 건 씹어서는 안 된다. 출연은 말하기다. 말은 좀 씹기도, 더듬기도 한다. 가끔 드라마가 어색하게 느껴질 때가 있다. 대사를 너무 반듯하게 말할 때다. 실생활에서 내가 저렇게 말할까?

씹고 더듬은 출연 대목은 빨리 잊자. 의식하는 이는 나뿐일 테니.

의식할 건 따로 있다. '보이지 않는 말'로 하는 자기 연출이다. 말의 속도부터다. "좀 천천히, 내 호흡을 갖고 강단 있게"다. 중요한 대목에선 '포즈(pause)'다. 이거 여유다. 뭐 있어 보인다. 자신감이다. '메움 말' 사라진다. 내 안의 중저음으로 찾아 둔 '말(voice) 길(road)'을 따라나선다. **"Hit the road again!"**이다. 혀 - 입술 - 턱이 태업(怠業)하지 못하도록 부지런히 활용한다.

자신감은 출연 초입에 방향을 잡는다. '말 없는' 자기 연출로 시작하자. '진지의 바다에 미소 한 줌'의 표정부터다. 출연석에 가볍게 앉는다. **"흠, 이 방(스튜디오) 맊에 드네. 내 앞에 있는 세 명의 가족(카메라 장비 석 대), 언제 봐도 사랑스러워. 도란도란 오늘도 얘기꽃 피워볼까? 오늘따라 타이틀 소리도 찐이네. 호오 확 퍼지는 이 짜릿한 생방의 아드레날린. 가즈아~ 생방이닷~~ 오케이~ 나도 큐!"** 생방 자신감을 위한 사도신경(使徒信經: The Apostle's Creed)이다. 자기 연출 역시, 결국은 자신감이다.